転機にたつ
フィンランド福祉国家

高齢者福祉の変化と地方財政調整制度の改革

横山純一 著

同文舘出版

はじめに

　筆者がフィンランドをはじめて訪問したのは1994年6月である。知り合いの福祉関係者に誘われたもので，10人ほどの参加メンバーによる旅であった。フィンランドの高齢者福祉に関する研究調査が目的だったが，日程の少なくとも半分は観光のため軽い気持ちで参加した。実際，北極圏で「真夜中の太陽」をみたり（夜11時でも日中のように明るい），ヘルシンキ郊外の夏至祭を見学したり，船中泊でスウェーデンに行ったりなど，かなり充実した時をすごした。

　この際のフィンランドへの訪問により，フィンランドが今後ヨーロッパ諸国の中で最も急速に高齢化が進む国の1つになること，これまでの使途限定の国庫支出金に代わって1993年に包括補助金制度が創設されたこと，訪問時のフィンランドは大不況の後遺症にあえいでいたことを理解した。これらのことについてはフィンランド訪問前にある程度調べていたとはいうものの，フィンランドの福祉担当者等から説明を受けることによって，いっそう理解が深まったことはいうまでもなかった。

　ちょうどそのころ，日本では地方分権の機運が高まっていた。さらに，1989年12月にゴールドプランがつくられたことを皮切りに高齢者介護をめぐる議論が盛んに行われていた。筆者は高齢者介護について，長野県や青森県などで自治体調査を始めたばかりであったが，高齢者介護については社会保険方式ではなく北欧型の税方式が望ましいと考えていた。さらに，地方分権を考察する場合，自治体の支出の裁量権を高める包括補助金が日本でも1つの有力な選択肢になるのではないかと考えていた。その意味で，このフィンランド訪問を通じて，筆者にとってフィンランドは研究する魅力にあふれている国だと強く認識するにいたったのである。

　そうなれば早速行動を起こさなければならない。同じ年の12月に再びフィンランドを訪問し，包括補助金の詳しい説明を受けた。さらに，4つの自治体において包括補助金に関する調査を行った。南部の3自治体（ポルボー自治体，アスコラ自治体，ハウスヤルビ自治体）と北極圏のソダンキュラ自治体においてである。とくにソダンキュラ自治体の女性担当者の包括補助金に関する図表

i

を用いたわかりやすく，かつ詳しい説明は，今でも強く印象に残っている。さらに，自治体協会においてレイヨ＝ヴォレント氏から包括補助金や自治体財政についてさまざまな説明を受けた。ヴォレント氏からはその後も国庫支出金改革，自治体合併や自治体連合等について説明を受けるなど今日まで大変お世話になっている。このような調査をきっかけに，フィンランドの国庫支出金の研究を深めたいと考えるようになり，現在も国庫支出金について研究を続けている。

　さらに，次の事情によって，フィンランドについての筆者の研究意欲は，いやがおうにも高まらざるを得なかった。つまり，筆者が親しくしている日本の福祉関係者の人たちの多くは北欧型福祉国家の素晴らしさを強調されていたが，フィンランドでは福祉予算の削減や福祉給付の見直しが進んでいることを，調査に協力してくれたフィンランドの人たちの多くが述べていた。筆者がおつきあいしている日本の福祉関係者とフィンランドの人たち（福祉担当者や市民団体の者）との認識のギャップを感じないわけにはいかなかった。とくに21世紀に入ってまもないころから，この点を強く感じるようになった。フィンランドの福祉に大きな変化が生じていたことは疑いようがなく，これまでの北欧型福祉国家のあり方自体が転機にたっていると考えられた。このような中で，フィンランドの高齢者福祉の変化の実相に迫らなければならないと考え，高齢者福祉サービスの変化や民営化の進展について本格的に研究するようになった。

　本書は，フィンランドの国庫支出金と高齢者福祉に力点をおいた研究書である。フィンランドでは，国庫支出金については数回の改革が行われているが，本書では1980年代の使途限定の国庫支出金，1993年に創設された包括補助金，2010年創設の一般補助金のいずれもあつかっている。とくに一般補助金について，創設された2010年から現在までの変化を詳しく検討した。福祉国家の研究では国の役割や地方財政調整制度の検討が重要だが，フィンランドの国庫支出金は国の関与や役割を示すとともにフィンランドの地方財政調整制度を体現している。このため，国庫支出金の研究は大変重要である。高齢者福祉では，1990年代後半以降，社会保障予算の削減や給付の抑制が進んだことや，これまでのフィンランドの伝統的な福祉サービス形態である自治体直営サービスが縮小し，福祉の民営化が進んできたことを明らかにした。とくに2005年以降，民

営化では大きな営利企業やグローバル企業の参入が進んでいることを示した。さらに，本書では，税制や財政構造，地域経済，雇用構造や失業率などに言及した。これらも福祉国家の考察の際に欠かせないものであると考えたからである。

筆者のフィンランド研究においては，ヘルシンキ在住の山田眞知子さんの存在抜きには語れない。筆者は，1994年にフィンランドを2回訪問したことをはじめとして，今日まで合計10回ほどフィンランドを訪れて研究調査を行っている。1回の滞在期間は1週間から20日間くらいであった。当初はフィンランド語がまったくできない状況だったので，ヒアリング相手との交渉と日程調整，ヒアリングの際の通訳等で，山田さんに大変お世話になった。ただ感謝あるのみである。その後，山田さんはフィンランドを離れ，北海道大学大学院法学研究科で修士号，博士号を取得するとともに，同大学院修了後は北海道の私立大学（北翔大学）の教員として研究・教育に携わるようになった。また，私も少しずつフィンランド語を読めるようになったことや，独力で資料収集を行うコツがつかめ広範囲に資料収集を行うことができるようになったため，山田さんに頼ることは少なくなった。ただし，山田さんが北海道に在住されていた期間は（現在は大学を退職されてヘルシンキ市に在住），北海道における研究会や懇親会等の場でさまざま議論をする機会に恵まれ，山田さんの豊富な学問蓄積に大いに啓発された。地方分権や高齢者福祉についてしばしば議論させていただいたが，日本の地方分権の議論では使途限定の国庫支出金が軽視されすぎているのではないかという点で，また，歳入自治が強調されすぎているのではないかという点で，山田さんと筆者の考えはほぼ一致していたように思っている。

フィンランド訪問時の土曜日，日曜日は，調査や資料収集を離れ，主に旅行をした。筆者が鉄道をはじめとした交通機関が大好きということもあり，ヘルシンキ中央駅から鉄道で片道2時間くらいの日帰り圏（タンペレ，トゥルク等），バスで1時間くらいのポルボー等に出かけた。また，ヘルシンキ市の市電は約10系統あるが全路線走破した。あらためて，都市において路面電車の利便性を認識した。さらに，犬ぞりでオウル近郊の森を駆け抜けたりもした。

現在，日本において問われているのは，少子・高齢化が進む中で，財源問題とむすびつけながら，どのように社会保障の将来像を描き社会保障の改革を行

っていけるのかである。その一方で大変厳しい国の財政状況があるので，財政再建もまた避けて通れない。そこで，消費税率の引き上げや軽減税率の導入は，今後の社会保障の施策の展開・充実化のためにも，国の財政再建のためにも重要になっている。同時に，所得税を含めた税制改革をどのように展望するのかの視点も大切である。財源論を軽視した社会保障充実論は絵空事である。財源と社会保障の両面において国民的な議論が必要になっているのである。

　それにしても今日，市場原理主義が過度に強調されすぎているように思われる。これでは，地域の格差や貧富の格差は拡大することになるだろうし，実際，そうなってきてもいる。国民の間には閉そく感や将来への不安感が漂っている。将来の社会保障の展望を示し，国民の「安心・安全」が高まる方策が必要だと思う。

　本書は，新たに書き下ろした序章と終章を除いて，これまでに北海学園大学開発研究所の紀要である『開発論集』に発表してきた拙稿に，大幅に加筆・修正を施したものである。とくに，統計数値については，本書では，『開発論集』に発表した拙稿の数値よりも新しい数値を示すように努力した。このため，できるだけ2015年ころまでの数値にしたし，中には2018年の数値にしたものもある。ただし，その一方で，福祉関係や保健医療関係の資料が集まっていたSTAKESが改組・再編されたため，以前よりも統計資料の収集に苦労するようになった。さらに，フィンランドの福祉・保健医療関係とそれ以外の統計資料のどちらにおいても，統計の取り方がある年度を境に変化したものがあったり，ある年度を境に統計自体がなくなってしまったものもあった。このため，新しい数値を示すことができないものがあったことをお断りしておきたい。

　本書の出版に際し，いつものことながら同文舘出版の大関温子さんに限りなくお世話になった。心から御礼を申し上げたい。

2018年12月13日

横山純一

初出一覧

各章の初出の掲載誌と論文名は次のとおりである。

第1章と第2章
　「フィンランドの財政再建と経済・財政（1990—2011）—フィンランドにおける財政支出削減と税制改革，経済の変化と地域格差の拡大を中心に—」『開発論集』91号，2013年3月，北海学園大学開発研究所。

第3章
　「フィンランドにおける高齢者福祉の変化（1990—2006）—1990年代前半の不況以後の高齢者介護サービスと福祉民営化，地域格差問題を中心に—」『開発論集』85号，2010年3月，北海学園大学開発研究所。

第4章
　「フィンランドにおける高齢者ケアの現状と福祉民営化の動向（2005—2013）」『開発論集』99号，2017年3月，北海学園大学開発研究所。

第5章
　「フィンランドにおける2010年の国庫支出金改革と自治体財政の状況」『開発論集』87号，2011年3月，北海学園大学開発研究所。

第6章
　「フィンランドにおける2010年の国庫支出金改革とその後の国庫支出金の動向（2010—2015）—2015年の水平的財政調整の改定を中心に—」『開発論集』96号，2015年9月，北海学園大学開発研究所。

第7章
　「フィンランドにおける2016年度国庫支出金の動向とSOTE改革」『開発論集』97号，2016年3月，北海学園大学開発研究所。

転機にたつフィンランド福祉国家●目次

はじめに……………………………………………………………………… i

序章

問題の所在──グローバル化の中でのフィンランド福祉国家の変容と再編成── ………………………………………………… 1

1　グローバル化の中のフィンランド──国際均衡と国内均衡── ………… 1
2　フィンランド福祉国家の変容 …………………………………………… 3

第1章

グローバル化の中でのフィンランドの経済と財政（1990〜2014）──EU加盟，財政支出削減，税制改革── …… 7

はじめに ………………………………………………………………………… 7
1　フィンランドの総債務残高とその対GDP比率 ……………………… 7
2　1980年代後半の高成長とバブル崩壊による1990年代前半の大不況
　　──財政赤字と総債務残高の大幅な増大── ……………………………… 9
　（1）1980年代後半の高成長と1990年代前半（1991〜1993）の大不況　9
　（2）大不況からの回復　11
3　1990年代半ばからリーマンショックまでの総債務残高の
　　対GDP比の縮小と財政支出削減を中心とした財政再建 ……………… 12

（1）国の出先機関の廃止　13
　　（2）地方自治体向けの国庫支出金のカット　13
　　（3）福祉施設建設のための国庫支出金の廃止　17
　　（4）自治体間の税収格差に着目した財政調整は水平的財政調整にシフト　17
　　（5）社会保障支出の縮減と福祉民営化の進行　19
　　（6）自治体連合など自治体間連携・協力　25
　　（7）自治体合併　27
　　（8）国と地方の役割分担・事務事業配分が明確，公共事業の抑制　28
　4　税制改革とその後の租税動向 …………………………………………… 29
　　（1）1990年代前半の税制改革　29
　　（2）国税―所得税（勤労所得税，資本所得税，法人所得税），富裕税―　30
　　（3）国税―付加価値税　34
　　（4）地方税―地方所得税　34
　　（5）1993年，1994年の税制改革後の国税収入の動向と1993年度から2010年度までの個人所得課税の動向　36
　むすびにかえて ……………………………………………………………… 38

第2章

フィンランドにおける地域経済の動向と地域間格差の拡大 …………… 45

1　人口の都市への移動と過疎化の進行 ……………………………………… 45

2　失業問題と雇用のミスマッチ ……………………………………………… 45

3　農業の停滞 …………………………………………………………………… 48

4　産業構造の変化 ……………………………………………………………… 51

5　課税所得からみた地域格差 ………………………………………………… 55

6　低所得者層の増大 …………………………………………………………… 56
　　（1）地域差が大きい失業率　56
　　（2）若年者（20歳台）に多い生活保護受給者　58

むすびにかえて ………………………………………………………………… 61

第3章

フィンランドにおける高齢者福祉の変化（1995〜2005）─1990年代前半の不況以後の高齢者介護サービスと福祉民営化─ ………… 65

はじめに ……………………………………………………………………… 65

1 高齢者と高齢者介護サービスの状況 …………………………………… 65
　（1）地方制度と医療圏　65
　（2）フィンランドの高齢化の状況とほかの北欧諸国との比較　67
　（3）高齢者の介護サービス利用状況　69
　（4）高齢者介護サービスの提供体制，利用状況における地域格差　70
　（5）介護度と症状　73

2 福祉民営化の進行 ………………………………………………………… 75
　（1）福祉・保健医療従事者数　75
　（2）福祉民営化の進行　77
　（3）地域における福祉民営化の動向　79

3 高齢者介護の財政 ………………………………………………………… 82
　（1）社会保障費の動向　82
　（2）財源─主に国庫支出金と利用料について　83

むすびにかえて ……………………………………………………………… 84

第4章

フィンランドにおける高齢者ケアの現状と福祉民営化の動向（2005〜2013）─いっそう進む市場化と営利企業（大企業，グローバル企業）の台頭─ ………… 89

はじめに ……………………………………………………………………… 89

1　フィンランドの全産業に占める社会福祉・保健医療の
　　位置と高齢化の動向……………………………………………………………90
　　（1）フィンランドの全産業に占める社会福祉・保健医療の位置と社会福祉・保健医
　　　　療従事者数の動向　90
　　（2）高齢化の進展　91
2　高齢者福祉サービスの動向……………………………………………………92
　　（1）ホームケアサービス　92
　　（2）老人ホーム，長期療養の病院・診療所　94
　　（3）高齢者用住宅(24時間サービスつきのもの,24時間サービスつきではないもの)　96
　　（4）近親者介護サービス　97
　　（5）サポートサービス　97
3　高齢者福祉サービスの地域別動向……………………………………………98
　　（1）Maakunta別の高齢者福祉サービスの利用状況　98
　　（2）自治体別の高齢者福祉サービスの利用状況と自治体間格差　100
4　社会福祉・保健医療サービスの民営化………………………………………103
　　（1）民間の社会福祉・保健医療従事者数の推移　103
　　（2）Maakunta別にみた社会福祉・保健医療従事者数における公立従事者数と民間
　　　　従事者数の割合　104
　　（3）老人ホームと24時間サービスつきの高齢者用住宅を利用する高齢者のうち公立
　　　　利用者数と民間利用者数のMaakunta別の比較　107
　　（4）24時間サービスつきの民間高齢者用住宅利用者数が多い自治体の分析　109
　　（5）老人ホームと24時間サービスつきの高齢者用住宅の年間利用日数からみた
　　　　Maakunta別の民営化の動向　110
5　福祉民営化の進展と民営化の内容の変化……………………………………112
　　（1）非営利組織中心で始まったフィンランドの民営化　112
　　（2）いっそうの市場化と営利企業の台頭　113
　　（3）民間社会福祉サービスの事業所数や利用者数からみた営利企業の台頭　115
　　（4）社会福祉サービスにおける大企業・グローバル企業の台頭　116
　　（5）大企業・グローバル企業の台頭の背景　117
6　小括………………………………………………………………………………120
　むすびにかえて……………………………………………………………………122

第5章

フィンランドにおける2010年の国庫支出金改革と自治体財政の状況
──2010年,一般補助金の成立── 125

はじめに 125

1 フィンランドにおける国と地方自治体の税源配分と自治体財政の状況 125
  (1) 国と地方自治体の税源配分　125
  (2) フィンランドの自治体財政の状況　127

2 フィンランドの地方自治体の状況(1)
  ──人口の都市への集中と過疎化,高齢化── 129
  (1) 人口の都市への集中と過疎化　129
  (2) 人口の高齢化　130

3 フィンランドの地方自治体の状況(2)
  ──自治体合併と自治体間協力・連携,自治体連合── 132

4 2010年の国庫支出金改革 134
  (1) 1993年の国庫支出金改革と包括補助金制度の創設　134
  (2) 2010年の国庫支出金改革と一般補助金の創設　134
  (3) 自治体間の税収格差是正の方法　141
  (4) 富裕自治体の動向　144
  (5) 人口密度が極端に低い,島しょ部に位置しているなど特別な事情を抱えている自治体への配慮　146

むすびにかえて 147

第6章

フィンランドにおける2010年の国庫支出金改革とその後の国庫支出金の動向（2010～2015）
―2012年，2015年の改定を中心に― ………………………… 151

- はじめに …………………………………………………………………… 151
- 1 フィンランドの国庫支出金の歴史 ………………………………… 152
  - （1）1980年代の使途限定の国庫支出金と福祉国家の成立　154
  - （2）1993年改革と包括補助金の創設　154
  - （3）1995年の福祉施設建設補助金の廃止と包括補助金の算定方法からの「財政力」の除外　155
  - （4）2010年改革　156
- 2 2010年改革後の国庫支出金のシステム ………………………… 156
  - （1）2010年改革後の国庫支出金　156
  - （2）一般補助金の算定方法―財政需要分（福祉・保健医療分，教育・文化分，一般分）の算定，国負担割合（補助率）の確定，自治体が自己財源で負担すべき金額の確定　157
  - （3）自治体間の税収格差是正と水平的財政調整　158
- 3 一般補助金の変化（2010年度～2015年度）と自治体財政における水平的財政調整の役割 ……………………………………………… 159
  - （1）2010年度～2015年度の一般補助金の変化　159
  - （2）水平的財政調整と自治体における比重　160
- 4 水平的財政調整と2012年の算定方法の改定 …………………… 162
  - （1）水平的財政調整における算定方法のしくみ　162
  - （2）2012年の改定とその結果　163
- 5 水平的財政調整と2015年の算定方法の改定 …………………… 165
  - （1）2015年改定の内容　165
  - （2）2015年改定による税収格差是正分の大幅な伸びと一般補助金総額の抑制　166
- 6 2015年改定と2015年改定が自治体に与えた影響 ……………… 169
  - （1）2015年改定が歳入面で大きくプラスに働いた自治体の分析　169

（2）Maakuntaの中心都市と2015年改定　170
　（3）人口3,000人未満の小規模自治体と2015年改定　172
　（4）Pohjois-Savoの全自治体と2015年改定　174
　（5）都市財政需要の高まりと2015年改定　175
むすびにかえて……………………………………………………………………… 176

第7章

フィンランドにおける2016年度国庫支出金の動向とSOTE改革 …………… 179

はじめに …………………………………………………………………………… 179
1　一般補助金の動向 …………………………………………………………… 180
2　一般補助金の算定（1）—財政需要分の算定— ………………………… 181
3　一般補助金の算定（2）—財政力斟酌分の算定— ……………………… 184
4　2016年度の特徴と特徴的な自治体の分析 ……………………………… 190
　（1）2016年度の特徴　190
　（2）一般補助金額が減少した自治体は少数だが，そのほとんどが小規模自治体である　190
　（3）Maakuntaの中心自治体の動向　191
　（4）拠出自治体の動向　192
　（5）不交付自治体　197
　（6）一般補助金額が著しく伸びた自治体の分析　198
5　一般補助金とSOTE改革 …………………………………………………… 199
むすびにかえて…………………………………………………………………… 201

終章

おわりに ………………………………………………………………………… 205

問題の所在
―グローバル化の中での
フィンランド福祉国家の変容と再編成―

1 グローバル化の中のフィンランド－国際均衡と国内均衡－

　第2次大戦後の日本の経済・政治が大きく転換したのは第1次オイルショックの時期で，ほぼ1975年以降，日本の経済・政治は新しい時代に入ったということができた。1960年代前半から1970年代前半に，日本では高い経済成長と「完全」雇用が実現した。さらに，成長の果実というべき潤沢な財源を背景に福祉の拡充が進み，基盤的所得保障だけではなく，児童福祉や高齢者福祉などにおいて多様な形態での福祉サービスが提供されるようになった。しかし，オイルショックを契機に福祉の「見直し」が行われるようになった。また，1960年代や1970年代前半には，産業基盤投資や生活基盤投資などを軸に公共事業が盛んに行われ，それが雇用や国民生活向上に一役買った。このような公共事業費の大盤振る舞いも見直されることになった。

　日本の転換期つまり新時代の到来の内容と特徴は次の点に求められるだろう。つまり，いわゆるニクソンショックと表現された1971年の固定相場制の崩壊，スタグフレーションという言葉が飛びかった長くて深い不況，新素材革命・通信革命・バイオテクノロジーなど不況を契機に進展した新技術革新，福祉の「見直し」などの政策の新潮流に躍り出た新自由主義，財政緊縮・減税・行政改革の進行，民営化と規制緩和の進行，金融の自由化，企業の海外進出と多国籍化の進展等である。そして，例えば，規制緩和や財政緊縮が強く示された国とそうではなかった国など，その現われ方の強弱が国によって異なっていたことや，規制緩和等が早く行われた国とそうではなかった国など，その現われ方の時期に国による違いがみられたことがあったけれども，上記のような内容と特徴は，日本に限らず，アメリカ，イギリスなど多くの発達した産業国家においてほぼ

1

共通にみられたのである。

　フィンランドの場合は，このような意味での新しい時代の到来は1990年代前半の大不況のときであり，日本よりも15年〜20年ほど遅かったといえるだろう。フィンランドは1980年代後半に高成長を実現し，福祉が拡充して，北欧型福祉国家の仲間入りを果たした。アメリカのレーガン革命，イギリスのサッチャーリズム，日本の臨調行革など，新保守主義が隆盛のもとで新自由主義的な政策がアメリカ，イギリス，日本などにおいて行われていたとき，フィンランドをはじめとする北欧諸国は福祉の充実に努めており，新自由主義とは別の道を歩んでいるとされ，日本ではとくに政治や政策においてオルタナティブを模索している人々から高い評価を得ていたのである。しかし，そのフィンランドも1990年代前半の大不況を機に経済と政治の転換期を迎えることになった。

　フィンランドの転換期の内容と特徴は次の点に求められるだろう。つまり，1990年代前半の固定相場制の崩壊，貿易の依存割合が高かったソビエト連邦の崩壊，ノキアに代表される大不況を契機に進展した新技術革新，福祉の「見直し」などの新自由主義的政策の台頭，財政緊縮・減税・行政改革の進行，民営化と規制緩和の進行，企業の海外進出のいっそうの進展，若年世代を中心にした高い失業率などである。さらに，1990年代後半のEUへの加盟がある。

　フィンランドの場合，日本よりも失業率とくに若年世代の失業率が高い。さらに，隣国のスウェーデンほど新自由主義のイデオロギーは強くはなく，したがってドラスティックに新自由主義的な政策が進むことはなかったが，マイルドに新自由主義的な政策が着実に進められた点に特徴があった。

　現在，グローバル化の進行の中で，北欧諸国を含め，多くの産業国家においては，国内均衡（国民諸階層の利害の調整）と国際均衡（国際経済協調）の同時達成がやりにくくなってきている。そして，この2つのバランスをどのようにとるのかが大きな課題になっている。それはとりもなおさず各国がグローバル化への対応をどのようにするのかの問題でもある。アメリカのトランプ政権は保護主義の動きを強めるなど，これまでのアメリカの政権に比べて自国利害を押し出す度合いが強いが，それは国内均衡をより重視していることを意味している。フィンランドは1995年にEUに加盟した。そして，2002年にフィンランドマルカに代わってユーロが現実の通貨になった。EUにおいてフィンラン

ドは国際協調面で重要な役割を果たし，貿易額や投資額を増加せてきた。しかし，EU加盟後いっそうの農業不振に陥っている。また，財政面では財政の健全性に努めてきたが，増税ではなく，歳出削減の徹底や減税などの諸政策をとってきた。そして，それが福祉削減等に結びついている。

フィンランドは，リーマンショック後の経済の回復が思わしくなく，とくに2012年に実質GDP成長率がマイナスに転じ，以後3年に及ぶ景気後退と高い失業率に苦しんでいる。さらに，近年増加の一途をたどる総債務残高の削減をせまられており，財政支出拡大に伴う景気刺激という政策の選択肢はいっそう難しくなってきているように思われる。2014年1月1日には大規模な法人所得税減税が行われ，税率は24.5％から20％に引き下げられている。

このような中，これまで影響力のあった国民党，中央党，社会民主党，左翼党などの既成政党とは全く別の新興政党（フィンランド人党）が力をつけてきており，2015年5月29日発足のシピラ内閣では，政権の一翼を担うまでになっている。フィンランドよりも福祉の見直しや福祉の民営化がドラスティックに進んだスウェーデンでは，これまで2大勢力（穏健党，社会民主党）の陰に隠れていた極右政党である民主党が，移民・難民の排斥を主張する一方で，福祉重視を掲げて国民に浸透し，躍進をしている。フィンランドは，これまで移民・難民の受け入れに積極的であったスウェーデンとは対照的に，移民・難民の受け入れには消極的であった。そのようなこともあってか，フィンランド人党はスウェーデン民主党のような極端な主張は行っていないが，ユーロやEUには懐疑的である。今後，経済・財政，社会保障の問題や，移民・難民問題が絡み合いながら，フィンランドは国内均衡と国際均衡についてどのようにバランスを取っていくことができるのかが課題になっているのである。

2 フィンランド福祉国家の変容

フィンランドは，スウェーデン，ノルウェー，デンマーク，アイスランドとともに北欧5カ国を構成している。そして，すぐれた福祉政策や教育政策を実行し，北欧型福祉国家の一員であるといわれてきた。実際，1980年代後半には高い経済成長と税収入の増加を背景に，レベルの高い社会保障や教育を実現し

てきた。つまり，主に特定補助金（国庫支出金）と地方所得税（地方税）を用いながら，高齢者福祉ではホームヘルパー数の増大やデイサービスセンターの増設など，これまでの施設福祉サービスの充実に加えて在宅福祉サービスが飛躍的に拡充した。また，児童福祉では保育所の増設と充実した保育サービスが展開された。そして，このようなサービスのほとんどが自治体直営サービスであった。教育については充実した学校教育，社会教育が展開された。公立図書館等の整備も進んだ。さらに，高い経済成長の中で雇用は安定し，低い失業率を示してきた。こうして1980年代後半にはフィンランドは北欧型福祉国家の一員になったのである。

　しかし，すでに述べたように，フィンランドは1990年代前半に大不況に見舞われた。そして，それ以降，フィンランドの福祉国家に揺らぎが生じているといってよいだろう。大不況以後，フィンランドの経済成長は鈍化した。1990年代半ば以降，経済がITを中心とする電気光学機械産業を軸に成長軌道にのったものの，1980年代のような高い成長と雇用は望めなかった。さらに，グローバル化や金融自由化の波にさらされる中で，二元的所得税の導入が行われるとともに，所得税の総合制や累進制の見直し（累進制の脆弱化），富裕税の廃止等が行われた。また，大不況の影響を色濃く受けた1990年代前半の財政危機においては，財政再建の手法として，増税ではなく，財政支出削減が何よりも優先され，ドラスティックな歳出削減策が断行された。「課税に関する国際的な圧力や世界的な租税競争，租税の雇用への影響の観点から，もはや公的部門の財政問題を高い税率を維持することによって解決することは適切なことではない。フィンランドのいくつかの租税は国際基準とEU基準に照らせば大変高い。財政支出の削減こそが公的部門の財政を改善する本質的な方法なのである」（Ministry of Finance "Economic Survey September 1998", 1998）という認識を，政策当局が強くもっていたのである。そして，以後今日まで，増税ではなく歳出削減策がフィンランドの財政政策のほぼ基本的スタンスになっているのである。このような中で，国の出先機関の廃止等の行政改革や自治体合併が進んだ。

　さらに，1990年代後半から現在（2015年）まで，高い成長が望めない中で雇用構造や産業構造が変化し，若い世代中心に失業が増えた。生活保護の状況を

年齢構成別にみると，20歳代が最も受給率が高かった。また，社会保障費や教育費の伸びの鈍化や削減が進んだ。社会福祉サービスとくに高齢者福祉サービスについては，充実・拡大から抑制に舵がきられるとともに，伝統的な公的サービス（自治体直営サービス）の比重が低下した。自治体サービスにおいて民間委託化が進むとともに，民間が100％サービスを提供する純粋民間サービスも発展し，福祉の民営化が進んでいった。

フィンランドでは1980年代や1990年代において農業人口や農家戸数が減少基調で推移していたが，EU加盟後，経営規模をかなり拡大しないと農業の生き残りがいっそう難しくなり，農業人口や農家戸数が大幅に減少した。さらに，1980年代に比べて地方から都市への人口移動が進んだ。産業面でも，これまで主軸を担ってきた産業（紙パルプ産業や電気光学機械産業など）に往時の勢いがなく，企業の海外進出（工場の海外移転）も進んだ。このような中で，雇用面，とくに若年世代の雇用問題が深刻になったのである。また，国民の間に所得差が小さいこと（所得の平準化）がフィンランドの特徴であったが，現在はいわゆる中間層の流動化が進み，低所得階層に属する国民が大幅に増加している。

本書では，1990年台前半の大不況以後，今日までのフィンランドの経済・産業，財政（国財政，自治体財政），税制，地域経済，社会福祉（とくに高齢者福祉），ならびに地方財政調整や，社会保障・教育と密接な関係にある国庫支出金について検討し，フィンランド福祉国家の変容と再編について明らかにしようとした。その中でも本書で力点をおいたのは，高齢者福祉サービスの民営化・給付の抑制等と，社会保障や地方財政調整に大きな役割を果たしている国庫支出金の変化についてである。福祉国家を考察する場合，社会保障と地方財政調整が最も重要であると考えたからである。フィンランドの高齢者福祉の内実を探り，さらに，社会保障・教育に重要な役割を果たすとともに自治体間の財政力格差是正機能を担う国庫支出金の動向を追った。このことを通じて，本書では1980年代後半に北欧型福祉国家の一員となったフィンランドが，1990年代半ば以降転機にたっていること，つまり，福祉国家の変容と再編の時期にあることを明らかにしようとしたのである。

第1章 グローバル化の中でのフィンランドの経済と財政（1990～2014）
―EU加盟，財政支出削減，税制改革―

はじめに

　本章では，1990年（フィンランド経済が高成長を遂げた最後の年）から2014年（リーマンショックからの回復が不十分なまま景気の低迷が続いている年）までのフィンランドの経済と財政について検討する。財政については，EU加盟や経済のグローバル化の影響を色濃く受ける中で進められたドラスティックな財政支出の削減，税制改革と主要税の動向に的をしぼって検証する。

　まず，この時期のフィンランドの総債務残高とその対GDP比率に着目し，財政支出の削減と密接に関連する財政の健全性を検討する。次に，経済が大きく落ち込んだ1991年から1993年にかけての深刻な不況（以下，大不況と略す）からの脱出過程について考察する。さらに，1990年から2014年までの時期の財政支出の削減の内容を明らかにする。その際には，財政支出削減の影響が大きかった社会保障の動向について重点的に考察する。これに加えて，フィンランドの現在の税制を規定することになった1993年，1994年に行われた税制改革の内容を検討する。そして，主要な国税である所得税と付加価値税，地方税である地方所得税の動向を分析する。

1　フィンランドの総債務残高とその対GDP比率

　1990年以降，今日までのフィンランドの総債務残高の状況とその対GDP（名目）比率をみていくと，その特徴から次の4つの時期区分に分けられる（**図表1-1**）。
①1991年から1993年にかけて，大不況により経済が大幅なマイナス成長となっ

図表1-1　フィンランドの一般政府総債務残高

（10億ユーロ，％）

	1980	1981	1982	1983	1984	1985	1986	1987	1988	1989
総債務残高	3.669	4.398	5.933	7.350	8.121	9.231	10.316	11.958	12.691	12.262
総債務残高の対GDP比	10.893	11.544	13.851	15.379	15.180	15.837	16.443	17.649	16.535	14.269
GDP	33.682	38.094	42.831	47.790	53.498	58.285	62.740	67.751	76.754	85.929
	1990	1991	1992	1993	1994	1995	1996	1997	1998	1999
総債務残高	12.603	19.025	33.309	46.397	50.937	54.351	56.458	57.858	56.414	55.857
総債務残高の対GDP比	13.848	21.878	39.255	54.108	56.118	55.147	55.318	52.248	46.852	44.009
GDP	91.010	86.962	84.852	85.748	90.768	98.556	102.060	110.738	120.382	126.923
	2000	2001	2002	2003	2004	2005	2006	2007	2008	2009
総債務残高	57.892	59.142	59.567	64.778	67.587	65.652	65.696	63.425	63.254	75.482
総債務残高の対GDP比	42.486	40.947	40.170	42.738	42.648	39.937	38.059	33.993	32.654	41.696
GDP	136.261	144.437	148.289	151.569	158.477	164.387	172.614	186.584	193.711	181.029
	2010	2011	2012	2013	2014	2015				
総債務残高	88.160	95.490	107.708	114.801	123.696	133.225				
総債務残高の対GDP比	47.119	48.504	53.910	56.458	60.200	63.585				
GDP	187.100	196.869	199.793	203.338	205.474	209.604				

（注1）　一般政府とは中央政府（国），地方政府（地方自治体），社会保障基金を集計したものである。
（注2）　GDPは名目GDPである。
〔出所〕　"World Economic Outlook Database April 2018", 2018.

た。同期間には財政赤字が拡大して総債務残高が大幅に増大するとともに，総債務残高の対GDP比率が上昇した。

②1995年には経済が回復基調に転じ，以後は，1990年代後半を通じて順調に推移した。これにともない，1990年代後半には総債務残高が横ばいで推移した。総債務残高の対GDP比率については，1997年以降は減少基調で推移している。

③2000年以降は経済成長が鈍化した時期もあったが，総債務残高の対GDP比率は1990年代後半よりも低下した。1995年から2008年までフィンランド経済はほぼ安定的な成長を成し遂げている。そして，総債務残高の対GDP比率は，2005年から2008年の4年間は30％台に低下している。総債務残高も大きく伸びることはなく，むしろ2005年，2007年と2008年には対前年比で減少している。

④2009年にはリーマンショックの影響を受け，経済がマイナス成長に転じた。さらに，ユーロ危機が現出した。2009年には，GDPが減少する一方，総債務残高とその対GDP比率が大きく増大した。そして，2009年以降GDPの伸びが鈍化した。とくに，2012年に実質GDP成長率がマイナスに転じ（**図表1**

図表1-2 フィンランドの実質GDPの推移（2005年～2015年）

（10億ユーロ，％）

	2005	2006	2007	2008	2009	2010
実質GDP総額	179.646	186.930	196.623	198.040	181.664	187.100
	2011	2012	2013	2014	2015	
実質GDP総額	191.910	189.173	187.738	186.552	186.804	
	2005	2006	2007	2008	2009	2010
実質GDP伸び率（％）	2.78	4.05	5.18	0.72	-8.27	2.99
	2011	2012	2013	2014	2015	
実質GDP伸び率（％）	2.57	-1.43	-0.76	-0.64	0.13	

〔出所〕 "World Economic Outlook Database April 2018", 2018.

－2），以後3年に及ぶ景気後退と高い失業率に苦しんでいる。総債務残高とその対GDP比率も上昇し，2014年の総債務残高は2008年の約2倍に増加した。また，2014年には総債務残高の対GDP比は，はじめて60％台にのぼった。

2　1980年代後半の高成長とバブル崩壊による1990年代前半の大不況
―財政赤字と総債務残高の大幅な増大―

（1）1980年代後半の高成長と1990年代前半（1991～1993）の大不況

　1980年代後半（とくに1988年，1989年）にフィンランドの経済は高成長を遂げたが，1991年に深刻な不況に陥った。このため失業率（全国平均）は1990年の3.2％から1993年には16.3％，1994年には16.6％と大きく増大した（**図表1-3**）。

　このような高成長と深刻な不況の過程をみるとき，その要因として1980年代の金融の自由化と金融市場の規制緩和の実施の影響が大きかったことがあげられる[1]。それが銀行の貸し出しブームを招来するとともに，海外からの資本流入を促進した。Helsinki（ヘルシンキ）市郊外には高額な邸宅が多数出現した。不動産などの資産価格が上昇し，いわゆる「資産効果」が景気上昇を進めた。旺盛な消費と投資により，実体経済も好調となった。しかし，このような消費と投資のブームは景気の過熱を招き，フィンランド経済の高成長は1990年に終焉を迎えた。バブルの崩壊である。

　今度はこれまでとはうってかわり，資本の流出，実質金利の上昇，消費と投資の大幅な落ち込み，資産価格の暴落，不良債権の増加が現出した。さらに，

図表1-3　失業率の推移（Maakunta別，1990年～2014年）

(%)

	全国	Uusimaa	Itä-Uusimaa	Varsinais-Suomi	Sata-kunta	Kanta-Häme	Pirkan-maa	Päijät-Häme	Kymen-laakso	Etelä-Karjala	Etelä-Savo
1990	3.2	1.6	1.0	2.6	3.7	2.0	3.5	3.1	3.9	3.8	3.8
1991	6.6	4.3	3.3	5.0	7.8	5.8	7.4	7.8	7.5	7.9	7.8
1992	11.7	9.0	7.9	10.6	13.9	10.6	13.4	15.2	11.9	12.3	12.7
1993	16.3	13.2	13.1	15.5	17.2	15.9	18.0	20.6	17.1	16.4	17.8
1994	16.6	13.9	13.0	15.6	17.4	16.4	17.2	20.0	18.1	17.0	17.1
1995	15.4	12.0	11.7	13.9	17.0	14.5	16.6	18.3	15.7	15.9	16.5
1996	14.6	11.1	12.2	12.0	15.7	14.8	16.5	17.8	15.6	14.2	16.0
1997	12.7	9.6	8.2	10.8	13.4	13.1	12.9	13.8	11.7	13.3	13.8
1998	11.4	7.7	5.9	9.9	12.6	10.8	11.5	13.4	12.9	13.7	13.3
1999	10.2	6.5	5.2	8.5	12.2	9.3	10.2	12.1	12.5	12.5	13.6
2000	9.8	6.3	5.8	8.0	10.9	8.5	10.4	11.9	12.2	10.3	13.8
2001	9.1	5.4	6.7	8.4	10.3	10.0	9.3	9.8	9.5	9.3	12.5
2002	9.1	5.8	5.7	7.7	9.4	7.6	9.6	10.0	10.1	11.4	11.3
2003	9.0	6.5	5.8	8.4	9.1	7.9	10.1	9.3	10.0	9.3	9.4
2004	8.8	6.6	5.0	8.3	10.0	7.8	8.8	8.7	9.1	9.4	10.8
2005	8.4	6.2	5.1	7.0	9.0	8.5	8.9	8.8	8.7	9.6	10.1
2006	7.7	5.5	3.6	6.5	7.3	7.1	7.9	8.8	9.1	9.3	11.5
2007	6.9	5.2	3.0	6.2	6.6	6.4	6.2	6.6	7.0	8.7	8.7
2008	6.4	4.9	3.3	5.7	6.0	5.8	7.0	6.2	7.7	6.6	7.9
2009	8.2	6.2		7.5	7.5	7.2	10.0	8.7	7.9	10.7	9.6
2010	8.4	6.4		8.1	8.8	9.1	9.7	8.9	11.0	10.1	7.9
2011	7.8	5.8		7.9	6.1	6.4	9.6	9.1	10.6	9.7	7.7
2012	7.7	6.3		7.7	7.4	6.7	9.2	8.1	7.5	6.8	9.1
2013	8.2	6.7		8.9	7.7	6.6	9.4	8.3	9.4	7.9	10.8
2014	8.7	7.3		9.6	7.5	6.6	9.5	10.3	11.3	8.8	9.7

	Pohjois-Savo	Pohjois-Karjala	Keski-Suomi	Etelä-Pohjanmaa	Pohjan-maa	Keski-Pohjanmaa	Pohjois-Pohjanmaa	Kainuu	Lappi	Ahvenan-maa
1990	4.3	6.1	4.5	3.2	3.2	3.0	4.3	6.0	4.9	1.0
1991	7.5	9.5	9.1	7.6	6.1	7.7	8.4	10.4	9.0	1.7
1992	12.2	14.6	13.5	11.4	9.0	13.1	13.5	17.1	15.9	1.4
1993	18.4	20.6	17.6	16.6	12.2	14.8	19.0	20.3	21.4	3.2
1994	17.6	19.7	19.5	16.8	13.3	16.4	18.5	20.7	22.0	4.1
1995	17.9	20.0	19.0	15.1	12.9	16.0	17.1	22.4	21.2	5.3
1996	17.5	17.5	18.9	14.8	11.3	14.6	15.8	22.7	21.1	5.2
1997	15.6	17.4	16.2	14.6	8.1	9.0	15.5	23.5	20.4	3.1
1998	14.7	15.1	15.2	11.5	7.7	11.1	15.0	18.1	19.8	1.4
1999	12.6	15.1	13.5	11.1	8.8	10.8	13.6	15.9	16.3	1.0

2000	11.8	15.1	12.0	10.4	8.0	11.6	11.7	19.4	17.6	0.8
2001	13.1	14.8	11.7	9.1	7.1	9.2	12.0	17.7	16.3	1.6
2002	12.0	15.5	11.9	8.9	6.4	8.0	13.0	16.5	16.2	2.9
2003	10.7	15.1	11.5	7.8	6.6	8.3	11.5	17.0	15.6	2.6
2004	10.7	14.5	12.1	7.7	6.9	9.8	10.5	17.5	12.9	3.3
2005	10.0	13.1	11.8	6.5	6.1	8.4	10.3	16.6	14.0	3.6
2006	9.8	10.4	10.3	7.3	5.4	8.8	9.8	17.1	12.4	3.4
2007	9.8	12.5	8.9	6.1	4.2	7.6	8.2	15.7	10.9	2.9
2008	7.8	10.7	8.1	5.4	4.7	6.0	8.3	11.2	9.9	2.2
2009	10.8	13.0	11.2	7.9	5.9	6.4	10.0	9.3	11.6	5.4
2010	10.0	12.5	9.9	8.2	6.6	6.8	10.2	9.0	11.3	3.1
2011	10.3	12.3	9.6	7.4	6.3	5.6	8.7	8.3	10.2	2.7
2012	8.2	11.7	9.1	7.0	6.0	4.9	9.6	11.4	10.4	1.7
2013	8.1	12.5	10.0	7.6	5.6	4.7	9.9	11.5	10.5	3.9
2014	8.6	10.4	10.4	7.9	6.1	7.6	10.2	16.9	9.7	4.1

(注) 2009年以降のUusimaaについては, Itä-Uusimaa分を含む。
〔出所〕Tilastokeskus "Suomen tilastollinen vuosikirja 2012", 2012, S.418, Tilastokeskus "Suomen tillastollinen vuosikirja 2015", 2015, S.408.

1980年代後半にフィンランドの最大の輸出国であったソビエト連邦が崩壊したことによって，フィンランドの輸出産業は大きな打撃をこうむった。1987年にはフィンランドの輸出額の約16％を占めていたソ連貿易は，1991年には一挙に4％に落ち込んだのである[2]。フィンランド経済はマイナス成長に陥った。企業の業績が悪化し，失業率が上昇した。このようななか，財政収支は大幅な赤字となり，総債務残高が大きくなったのである。

(2) 大不況からの回復

フィンランドでは銀行の破綻に対して公的資金が導入されるとともに，1991年には通貨切り下げ（フィンランドマルカの切り下げ）が行われた。さらに，通貨切り下げを実のあるものにするために，1992年秋に固定相場制を放棄し，変動相場制に移行した。フィンランドマルカの減価は輸出の回復につながった。商品の輸出額は1997年には2,128億フィンランドマルカとなり，1991年（928億フィンランドマルカ）に比べてほぼ2.3倍に増加したのである[3]。

さらに，フィンランド経済の回復は，産業構造の転換をともないながら行われたことに特徴があった。つまり，これまでのリーディング産業であった紙・

パルプ産業に代わって，電気光学機械産業が大きく伸長したのである。1997年には，電気光学機械産業の輸出額は金属加工産業全体の半分を占め，フィンランドの携帯電話など電信・電話関係の商品に対する需要の強さが世界的に示されていたのである[4]。また，電気光学機械産業の工業生産額は，1995年を100としたとき，2006年に420と大きく伸びたのに対し，紙・パルプ産業は110にとどまったのである[5]。ただし，この時期に，電気光学機械産業の生産供給能力に限度が見え始め，熟練労働力も不足してきたため，次第に海外に生産がシフトされる可能性があることが，当時，政策当局者によって予測されていたことは注目されるだろう[6]。

フィンランドでは1990年代後半には総債務残高の対GDP比が低下したが，これには，後に述べるような財政支出の削減の果たした役割はあったものの，それ以上にフィンランドマルカの減価による輸出産業の業績回復，官民あげての戦略産業の育成と電気光学機械産業を中心にした経済成長が大きかった。1990年代前半に大幅なマイナス成長に突入したフィンランドでは，財政支出削減だけでの財政再建では不十分であったし，それでは経済をいっそう落ち込ませることにつながる可能性があった。増大した総債務残高や財政赤字から脱却するには，経済成長が不可欠であったのである。財政支出の削減が効果をあらわすのは経済がある程度回復して以降のことであった。

3　1990年代半ばからリーマンショックまでの総債務残高の対GDP比の縮小と財政支出削減を中心とした財政再建

次に，経済が順調に回復し成長が続いた1990年代後半からリーマンショックまでのフィンランドの財政再建について検討しよう。一般に，財政再建には財政支出の削減と並んで増税が大きな役割を果たすと思われるが，1990年代前半に大不況に見舞われたフィンランドでは財政支出の削減が優先され，多岐にわたる財政縮減策が講じられた。注目すべきは，フィンランドの政策当局は，高い税率を維持することによって公的部門の財政問題を解決するのは適切でないとし，歳出の削減こそが公的部門の財政を改善する本質的な手段であると強く認識していたことである[7]。

では，この時期の財政支出の削減はどのように行われたのであろうか。歳出

の削減においては、社会保障支出の削減と地方自治体向けの国庫支出金のカットが大きかった。地方自治体向けの国庫支出金の多くは、社会保健省の福祉・保健・医療関係の国庫支出金と教育省の教育・文化関係の国庫支出金であったから、国の社会保障支出の抑制は、地方自治体向けの国庫支出金にストレートに影響を及ぼした。1991年度と1997年度の国決算を比較してみると、歳出合計額は1991年度の1,679億5,900万フィンランドマルカから1997年度の1,873億7,800万フィンランドマルカに増加したのに対し、社会保障をとりあつかう社会保健省の経費支出額は1991年度の519億1,800万フィンランドマルカから、1995年度の490億2,700万フィンランドマルカに落ち込み、さらに、1997年度には452億100万フィンランドマルカに減少したのである[8]。なお、1994年度には536億3,900万フィンランドマルカになり、1991年度よりも増加している。これは、大不況にともなう失業対策分の支出が伸びているからである。

さらに、このような社会保障支出の削減と自治体向けの国庫支出金カットのほかにも、国の出先機関の整理統合や廃止、自治体合併等が積極的に行われた。では、財政支出削減の内容について詳しくみてみよう。

（1）国の出先機関の廃止

国の出先機関である県が12存在していたが、6つに削減された後、2009年12月31日には、すべて廃止された。

（2）地方自治体向けの国庫支出金のカット

地方自治体と自治体連合向けの国庫支出金は、1993年度以降1998年度まで継続して削減されている。1991年度に422億500万フィンランドマルカであったものが、1997年度にはその約4分の1が削減され、307億8,700万フィンランドマルカになったのである[9]。とくに、国庫支出金の中で比重が大きい社会保障関係の国庫支出金の削減が大きかった。以下、社会保障関係の国庫支出金に的をしぼってみていこう。

フィンランドでは1982年9月17日に成立した「社会福祉保健医療計画と国庫支出金に関する法律（Laki sosiaali-ja terveydenhuollon suunnittelusta ja valtionosuudeste）が1984年1月1日に施行された。この法律の目的は、中央

政府（国政府）が計画をたて、標準を設定することによって、キーとなるサービスの全国的・均一的な発展を保証することであった。この法律のもとでの社会保障関係の国庫支出金は使途が厳しく限定され、経費支出ベースで自治体に交付されたが、交付にあたっては地方財政調整が加味された。国庫支出金は、社会保障関連の施設建設費（老人ホームなど）や、ホームヘルパー・老人ホーム職員などの人件費を中軸とする経常経費に対する国の補助という性格をもっていた[10]。図表1-4は同法16条に示されている同法成立時の国庫負担率である。10等級が最も財政力の高い自治体、1等級が最も財政力の低い自治体である。国庫負担率について財政力の弱い自治体への配慮がなされており、国庫支出金が地方財政調整的に自治体に交付されているのが把握できる。1980年代後半の順調な経済成長と良好な財政に支えられて国庫支出金額は潤沢であり、ほとんどすべての自治体が、この法律にもとづいて高齢者福祉（とくに在宅福祉）や児童福祉、障がい者（児）福祉に力をいれることができた。

そして、各自治体で多数のホームヘルパーが採用されるとともに、デイサービスセンターや保育所が次々とつくられていった。フィンランド全体のホームヘルパー数は、1985年が1万548人であったのに対し、1991年には1万3,251人となって6年間で25％増加し、保育所数も1,812（1985年）から2,305（1991年）と実に27％増加したのである[11]。これには、使途が厳しく限定された社会保障関係の国庫支出金の果たした役割が大きかったのである。1980年代後半の高成長を背景に、このような自治体向けの社会保障関係の国庫支出金が拡充され、各自治体は社会福祉の充実を図った。そして、この時期に「社会福祉のナショナルミニマムが達成され、フィンランドは、名実ともに普遍主義を標榜する北欧型福祉国家の一員となったのである」[12]。

図表1-4　自治体の財政力区分と国庫負担率

財政力区分	1等級	2	3	4	5	6	7	8	9	10
自治体数	約180	約120								
国庫負担率	65％	61％	57％	53％	50％	47％	44％	41％	38％	32％

（注1）　1982年9月17日法律成立時の国庫負担率である。
（注2）　1等級、2等級の自治体についてのみ自治体数を掲げた。
〔出所〕　Laki sosiaali-ja terveydenhuollon suunnittelusta ja valtionosuudeste.

1993年には大きな財政改革（1993年1月1日実施）が行われ，社会保障関係の国庫支出金は，使途が緩やかな福祉・保健医療包括補助金に転換した。これにより，自治体の支出の自由裁量権が拡大し，自治体は，福祉・保健医療であれば，どんな支出にも包括補助金を充てることができるようになった。また，教育・文化関係の国庫支出金についても，教育・文化包括補助金に転換した。包括補助金の目的は自治体の支出の自由裁量権の拡大にあり，したがって，1993年の財政改革を地方分権的な財政改革と位置づけることができるのである。
　しかし，この改革は，バブル崩壊後の経済の落ち込みと総債務残高の増大の中で行われたために，包括補助金がスタートしたのと同時に補助金のカットが行われた。1994年時点でのフィンランドの国庫支出金には，福祉・保健医療包括補助金，教育・文化包括補助金，一般交付金，税収格差是正のための国庫支出金（税平衡化国庫支出金），福祉施設建設のための国庫支出金，公共事業を軸としたプロジェクト国庫支出金，災害復旧のための国庫支出金が存在していたが，福祉・保健医療包括補助金は国庫支出金の多くの部分を占めていた。例えば，1995年度のポルボー（Porvoo）自治体の予算では，福祉・保健医療包括補助金が6,250万フィンランドマルカ，教育・文化包括補助金が3,910万フィンランドマルカ，一般交付金が710万フィンランドマルカと見込まれていたのである[13]。したがって，福祉・保健医療包括補助金のカットは自治体財政にとって大きな影響があった。図表1-5は，北極圏のSodankylä（ソダンキュラ）自治体に交付された福祉・保健医療包括補助金の算定方法と包括補助金の金額であるが，年齢別構成人口や失業率，地理的条件，財政力[14]などをもとにした計算により算定された金額が，最終的には約9％カットされている。このようなカットはSodankylä自治体だけではなく，この時期に，すべての自治体において行われたものであった。

図表1－5　福祉・保健・医療包括補助金の交付メカニズム（1994年度）
　　　　　―ソダンキュラ（Sodankylä）自治体を例として―

```
〔社会福祉分〕
（1）年齢構成別人口
      0～6歳    7,409マルカ ×  1,028人 =  7,616,452マルカ
      7～64歳     355マルカ ×  8,578人 =  3,045,190マルカ
      65～74歳  3,257マルカ ×    718人 =  2,338,526マルカ
      75歳以上  3,008マルカ ×    400人 =  1,203,200マルカ
                              10,724人 = 14,203,368マルカ
                            （ソダンキュラ自治体総人口）
（2）失業率
                  22.5（ソダンキュラ自治体の失業率）－14.6（国平均失業率）
   1＋1.4（定数）× ─────────────────────────────────── ＝1.111
                                    100
   14,203,368マルカ×1.111＝15,779,941マルカ
（3）財政力
   ソダンキュラ自治体の場合1.5
   15,779,941マルカ×1.5＝23,669,910マルカ
                                              社会福祉分 23,669,910マルカ―①

〔保健・医療分〕
（1）年齢構成別人口
      0～6歳      984マルカ ×  1,028人 =  1,011,552マルカ
      7～64歳     928マルカ ×  8,578人 =  7,960,384マルカ
      65～74歳  2,318マルカ ×    718人 =  1,664,324マルカ
      75歳以上  3,719マルカ ×    400人 =  1,487,600マルカ
                              10,724人 = 12,123,860マルカ
                            （ソダンキュラ自治体の総人口）
（2）疾病率
   385マルカ（疾病率でわり出される1人当たり額）×10,724人（ソダンキュラ自治体の総人口）
                  ×1.0703（国で定めた係数） = 4,418,990マルカ
           12,123,860マルカ＋4,418,990マルカ = 16,542,850マルカ―②
（3）人口密度
   ソダンキュラ自治体の場合0.1238
   16,542,850マルカ×0.1238 ＝ 2,048,004マルカ―③
（4）面積
   ソダンキュラ自治体の場合0.3774
   16,542,850マルカ×0.3774 ＝ 6,243,272マルカ―④

   ②＋③＋④
   16,542,850マルカ＋2,048,004マルカ＋6,243,272マルカ ＝ 24,834,126マルカ
（5）財政力
   ソダンキュラ自治体の場合1.5
   24,834,126マルカ×1.5 ＝ 37,251,190マルカ
                                              保健・医療分 37,251,190マルカ―⑤
                                              ① ＋ ⑤ ＝ 60,921,100マルカ―⑥
                                              補助金カット分  5,515,742マルカ―⑦
   ソダンキュラ自治体の受け取る福祉・保健・医療包括補助金額（⑥－⑦）
                                                         55,405,358マルカ
```

（注）　マルカはフィンランドマルカのことである。
〔出所〕　1994年12月に筆者が調査を行ったソダンキュラ（Sodankylä）自治体資料による。

(3) 福祉施設建設のための国庫支出金の廃止

　1995年度には福祉施設建設を目的とする自治体向けの国庫支出金が廃止された。福祉施設建設のための国庫支出金は1993年改革以前から存在し，老人ホームなどの施設福祉の拡充に貢献した。1993年改革による福祉・保健医療包括補助金の創設以後も，このような福祉施設建設のための国庫支出金が維持されていたが，これが廃止されたのである。このことにより，以後，自治体は自主財源や包括補助金，プロジェクト補助金により福祉施設建設を行うこととなったが，老人ホームの建設はほとんど進まなくなってしまったのである。

　フィンランドでは，1990年代後半に老人ホーム数がやや減少する一方で，高齢者用サービスつき住宅の建設が大きく増大している。このことは老人ホームや高齢者用サービスつき住宅などの従事者数を示した**図表1－6**から把握できる。さらに，**図表1－6**により，老人ホームは自治体立や自治体連合立が多く，高齢者用サービスつき住宅は民間の建設と運営によるものが多いことが把握できる。このことは，福祉施設建設のための自治体向けの国庫支出金が廃止されたことによる影響が出ているといえるだろう[15]。

　注目すべきは，フィンランドで民間についてみる場合，NPOなど非営利組織の役割が大きかったことである。営利企業が運営する福祉施設と並んで，非営利組織が運営する福祉施設が多数存在していたのである[16]。福祉民営化が進み始めた1990年代半ばから2005年ころまでは，非営利組織の比重が営利企業を上回っていたのである。このことはフィンランドの福祉民営化を検討する際に大変重要であり，本書第3章，第4章で詳述したい。

(4) 自治体間の税収格差に着目した財政調整は水平的財政調整にシフト

　すでにみた**図表1－5**から判断できるように，1993年改革で創設された包括補助金では，財政力の弱い自治体に厚く配分するシステムが充実していた。つまり，年齢構成別人口，失業率，地理的条件などをもとに金額が計算された後に，財政力因子を用いた計算が行われることによって，最終的な包括補助金の金額が定められていたのである。また，1993年改革以前の使途限定の国庫支出金と包括補助金とでは，前者が支出ベース，後者が計算ベースで自治体に国庫支出

図表1-6　高齢者介護サービスの従事者数

(人, %)

		1990	1995	2000	2005	1990-2005	2000-2005
訪問介護と訪問看護	訪問介護（自治体・自治体連合立）	11,442	12,586	12,792	11,957	4.5%	−6.5%
	75歳以上人口に占める割合（千分比）	40.4	41.9	37.6	30.4		
	訪問看護（自治体・自治体連合立）	1,651	1,357	1,312	3,277	98.5%	149.8%
	75歳以上人口に占める割合（千分比）	5.8	4.5	3.9	8.3		
	合計	13,093	13,943	14,104	15,234	16.4%	8.0%
	75歳以上人口に占める割合（千分比）	46.3	46.5	41.4	38.8		

		1990	1995	2000	2005	1995-2005	2000-2005
高齢者用サービスつき住宅	高齢者用サービスつき住宅（自治体・自治体連合立）	1,062	1,481	2,724	4,574	208.8%	67.9%
	高齢者用サービスつき住宅（民間）	1,353	2,589	6,263	10,276	296.9%	64.1%
	合計	2,415	4,070	8,987	14,850		
	75歳以上人口に占める割合（千分比）	8.5	13.6	26.4	37.8		
老人ホーム	老人ホーム（自治体・自治体連合立）	16,410	15,031	14,694	13,012	−13.4%	−11.4%
	老人ホーム（民間）	2,341	2,382	3,284	3,092	29.8%	−5.8%
	合計	18,751	17,413	17,978	16,104		
	75歳以上人口に占める割合（千分比）	66.2	58.0	52.8	41.0		
長期入院介護医療機関	長期入院介護医療機関（自治体・自治体連合立）	19,877	17,418	18,419	18,530	6.4%	0.6%
	75歳以上人口に占める割合（千分比）	70.2	58.0	54.1	47.2		

		非営利	営利	合計
「参考」2004年	老人ホーム（民間）	2,884	208	3,092
	高齢者用サービスつき住宅（民間）	10,736	4,725	15,461
	訪問介護（民間）	631	1,734	2,365

(注1) 高齢者用サービスつき住宅には 24時間サービスつきの高齢者用サービスつき住宅を含む。
(注2) 民間の訪問介護には，高齢者以外を対象とする訪問介護が含まれているため，参考として掲載した。
(注3) 高齢者用サービスつき住宅の「参考」の数値には高齢者以外を対象とする者が含まれている。このため高齢者の利用者数にもとづいて割り出した数値を（2005年，1万 276人），民間の高齢者用サービスつき住宅の従事者数としてある。
(注4) 訪問介護は 11月 30日現在，それ以外は 12月 31日現在の数値。
(注5) 民間には，営利企業のほかに，非営利組織（財団など）を含む。
〔出所〕 STAKES "Ikääntyneiden sosiaali-ja terveyspalvelut 2005", 2007, S.76, S.79
「参考」の数値については STAKES "Sosiaali-ja terveydenhuollon tilastollinen vuosikirja 2007", 2007, S.142-143.

金が交付されるという点で，まったくシステムが異なっていたが，図表1-4でみたように，使途限定の国庫支出金においても財政力の弱い自治体に厚く配分するために財政力が重視されていたのである。ところが1996年1月1日からは，包括補助金の配分基準の中から財政力因子が取り払われてしまった。

ただし，このことにより直ちに財政力の弱い自治体への配慮が薄まってしまったわけではない。税収格差是正のための国庫支出金（税平衡化国庫支出金）の役割が大きくなり，水平的財政調整が強化され，財政力の豊かな自治体から財政力の弱い自治体への財政資金の移転が行われたのである。

さらに，フィンランドでは，2010年に国庫支出金の改革が行われ，これまでの包括補助金が廃止され，一般補助金となった[17]。一般補助金においても，基本的に包括補助金のときと同様な水平的財政調整（自治体間の税収格差に着目した財政調整）が行われているが，詳しくは第5章，第6章，第7章で述べることにしよう。

(5) 社会保障支出の縮減と福祉民営化の進行

すでに，福祉・保健医療包括補助金のカット，福祉施設建設のための国庫支出金の廃止についてみてきたように，社会保障支出の削減が自治体向けの国庫支出金の削減をとおして行われている。しかし，それだけにとどまらない。1990年代前半の大不況以後，広く社会保障支出の削減が行われているのであり，これにともなって，福祉の民営化（主に自治体サービスの民間委託）が進行している。福祉の民営化は児童福祉や高齢者福祉など多岐にわたって行われているが，本章では，高齢者向けの介護サービスの支出（経常費支出）を中心に，その詳細についてみていこう。

フィンランドの2005年度の社会保障支出は420億ユーロで，そのうち公的年金を含む高齢者向け支出は137億ユーロであった[18]。また，高齢者向けの介護サービスの支出は15億ユーロ（利用料金を含まない）であった（図表1-7）。高齢者向けの介護サービスの支出のうち老人ホーム入居者等への支出（高齢者向け施設ケア支出）が最大であるが，1990年代における伸び率は低く，とくに1995年から2000年にかけてはマイナス4.7％の伸び率になっている。訪問介護の支出も伸び率が低く，1990年から1995年にかけてはわずか6.0％にすぎなか

図表1-7　1990年～2005年の高齢者介護サービス支出額と伸び率

(百万ユーロ，％)

金　額	1990	1995	2000	2005
高齢者向け施設ケア（老人ホームなど）	522.2	552.6	526.4	633.9
訪問介護	237.6	251.9	297.2	371.9
近親者介護サービス	36.3	38.4	43.6	61.6
他のサービス（デイケアサービス，高齢者用サービスつき住宅等）	59.3	111.5	247.2	437.9
合　計	855.4	954.3	1114.4	1505.3

伸び率	1990-1995	1995-2000	2000-2005
高齢者向け施設ケア（老人ホームなど）	5.8	—4.7	20.4
訪問介護	6.0	18.0	25.2
近親者介護サービス	5.7	13.7	41.3
他のサービス（デイケアサービス，高齢者用サービスつき住宅等）	88.0	121.7	77.2
合　計	11.6	16.8	35.1

（注）　保健医療サービス支出は含まれていない。
〔出所〕　STAKES "Ikääntyneiden sosiaali-ja terveyspalvelut 2005", 2007, S.86.

った。高齢者用サービスつき住宅が増加したことにともない，高齢者用サービスつき住宅関連の支出が大きく伸びたが，1990年代をとおしてみれば，高齢者向けの介護サービスの支出全体の伸び率は低かったということができる。

21世紀にはいってからは，高齢化がいっそう進むなかで高齢者向けの介護サービスの支出額が再び増加に転じ，2000年度から2005年度にかけての伸び率は35.1％となった。老人ホームなどの高齢者向け施設ケアについても20.4％の伸び率になった。

さらに，各介護サービスの状況をみることによって削減の実態に迫ろう。図表1-8はホームケアサービス（訪問介護サービスと訪問看護サービスを合わせたもの），老人ホーム，長期入院介護（病院・診療所）について，65歳以上の者の利用状況と75歳以上の者の利用状況を，1990年，1995年，2001年，2005年についてみてみたものである（ホームケアは1990年を除く）。まず，65歳以上の者の利用状況をみると，ホームケアの利用者数は，1995年から2001年にかけてやや減少し，2001年から2005年にかけてやや増加しているが，65歳以上の者

図表1-8　高齢者の介護サービス利用状況

(人, %)

65歳以上の利用状況						
年	ホームケア		老人ホーム		長期入院介護	
	利用者数	割合	利用者数	割合	利用者数	割合
1990			25,659	3.8	11,311	1.7
1995	53,293	7.3	22,546	3.1	12,255	1.7
2001	52,353	6.6	20,092	2.6	12,136	1.5
2005	54,316	6.5	18,898	2.2	11,198	1.3

75歳以上の利用状況						
年	ホームケア		老人ホーム		長期入院介護	
	利用者数	割合	利用者数	割合	利用者数	割合
1990			22,180	7.8	9,608	3.4
1995	41,294	13.8	19,535	6.5	10,312	3.4
2001	42,231	12.1	17,755	5.1	10,362	3.0
2005	45,037	11.8	16,878	4.3	9,758	2.5

(注)　割合とは65歳以上の各サービス利用者数，75歳以上の各サービス利用者数の当該年齢人口数に占める割合である。
〔出所〕　STAKES "Ikääntyneiden sosiaali-ja terveyspalvelut 2005", 2007, S.34.

の総数に占めるホームケア利用者の割合は1995年が7.3％，2001年が6.6％，2005年が6.5％と一貫して低下している。老人ホームは，1990年の利用者数が最も多く，以後1995年，2001年，2005年と利用者数は減少の一途をたどっている。65歳以上の者の総数に占める老人ホーム利用者の割合も，1990年が3.8％，1995年が3.1％，2001年が2.6％，2005年が2.2％と低下しつづけている。長期入院介護は1990年に比べ，1995年，2001年は絶対数で上回ってこそいるものの，65歳以上の者の総数に占める長期入院介護の利用者の割合は一貫してゆるやかに低下している。

　また，75歳以上の利用状況をみてもほぼ同様な傾向が把握できる。ホームケアでは利用者数はやや伸びてはいるものの，75歳以上の者の総数に占めるホームケアサービスの利用者の割合は1995年が13.8％，2001年が12.1％，2005年が11.8％と一貫して低下している。老人ホームは，1990年以降，利用者数，75歳以上の者の総数に占める老人ホーム利用者の割合ともに低下しつづけている。

図表1-9　65歳以上の高齢者が受けるホームケアサービスの1ヵ月当たりの訪問回数

(人，%)

年	利用者数	1～8回	9～16回	17～40回	40回以上	
1995	53,293	50.3	16.2	18.3	15.2	100%
1997	48,655	48.3	15.3	18.1	18.3	100%
1999	53,297	42.8	16.9	18.6	21.7	100%
2001	52,353	41.9	15.3	18.6	24.3	100%
2003	51,323	45.1	11.5	17.9	25.5	100%
2005	54,316	42.4	12.7	18.2	26.8	100%

〔出所〕　STAKES "Ikääntyneiden sosiaali-ja terveyspalvelut 2005", 2007, S.41.

とくに後者の数値は顕著な低下を示している。つまり，1990年に7.8％を示していたものが，2005年には4.3％にまで落ち込んでいるのである。長期入院介護も，75歳以上の者の総数に占める長期入院介護利用者の割合はゆるやかに低下している。このことから，ホームケアサービス，老人ホーム，長期入院介護の利用の抑制が行われていることが把握できるのである。

　さらに，ホームケアサービスについては重度の高齢者への提供に力点がおかれるようになった。図表1-9は65歳以上の高齢者が受けるホームケアサービスの1ヵ月当たりの訪問回数を示しているが，月1～8回，9～16回が減少している反面，月40回以上が増加している。明らかに，ホームケアサービスでは，軽度な高齢者のサービス提供の抑制と重度の高齢者へのサービス提供の重点化が行われているのである。

　図表1-8でみてきたように，老人ホームや長期入院介護が減少しているが，このことは施設福祉サービスから在宅福祉サービスへの流れがいっそう強まったことを示している。そして，それは同時に，福祉民営化（主に福祉サービスの民間委託化）の流れが強まったことを意味している。フィンランドにおいては，在宅福祉サービス強化の流れはなにも近年だけの傾向ではなく1980年代からの傾向であったが，1980年代と1990年以降とでは，その性格は異なっている。つまり，1980年代にはホームヘルプサービスやデイサービスを軸に在宅福祉サービスが進んだが，そのほとんどは自治体直営サービスであった。しかし，近

年は，高齢者用サービスつき住宅（24時間サービスつきを含む）の建設が進み，これにともなってその利用者数が増加している。とくに，24時間サービスつき住宅の利用者数（75歳以上の利用者数）は，2001年の7,791人から2005年の1万3,544人に急増している[19]。この高齢者用サービスつき住宅の多くが民間の運営で行われているのである。

　このような民営化の背景にあるのは高齢者のニーズの多様化もあるが，同時に指摘したいのは自治体の財源の問題である。つまり，自治体向けの福祉施設建設のための国庫支出金の廃止や，包括補助金の交付額が抑制されてきたこと，自治体の主要な財源である地方所得税については自治体が自由に税率を決めることができるとはいうものの住民の負担がすでに相当に高い水準にあり，税率の引き上げが簡単にはいかないことなど，自治体をとりまく財政問題があったのである。このために，自治体が社会福祉サービスや保健医療サービスの提供面の責任主体であることには変わりはないものの，民間（営利，非営利）や自治体連合からサービスを購入して，これを自治体サービスとして幅広く提供するようになったのである。もともとその多くが自治体直営で行われてきた老人ホームについては，運営主体を変更することはあまり行われてはいないが，1990年代以降に新しいサービスとして発達してきた高齢者用サービスつき住宅については，当初から自治体直営は少なく，民間による建設と運営が圧倒的に多いのである。また，ホームケアサービスについても，民間による運営が徐々に進んできている。

　以上，高齢者介護サービスについて検討してきたが，このような民営化の流れは，高齢者介護サービスに限ってのことではない。1990年代以降，児童福祉サービスや医療サービスなどにおいても行われている。さらに，福祉サービスや医療サービスなどの社会保障分野以外のさまざまな分野において，広範囲に進んでいるのである。

　福祉従事者数と保健医療従事者数についてみてみよう。まず，福祉従事者数であるが，2006年に自治体と自治体連合で働く福祉従事者数（高齢者福祉，児童福祉，障がい者福祉などにかかわる仕事をしている者の数）は10万1,400人であった。1980年代後半に，保育所を中心に大きく増加して1990年に9万1,700人になったが，大不況とその後の数年間に伸びは止まった（1995年は8

図表1-10 民間の社会福祉・保健医療従事者の状況

(人)

	社会福祉											保健医療											
	非営利			営利			合計			住民千人当り	非営利			営利			合計			住民千人当り
	1990	1995	2004	90	95	04	90	95	04		90	95	04	90	95	04	90	95	04	
全国計	13,543	13,913	30,888	641	1,826	12,573	14,184	15,739	43,461	8.3	7,364	7,519	7,720	13,301	12,576	20,642	20,665	20,095	28,362	5.4
Uusimaa	5,803	5,838	10,889	196	462	3,824	5,999	6,300	14,713	10.9	3,014	3,020	2,517	5,293	4,686	7,307	8,307	7,706	9,824	7.3
Itä-Uusimaa	259	240	408	20	45	242	279	285	650	7.0	17	13	16	161	154	301	178	167	317	3.4
Varsinais-Suomi	1,032	1,174	2,182	191	265	1,204	1,223	1,439	3,386	7.5	243	229	423	1,399	1,494	2,219	1,642	1,723	2,642	5.8
Satakunta	314	369	931	7	42	485	321	411	1,416	6.0	83	247	405	492	448	689	575	695	1,094	4.7
Kanta-Häme	339	268	765	14	94	357	353	362	1,122	6.7	49	105	128	258	272	412	307	377	540	3.2
Pirkanmaa	864	1,035	2,892	10	78	661	874	1,113	3,553	7.7	550	520	618	1,163	1,182	1,930	1,713	1,702	2,548	5.5
Päijät-Häme	626	561	1,147	7	36	316	633	597	1,463	7.4	616	444	472	383	396	541	999	840	1,013	5.1
Kymenlaakso	450	563	1,476	9	45	386	459	608	1,862	10.0	104	129	125	345	359	520	449	488	645	3.5
Etelä-Karjala	252	268	618	3	79	377	255	347	995	7.3	55	35	73	238	246	459	293	281	532	3.9
Etelä-Savo	494	502	1,094	14	62	476	508	564	1,570	9.7	445	420	375	275	222	376	720	642	751	4.7
Pohjois-Savo	481	438	1,075	6	150	735	487	588	1,810	7.2	588	400	276	595	525	1,195	1,183	925	1,471	5.9
Pohjois-Karjala	197	254	833	3	70	515	200	324	1,348	8.0	212	249	122	234	264	534	446	513	656	3.9
Keski-Suomi	411	510	1,351	9	93	590	420	603	1,941	7.3	277	279	453	476	460	793	753	739	1,246	4.7
Etelä-Pohjanmaa	239	272	705	20	73	424	259	345	1,129	5.8	174	211	283	351	362	566	525	573	849	4.4
Pohjanmaa	354	282	813	—	5	234	354	287	1,047	6.0	80	182	152	369	316	558	449	498	710	4.1
Keski-Pohjanmaa	105	101	297	—	3	89	105	104	386	5.5	28	69	71	97	107	183	125	176	254	3.6
Pohjois-Pohjanmaa	650	653	1,736	76	165	1,076	726	818	2,812	7.5	587	715	875	705	598	1,256	1,292	1,313	2,131	5.7
Kainuu	208	206	607	22	37	295	230	243	902	10.5	69	54	67	160	178	278	229	232	345	4.0
Lappi	403	326	970	22	21	281	425	347	1,251	6.7	160	198	269	274	261	445	434	459	714	3.8
Ahvenanmaa	62	53	99	12	1	6	74	54	105	4.0	13	—	—	33	46	80	46	46	80	3.0

(注1) 各年とも12月31日の数値。
(注2) 住民千人当りの数値は2004年の数値。
[出所] STAKES "Sosiaali-ja terveydenhuollon tilastollinen vuosikirja 2007", 2007, S.144-145.

万8,800人)。1990年代後半になって再び増加基調となり、2001年に10万400人になったが、それ以降は横ばいとなっている[20]。これに対し、民間で働く福祉従事者数は1990年に1万4,184人であったが、1995年に1万5,739人、2004年に4万3,461人に増加している。また、自治体と自治体連合で働く保健医療従事者数は1990年に11万4,300人だったが、1995年には減少して10万7,100人になった。そして、その後は継続的に増加して2006年には12万3,700人となった[21]。これに対し、民間で働く保健医療従事者数は、1990年に2万665人、2004年に2万8,362人と増加している（**図表1－10**）。民間で働く福祉従事者数の伸びが著しく増大しているのに対し、民間の保健医療従事者数の伸びはあまり高くない。これは、病院、診療所、保健サービスなどは自治体直営で営まれる割合が高いからである。ともあれ、福祉については、保育所、高齢者介護サービスなどにおいて民間委託化が広範囲に進んでいることがわかるのである[22]。

（6）自治体連合など自治体間連携・協力

フィンランドでは、自治体の規模が小さいために、特定の事業分野について複数の自治体が集まって自治体連合（Kuntayhtymät）を形成する方法が広範囲に行われている。そのことを通じてサービスの確保と提供、事務事業の効率化、財政の効率化が図られている。自治体連合の歴史は古く、かつ、その多くは任意で設置されるもので、1次医療、職業専門学校、廃棄物処理、公的な交通・運輸などがある。これとは別に、法律にもとづいて設置が義務づけられる自治体連合がある。例えば、法にもとづいて2次医療について20の医療圏が設定されており、そのおのおのに配置されている高度医療を行う拠点的な専門病院をはじめとする病院を運営する自治体連合がつくられ、すべての自治体がこの自治体連合に加わらなければならないのである[23]。また、地域開発法にもとづく自治体連合が存在し地域計画を担っている。

自治体連合の財政規模は（2013年度）は119億4,992万ユーロで、福祉・保健医療が90億5,361万ユーロ、教育・文化が15億8,224万ユーロ、公的な交通運輸が5億7,570万ユーロ、廃棄物処理が1億1,760万ユーロであった。また、福祉・保健医療のうち、1次医療が5億9,630万ユーロ、2次医療が69億4,969万ユーロ、訪問介護サービスが9,273万ユーロ、施設ケア（高齢者、障がい者等）が

図表1-11　自治体連合の財政支出

(千ユーロ)

	2004	2007	2010	2013
社会福祉・保健医療	5,625,932	6,737,954	8,098,050	9,053,613
施設ケア（高齢者，障がい者等）	154,978	184,863	256,098	224,577
訪問介護	—	30,531	95,561	92,730
1次医療	759,986	899,290	718,386	596,302
2次医療	4,179,081	4,971,160	5,982,740	6,949,695
教育文化	1,287,141	1,475,006	1,569,351	1,582,242
職業専門学校	874,218	1,003,072	1,142,191	1,172,954
その他	327,136	522,869	1,019,778	1,248,924
廃棄物処理	46,139	76,868	98,435	117,606
公的な交通・運輸	125,331	193,851	488,152	575,707
自治体連合総額	7,284,263	8,796,140	10,760,019	11,949,928

(注)　2004年の訪問介護は数値が示されていない。
〔出所〕　Tilastokeskus "Suomen tilastollinen vuosikirja 2006", 2006, S.354.
　　　　Tilastokeskus "Suomen tilastollinen vuosikirja 2009", 2009, S.356.
　　　　Tilastokeskus "Suomen tilastollinen vuosikirja 2012", 2012, S.346.
　　　　Tilastokeskus "Suomen tilastollinen vuosikirja 2015", 2015, S.111.

2億2,457万ユーロ，教育・文化のうち職業専門学校が11億7,295万ユーロであった（**図表1-11**）。

図表1-11をみれば，2004年度から2013年度の9年間で，自治体連合の財政規模は約46億6,500万ユーロ増加し，伸び率が1.64倍であったことがわかる。このうち2次医療が41億7,900万ユーロ（2004年度）から2013年度には1.66倍の69億4,900万ユーロに増加した。また，2次医療は自治体連合の財政支出額の50％台後半を常に維持し，自治体連合の財政支出の中心をなしている。職業専門学校も自治体連合立で運営されているものが多いため財政支出額の約1割を占め，2004年度に比べて2013年度には1.34倍財政支出額が増加した。

伸び率が高いのは，訪問介護サービス，廃棄物処理，公的な交通運輸である。近年，これらの分野で自治体単独での運営をあらため，自治体連合方式が進んできているのである。2013年度の財政支出額は，2004年度（訪問介護サービス

は2007年度)に比べて,公的な交通・運輸が4.59倍,廃棄物処理が2.55倍,訪問介護サービスが3.04倍増加している。なお,1次医療が減少しているが,これは国の方針のもとで,長期療養の病院・診療所に入院する高齢者が大幅に減少していることが反映されているものと思われる。

　さらに,自治体間協力・連携が広範囲に行われている。つまり,複数の自治体が会社(第3セクター)をつくって株式をもち,第3セクターから各自治体が社会福祉サービスなどを購入する。また,大きな自治体からその周辺の自治体がサービスを購入したり,得がたい人材を自治体間で活用することなどが行われているのである[24]。近年,「自治体およびサービスの構造改革」により,1次医療とこれに関連する社会福祉事業については「2万人以上の人口規模」を満たすように自治体間連携・協力地域が形成されてきているが,このうち20が自治体連合を形成し,中心自治体が周辺自治体のサービスを担う方法を選択したのは35であった[25]。

(7) 自治体合併

　近年,自治体合併が進んでいる。自治体数が最も減少したのは2005年から2008年にかけてで,自治体数は431(2005年12月31日現在)から348(2008年12月31日現在)へと3年間で2割減少したのである[26]。その後も自治体の合併は南部のMaakunta[27]を中心に進み,2011年12月31日現在の自治体数は336となっている(図表1-12)。さらに,2014年12月31日現在の自治体数は317,2016年1月1日現在の自治体数は313である[28]。自治体合併は財政と事務事業の効率化をめざしたものであるが,とくに「自治体およびサービスの構造改革」[29]にもとづいて福祉・保健医療サービスの効率的な提供が志向されたものであるということができる。

　ただし,自治体合併が進んでいるものの,2011年12月31日現在において,人口2,000人未満の自治体が46,2,000人以上4,000人未満の自治体が77,4,000人以上6,000人未満の自治体が50存在している(図表1-12)。自治体合併が進んでも,人口6,000人未満の小規模自治体が実にフィンランドの自治体全体の半分以上を占めているのである。このために,自治体合併をしなかった自治体はもちろん,自治体合併を行った自治体においても,上述した自治体連合や自治体間の

連携・協力が盛んに行われているのである。

(8) 国と地方の役割分担・事務事業配分が明確，公共事業の抑制

　自治体や自治体連合は高齢者・児童，障がい者（児）などの福祉，医療（1次医療，2次医療，歯科診療など），予防保健医療，教育（義務教育，中等教育，職業教育など），文化（図書館，生涯学習など）などの事業を展開している。このほかにも，自治体は地域計画，上下水道，消防・救急，廃棄物処理，地域集中暖房，地方道や街路の整備・維持管理，交通（路面電車，バス，生活路線

図表1−12　フィンランドの地方自治体の人口規模

	2011年12月31日現在の自治体数	2000人未満	2000-3999	4000-5999	6000-7999	8000-9999	10000-14999	15000-19999	20000-29999	30000-49999	50000-99999	100000人以上	2005年12月31日現在の自治体数
Uusimaa	28	1	3	3	2	3	0	2	3	8	0	3	34
Varsinais-Suomi	28	5	5	2	1	5	1	5	1	1	1	1	54
Satakunta	21	4	6	3	2	0	4	0	0	1	1	0	26
Kanta-Häme	11	0	2	1	1	3	0	2	1	0	1	0	16
Pirkanmaa	22	0	3	3	4	1	2	2	4	2	0	1	33
Päijät-Häme	11	0	3	2	0	1	0	2	2	0	0	1	12
Kymenlaakso	7	0	2	1	1	0	0	0	1	1	1	0	12
Etelä-Karjala	10	1	3	4	0	0	1	0	0	1	0	0	12
Etelä-Savo	17	2	6	4	2	0	1	1	1	0	0	0	20
Pohjois-Savo	21	2	7	3	2	1	2	0	3	0	1	0	23
Pohjois-Karjala	14	0	3	4	1	2	3	0	0	0	1	0	16
Keski-Suomi	23	6	4	5	1	1	2	1	2	0	0	1	30
Etelä-Pohjanmaa	19	1	7	1	1	2	5	1	0	1	0	0	26
Pohjanmaa	16	1	1	4	5	1	1	2	0	0	1	0	18
Keski-Pohjanmaa	8	2	3	2	0	0	0	0	1	0	0	0	12
Pohjois-Pohjanmaa	34	3	8	4	5	5	4	3	1	0	0	1	40
Kainuu	9	1	4	0	0	2	0	0	1	0	0	0	10
Lappi	21	4	6	3	2	3	0	0	2	0	1	0	21
Ahvenanmaa	16	13	1	1	0	0	1	0	0	0	0	0	16
合　計	336	46	77	50	30	30	26	21	22	15	11	8	431

（注）　Itä-UusimaaがUusimaaに統合されたため**図表1−12**にはItä-Uusimaaの自治体数が掲載されていない。2006年1月1日現在の自治体数については，Uusimaa所属の自治体数が24，Itä-Uusimaa所属の自治体数が10であった。

〔出所〕　Tilastokeskus "Suomen tilastollinen vuosikirja 2012", 2012.S.73, S.78-93, Tilastokeskus "Suomen tilastollinen vuosikirja 2006", S.73により作成。

の船など），雇用・経済振興，環境保護など幅広い事業を行っている。また，年金，大学，警察，国道の維持管理，徴税（地方税を含む），児童手当などは国の責任となっている[30]。このため，環境や地域開発，雇用など国と自治体の仕事が重なる領域も存在しているが，国と自治体の役割分担や事務事業配分が比較的はっきりしていて，いわゆる二重行政は少ないといえる。

そして，1990年代には公共事業費が抑制された。例えば，1998年度には，継続的な財政節約のために，多くの国庫補助事業等による建設事業が延期されているのである[31]。

4　税制改革とその後の租税動向

（1）1990年代前半の税制改革

フィンランドの主たる国税は所得税（個人所得税である勤労所得税と資本所得税，法人所得税）と付加価値税，主たる地方税は比例税率の地方所得税（勤労所得税）である。フィンランドでこのような税体系になったのは，1990年代前半のことである。つまり，1993年に，ほかの北欧諸国にならって二元的所得税が導入され，これに比例税率の法人所得税を加えたものがフィンランドの国税所得税になったのである[32]。1993年改革以前の国税所得税は，基本的に所得の源泉種類に考慮することなく，あらゆる源泉を合算して累進税率を適用するものであったが[33]，二元的所得税は，個人所得を勤労所得（給与や賃金，年金など）と資本所得（利子，配当，株や土地のキャピタルゲイン，賃貸収入など）に分け，前者には累進税率，後者には単一の税率（比例税率）による課税が行われるものである。さらに，1994年には，これまでの売上税に代わって付加価値税が導入されたのである。

大不況の後，このような重要な税制改革が行われたのであるが，この改革は，フィンランド経済の急速な国際化とEU加盟問題が密接に関連している。フィンランドは1995年1月1日にEUに加盟した。そして，1999年1月1日にユーロが通貨になったが，3年間の移行期間があったため，フィンランドでは2002年にフィンランドマルカに代わってユーロが現実の通貨になった。このような

過程の中で，すでにノルウェー，スウェーデンなどの北欧諸国で実施されていた二元的所得税が導入されるとともに，付加価値税が採用されたのである。

　重要なことは，大不況からの脱出過程において財政再建が必要になった際に，フィンランドにおいて増税策は財政再建の中心的方策になることはなかったことである。「課税に関する国際的な圧力や世界的な租税競争，租税の雇用への影響の観点から，もはや公的部門の財政問題を高い税率を維持することによって解決することは適切なことではない。フィンランドのいくつかの租税は国際基準とEU基準に照らせば大変高い。財政支出の削減こそが公的部門の財政を改善する本質的な方法なのである」[34]という認識を，政策当局が強くもっていたのである。また，個人所得税の改革が行われなければ，フィンランドから資本逃避が進むおそれも一部で指摘されていたのである[35]。

（2）国税—所得税（勤労所得税，資本所得税，法人所得税），富裕税—

　まず，勤労所得税についてみてみよう。フィンランドの勤労所得税の算定方法を，2005年度のデータを用いてみてみると（**図表1－13**），所得税額は，各課税所得段階の課税所得額の下限額を超過した分の金額に税率を乗じて得た金額に各段階の基礎税額（固定額）を加えた金額となる。例えば，1万3,500ユーロの課税所得の納税者の場合は（13,500－12,000）×0.105＋8＝165.5ユーロ，3万ユーロの課税所得の納税者の場合は（30,000－20,500）×0.205＋1,130＝

図表1－13　勤労所得税の税率（2005年度，2012年度）

(ユーロ，%)

2005年度			2012年度		
課税所得	基礎税額（固定額）	税率	課税所得	基礎税額（固定額）	税率
12,000—15,400	8	10.5	16,100～23,900	8	6.5
15,400—20,500	365	15.0	23,900～39,100	515	17.5
20,500—32,100	1,130	20.5	39,100～70,300	3,175	21.5
32,100—56,900	3,508	26.5	70,300～	9,883	29.75
56,900—	10,080	33.5			

〔出所〕Ministry of Finance "Taxation in Finland 2005", 2005, S.17, S.159. Valtiovarainministeriö "Vuodenvaihteen muutoksia VM", 2011.

図表1−14　フィンランドの勤労所得税率の推移

（フィンランドマルカ，ユーロ，%）

課税所得	税率	課税所得	税率	課税所得	税率	課税所得	税率
2000年度		**2004年度**		**2009年度**		**2014年度**	
47,600〜 63,600	5.0	11,700〜14,500	11.0	13,100〜21,700	7.0	16,300〜 24,300	6.5
63,600〜 81,000	15.0	14,500〜20,200	15.0	21,700〜35,300	18.0	24,300〜 39,700	17.5
81,000〜113,000	19.0	20,200〜31,500	21.0	35,300〜64,500	22.0	39,700〜 71,400	21.5
113,000〜178,000	25.0	31,500〜55,800	27.0	64,500〜	30.5	71,400〜100,000	29.75
178,000〜315,000	31.0	55,800〜	34.0	**2010年度**		100,000〜	31.75
315,000〜	37.5	**2005年度（図表1-13）**		15,200〜22,600	6.5	**2015年度**	
2001年度		**2006年度**		22,600〜36,800	17.5	16,500〜24,700	6.5
66,000〜 85,000	14.0	12,200〜17,000	9.0	36,800〜66,400	21.5	24,700〜40,300	17.5
85,000〜117,000	18.0	17,000〜20,000	14.0	66,400〜	30.0	40,300〜71,400	21.5
117,000〜184,000	24.0	20,000〜32,800	19.5	**2011年度**		71,400〜90,000	29.75
184,000〜325,000	30.0	32,800〜58,200	25.0	15,600〜23,200	6.5	90,000〜	31.75
325,000〜	37.0	58,200〜	32.5	23,200〜37,800	17.5	**2016年度**	
2002年度		**2007年度**		37,800〜68,200	21.5	16,700〜25,000	6.5
11,500〜14,300	13.0	12,400〜20,400	9.0	68,200〜	30.0	25,000〜40,800	17.5
14,300〜19,700	17.0	20,400〜33,400	19.5	**2012年度（図表1-13）**		40,800〜72,300	21.5
19,700〜30,900	23.0	33,400〜60,800	24.0	**2013年度**		72,300〜	31.75
30,900〜54,700	29.0	60,800〜	32.0	16,100〜 23,900	6.5	**2017年度**	
54,700〜	36.0	**2008年度**		23,900〜 39,100	17.5	16,900〜25,300	6.25
2003年度		12,600〜20,800	8.5	39,100〜 70,300	21.5	25,300〜41,200	17.5
11,600〜14,400	12.0	20,800〜34,000	19.0	70,300〜100,000	29.75	41,200〜73,100	21.5
14,400〜20,000	16.0	34,000〜62,000	23.5	100,000〜	31.75	73,100〜	31.5
20,000〜31,200	22.0	62,000〜	31.5			**2018年度**	
31,200〜55,200	28.0					17,200〜25,700	6.0
55,200〜	35.0					25,700〜42,400	17.25
						42,400〜74,000	21.25
						74,000〜	31.25

（注1）　2000年度，2001年度の課税所得はフィンランドマルカ，2002年度以降の課税所得はユーロ。
（注2）　2005年度と2012年度の税率は図表1−13を参照のこと。
〔出所〕　Valtiovarainministeriö "Vuodenvaihteen muutoksia VM" 各年。

3,077.5ユーロ，7万ユーロの課税所得の納税者の場合は（70,000−56,900）× 0.335＋10,080＝14,468.5ユーロとなる。累進性が機能していることが把握できるのである。

　次に，**図表1−14**により，2000年度から2018年度までの期間の税率構造の特徴をみると，まず，課税所得の段階は2000年度の6段階が2001年度に5段階になり，さらに2007年度に4段階になった。再び2013年度から2015年度まで5段階となり，2016年度からは4段階に戻って今日に至っていることが把握できる。2000年度から2012年度までは，各課税所得段階の税率がほぼ一貫して低くなっ

図表1-15 課税所得額でみた勤労所得税納税額の比較
（2005年度と2012年度の比較）

(ユーロ)

課税所得	2005年度納税額	2012年度納税額
13,500ユーロ	165.5	0
18,000ユーロ	755.0	131.5
30,000ユーロ	3,077.5	1,582.5
50,000ユーロ	8,251.5	5,518.5
70,000ユーロ	14,468.5	9,818.5
100,000ユーロ	24,518.5	18,718.75

〔出所〕 図表1-13をもとに作成。

てきている。最高税率は2000年度の37.5％が，2010年度，2011年度には30.0％，2012年度には29.75％になっているし，最低税率は2000年度の5.0％が2001年度に14.0％と高くなったが，これは6段階の税率を5段階にして課税最低限を引き上げたためであり，以後，低下を続けて2006年度には9.0％，2008年度には8.5％，2009年度には7.0％，2012年度には6.5％となっている。また，課税所得段階が5段階（2006年度）から4段階（2007年度）になった際も，税率が上昇する納税者が生じないように配慮がなされるとともに，その多くが税率14.0％から9.0％に減税されている。ただし，厳しい経済状況と国財政状況をふまえ，2013年度から今日まで，高額所得階層については税率がアップしており，この6年間最高税率は31％台になっている。なお，勤労所得税では，賃金や給与，年金のほかに奨学金も課税される。児童給付金や失業給付金などの社会保障給付金は課税されない[36]。

さらに，2005年度と2012年度の勤労所得税の課税所得段階ごとの納税額を，図表1-13を参照しながら試算してみると（図表1-15），各課税所得段階において大幅な負担軽減になっていることが把握できる。個人所得税（勤労所得税）では，2012年度までは納税者の負担軽減の傾向が見いだせるのである。OECDは，フィンランドの国税である個人所得税（勤労所得税）について，2000年度と2009年度とを比較してみると，あらゆる家族パターンにおいて税負担軽減になっているとし，とくに低所得の単身者の軽減幅が大きいことを指摘している

図表1-16　勤労所得税納税者の状況

(2011年度, ユーロ, 人)

課税所得	人数
～5,000	10
5,000～9,999	4
10,000～14,999	4
15,000～19,999	11,560
20,000～24,999	55,619
25,000～29,999	183,485
30,000～39,999	601,112
40,000～49,999	340,431
50,000～59,999	179,297
60,000～79,999	146,818
80,000～99,999	51,706
100,000～	56,266
合計	1,626,312

〔出所〕 Statistics Finland "Statistical database,Taxation of individuals by income subject to state taxation, 2011, taxed by state by municipality", 2012.

のである[37]。

　勤労所得税の納税者数（2011年度）は162万6,312人である（**図表1-16**）。課税所得が3万ユーロ以上4万ユーロ未満層が最多で60万1,112人，次に多いのは4万ユーロ以上5万ユーロ未満層で34万431人である。3万ユーロ以上5万ユーロ未満層で納税者数全体の約6割を占めているのである。これらの課税所得層は，17.50％もしくは21.50％が適用されている。

　個人における投資所得に関する所得税は資本所得税として，上記の所得税とは異なり比例税率で課せられる。税率は，1993年度には25％であったが，1996年度に28％となった。そして，2011年度までは28％の税率が維持されたが，2012年1月1日から30％となった（5万ユーロを超過する場合は32％）[38]。さらに，2015年度からは高い方の税率（上限税率）が32％から33％へ引き上げられた（3万ユーロを超過する場合）[39]。税率をみるかぎりでは，個人の資本所得税の税率は上昇傾向にあるといえるのである[40]。

さらに，2006年度には，多額の財産（2005年度には課税対象となる財産は1万5,000ユーロ以上）を有する富裕者層に対して課税されていた富裕税（2005年度は0.8％の比例税率）が廃止された[41]。

 また，フィンランドには法人税がなく，所得税（法人所得税）として課税がなされる。法人所得税の税率は1993年度に25％であったが，1996年度から28％になった。その後，2000年度から2004年度までは29％と上昇したが，2005年度以後は26％と引き下がり，さらに2012年度には24.5％になった。そして，厳しい経済状況が続くなかで，2014年1月1日から法人所得税率は，4.5ポイント引き下げられて20.0％になった[42]。

（3）国税—付加価値税

 フィンランドでは1994年に付加価値税が導入された。付加価値税の導入以前には，消費課税として売上税が採用されていたが[43]，EU加盟を目前にして，ほかの多くのヨーロッパの国々と歩調をあわせるように，付加価値税が導入されたのである。導入時の標準税率は22％で，軽減税率は2種類設けられた。食料品や飼料などが12％，公共料金や書籍，医薬品などは8％であった。それ以後，税率のアップは図られないできたが，2010年7月1日から標準税率が23％に引き上げられるとともに，軽減税率は12％が13％に，8％が9％に引き上げられた[44]。ただし，アルコールをともなわないレストランでの飲食はこれまで適用されていた22％の標準税率から13％の軽減税率に変更になった。さらに2013年1月1日からは，標準税率，軽減税率ともに1ポイントアップし，標準税率が24％，軽減税率が14％と10％になった[45]。フィンランドは，付加価値税の税率（標準税率）において，ほかの北欧諸国，つまり，スウェーデン（25％），デンマーク（25％），ノルウェー（25％）には及ばないが（アイスランドはフィンランドと同じ24％），世界の中では付加価値税率が最も高い部類の国の1つになっているのである[46]。

（4）地方税—地方所得税

 地方所得税は地方税の大部分を占め，国税である勤労所得税よりも幅広く国民に課税されている。2011年度の国税の勤労所得税の納税者数は162万6,312人

図表1－17　地方所得税納税者の状況

(2011年度，ユーロ，人)

課税所得	人数
～5,000	224,949
5,000～9,999	326,574
10,000～14,999	602,261
15,000～19,999	498,679
20,000～24,999	457,675
25,000～29,999	464,023
30,000～39,999	699,265
40,000～49,999	355,626
50,000～59,999	183,629
60,000～79,999	150,539
80,000～99,999	53,393
100,000～	59,108
合計	4,075,721

〔出所〕 Statistics Finland "Statistical database,Taxation of individuals by income subject to state taxation, 2011, taxed by state by municipality", 2012.

なのに対し，地方所得税の納税者数は407万5,721人である（**図表1－17**）。地方所得税では，国税では課税されない課税所得1万5,000ユーロ未満層にも広く課税が行われていることが把握できる。

　地方所得税は比例税率で自治体が自由に税率を決定できる。2009年度の平均税率は18.59％（最高は21.0％，最低は16.5％）で，2012年度は19.25％（最高は21.75％，最低は16.25％）であった。さらに，2015年度の平均税率は19.84％（最高はKiteeの22.5％，最低はKauniainenの16.5％）であった。税率（平均）は徐々に上昇し，1970年度が14.38％，1990年度が16.47％，1995年度が17.53％，2000年度が17.65％，2005年度が18.29％であった[47]。近年では地方税として不動産税が設けられ，地方所得税を補完する役割を果たしている。なお，国税である法人所得税収入の一定割合が自治体の収入分（2007年度は22.03％が自治体分）となっており，個別自治体の受けとる金額は当該自治体に立地している企業の課税所得によっている[48]。

(5) 1993年, 1994年の税制改革後の国税収入の動向と1993年度から 2010年度までの個人所得課税の動向

図表1-18により, 1993年, 1994年の税制改革後の国税収入の動向についてみてみよう。まず, 1994年7月に売上税が付加価値税に代わったが, 収入は1993年度, 1994年度, 1995年度はほぼ横ばいで推移した。対前年度比で伸びがみられるのは景気が上向き出した1996年度からであり, 金額的には1996年度に1991年度の水準に達している。また, 1993年度に改革が行われた所得税についてみれば, 1993年度は1992年度の金額に達していないし, 1994年度も1992年度と同水準であった。付加価値税と同様に, 所得税の伸びがみられるようになるのは1996年度以降のことであった。

図表1-19は, 2007年度(決算)と2010年度(決算)におけるフィンランドの税・社会保険料収入を示したものである。リーマンショックの影響を受け, 2010年度は2007年度よりも収入が減少している。2010年度は国税収入が落ち込んだが, 所得税収入が著減したことが大きかった。これに対し, 地方所得税収入は12%ほど伸長している。2007年度について詳しくみてみると, 国税所得税145億ユーロのうち, 勤労所得税収入が66億ユーロ, 資本所得税収入が24億ユ

図表1-18 1990年代の国税収入の動向

(フィンランドマルカ)

	1991年度	1992年度	1993年度	1994年度	1995年度	1996年度	1997年度
所得税, 富裕税	39,527	32,008	29,069	32,198	37,871	45,778	50,086
付加価値税, 売上税	42,632	40,010	37,295	37,667	36,939	42,103	45,599
たばこ税・酒税・ガソリン税等	18,440	18,512	20,388	20,969	21,835	23,210	24,640
自動車関係税	2,380	1,987	1,609	2,054	3,353	4,540	4,210
その他の税	12,202	12,591	11,803	11,366	8,478	8,376	9,684
合計	115,181	105,108	100,164	104,254	108,476	124,007	134,219

(注1) 所得税には個人課税である勤労所得税, 資本所得税のほかに法人所得税を含む。
(注2) 付加価値税の導入は1994年7月。それ以前は売上税。
〔出所〕 Valtiovarainministeriön kansantalousosasto "Taloudellinen Katsaus 1994", 1994, S.120.
Valtiovarainministeriön kansantalousosasto "Taloudellinen Katsaus Syyskuu 1996", 1996, S.108.
Ministry of Finance "Economic Survey September 1998", 1998, S.102.

図表1-19　フィンランドにおける税・社会保険料収入の状況

（決算，百万ユーロ，％）

	2007年度金額（構成比）	2010年度金額（構成比）
国　税　合　計(※1)	39,220（50.8）	34,680（45.6）
所　　得　　税(※2)	14,507	9,353
付　加　価　値　税	15,054	15,256
燃　料　へ　の　課　税	2,907	3,167
タ　バ　コ　税	622	655
酒　　　　　税	1,016	1,279
自　動　車　税	1,217	941
地　方　税　合　計	16,455（21.3）	18,518（24.4）
地　方　所　得　税(※3)	15,597	17,346
不　動　産　税	850	1,169
犬　　　　　税	3	2
社　会　保　障　拠　出　金	21,390（27.7）	22,618（29.8）
雇　用　主　負　担	15,715	16,006
被　保　険　者　負　担	5,675	6,612
そ　　の　　他	200（0.2）	152（0.2）
合　　　　計	77,265（100.0）	75,968（100.0）

（注1）　株式売却額や配当金など雑収入の一部を含む。
（注2）　法人所得課税分のうちの国収入分（2007年度は55億ユーロ）と資本所得課税分（2007年度は24億ユーロ）を含む。
（注3）　法人所得課税分のうちの地方自治体収入分（2007年度は15億ユーロ）を含む。
〔出所〕　Tilastokeskus "Suomen tilastollinen vuosikirja 2009", 2009, S.342-343, S.347-348, Tilastokeskus "Suomen tilastollinen vuosikirja 2012", 2012, S.336-337.ならびに2010年3月10日実施のKuntaliitto（フィンランド自治体協会）におけるヒアリングならびに同協会資料"About the local tax revenues and finances and the state subsidies reform 2010", 2010により作成。

ーロ，法人所得税（国収入分）が55億ユーロであった。地方財政については，地方所得税収入が140億ユーロ，法人所得税（地方自治体収入分）が15億ユーロ，不動産税収入が8億5,000万ユーロであった。

　図表1-20は勤労所得税，資本所得税，地方所得税収入のおのおのがすべての直接税収入（この3つの税に教会税，社会保険料を合計したもの）に占める割合を示している。勤労所得税は1996年度から2005年度までほぼ横ばいで推移したが，それ以降急速にその割合が低下した。1993年度に30％であったのに対し，2010年度は実に20％に落ちているのである。資本所得税は，この期間中に増減を繰り返したが，1993年度と2010年度とを比較すれば，2.3％から6.7％に

図表1-20　直接税収入に占める各直接税収入の割合(1993年度～2010年度)

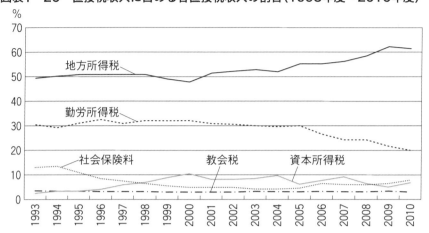

(注)　図表1-20では広く個人所得に賦課されるものを直接税としている。つまり，直接税としているものは，勤労所得税，資本所得税，地方所得税，教会税，社会保険料である。
〔出所〕　Statistics Finland "The share of municipal tax in direct taxes has grown", 2012.

上昇している。地方所得税は，21世紀に入ってから，その割合を高めている。1993年度の約50％から2010年度には62％になっている。そこで，個人所得課税（勤労所得）については，累進性をもった所得税から，比例税率の所得税（地方所得税）へのシフトがみられるということができるのである。

むすびにかえて

　フィンランドでは，1991年から1993年にかけて大きな経済の落ち込みを経験し，総債務残高ならびに総債務残高の対GDP比率が大きく増大した。1994年には経済が回復基調に転じたが，これには，フィンランドの産業構造が輸出主導型になっているために，フィンランドマルカの下落に伴う輸出の増加が大きかった。さらに，教育や職業訓練，IT産業に対する投資の役割も電気光学機械産業の隆盛を生み出し，経済の回復に寄与した。このようななか，1997年から2008年にかけては，2003年を唯一の例外として，総債務残高の対GDP比率が前年よりも減少した。そして，1998年，1999年，2005年，2007年，2008年の総債務残高は，絶対額においても対前年を下回ったのである。

1990年代後半以降には，歳出の削減が財政再建に大きく貢献した。しかし，それが社会保障に与えた影響は大きかった。社会保障支出の伸びが抑えられ，地方自治体向けの国庫支出金の削減が進んだ。また，2000年以降2008年までは，2002年と2003年を除きほぼ順調な経済成長が実現した。このようななか，2000年以降2008年にかけては確実な歳出削減が行われる一方で，高齢化の進行と関連しながら，高齢者福祉・介護の歳出に伸びが少しみられるようになった。また，1990年代半ば以降には，伝統的な自治体直営の福祉サービスの比重が低下し，福祉の民営化が進んだ。

　さらに，税制に目を転じれば，大きな税制改革（国税改革）が1990年代前半に行われた。1993年に二元的所得税が導入され，1994年には付加価値税が創設された。このような税制改革は，フィンランド経済の急速な国際化やEU加盟問題と密接不可分な関係にあった。また，フィンランドでは，主要税において増税策はほとんどとられなかった。1994年に創設された付加価値税の税率引き上げは2010年7月まで行われなかったし，個人所得税である勤労所得税と，法人所得税の税率の引き下げが頻繁に行われた。さらに，富裕税の廃止（2006年）が行われた。大不況後のフィンランドでは，増税ではなく，財政緊縮と財政支出削減が主要な政策の流れになったのである。

　2009年にフィンランドは金融・財政・経済面の危機に見舞われた。西ヨーロッパ諸国をおそったリーマンショックである。フィンランドは北欧諸国の中で最も深刻な影響を受けた国の1つであった。GDPはマイナスに転じ，失業率は大きく上昇した（**図表1-3**）。そして，2009年以降，失業率（全国平均）はほぼ8％台という高い水準で推移しているのである。Maakuntaの中には，約17％の失業率を示しているところもある。

　リーマンショックの影響を受けた2009年以降のフィンランドの経済や財政については，今後いっそう検討しなければならないが，リーマンショック以後，フィンランドの経済は伸びが鈍化し，とくに2012年にGDP成長率（実質）がマイナスに転じ，以後3年に及ぶ景気後退に苦しんでいる。本書第3章で述べるように，農業の衰退がいっそう進み，サービス産業化や企業の海外進出も進んだ。若い世代を中心に失業率と生活保護受給率が上昇した。低所得者層も増大している。フィンランドにおいて福祉国家自体が揺らいできているのである。

リーマンショック前までフィンランドの財政状況は，EU加盟国の中でも良好な部類に入っていた。総債務残高の対GDP比は，2000年は42.4％，2005年は39.9％，2008年は32.6％と，低い水準で推移してきた。そして，高齢者の介護ではホームケアサービスの重度者への重点化や老人ホームの建設抑制，福祉サービスの民営化等が行われている。これまで，とくに1980年代にすぐれた福祉サービスを進めてきたフィンランドにおいて，増税を避けながら，良好な財政の維持と財政緊縮を重視することは，福祉サービスの面の縮減をもたらしているのである。

　2012年度から長い景気後退が続くなかで，フィンランドの総債務残高の対GDP比ははじめて60％を超えた。財政状況を悪化させないようにしながら，福祉・保健医療サービスの拡充と質の保障をどのように進めていくのか。今後のフィンランドの施策展開に注目していきたい。

注

1) フィンランドの1980年代後半の高成長と1990年代初めの大不況の過程については，次の文献を参照した。Valtiovarainministeriön Kansantalousosasto "Taloudellinen Katsaus 1994", 1994, Valtiovarainministeriön Kansantalousosasto "Taloudellinen Katsaus Syyskuu 1996", 1996, Ministry of Finance "Economic Survey September1998", 1998, 寺岡寛「フィンランド—経済再生をめぐって」『経済の発展・衰退・再生に関する研究会報告書』，財務省財務総合研究所，2001年6月，葛見雅之，鳥生毅，寺井寛「経済改革の成果分析に関する一考察と我が国への示唆」『経済の発展・衰退・再生に関する研究会報告書』，財務省財務総合研究所，2001年6月，宮川重義「金融危機一考察—スカンディナビア金融危機のケース」Journal of the Faculty of Economics, KGU, Vol.19, No.2, March 2010, 翁百合「スウェーデンの財政再建の教訓—経済成長と両立する財政再建がなぜ可能だったのか」『Research Report』日本総研，2012年10月。なお，フィンランドでは会計年度が1月1日から12月31日になっている。本章では，財政など，とくに会計年度の明記が必要と思われるもの以外は，年とする。

2) 注1) の "Economic Survey", S.13.

3) Tilastokeskus "Suomen tilastollinen vuosikirja 1998", 1998（以下，Vuosikirjaと略す), S.226.

4) 注1) の "Economic Survey", S.14.

5）"Vuosikirja 2007", 2007, S.217を参照。なお，紙・パルプ産業は，現在もフィンランドの重要な産業であることに変わりはない。
6）注1）の"Economic Survey", S.14.
7）注1）の"Economic Survey", S.12.
8）注1）の"Taloudellinen Katsaus 1994", S.122, "Taloudellinen Katsaus 1996", S.110, "Economic Survey", S.104を参照。なお，フィンランドには，社会保健省とは別に，雇用や労働をとりあつかう労働省が存在する。
9）注1）の"Taloudellinen Katsaus 1994", S.121, "Taloudellinen Katsaus 1996", S.109, "Economic Survey", S.103. "Vuosikirja 1998", 1998, S.297を参照。
10）この国庫支出金についてはSimo Kokko "State Subsidy Reform in the finnish social Welfare and Health Services", in Dialogi by the National Research and Development Centre for Welfare and Health, 1994. を参照。Kokkoは，中央政府が計画をたて標準を設定するやりかたによって，キーとなるサービスの全国均一的な発展を保証した，と述べている。
11）これについては，National Research and Development Centre for Welfare and Health "Social Welfare and Health Care in Figures in Finland 1985-1992", 1994を参照。
12）山田眞知子『フィンランド福祉国家の形成—社会サービスと地方分権改革』第5章，木鐸社，2006年。
13）1995年10月に筆者が行ったポルボー（Porvoo）自治体でのヒアリングならびにポルボー自治体資料による。
14）図表1－4でわかるように，1993年改革以前の社会保障関係の国庫支出金では，財政力の大小により自治体を等級区分する方法がとられていた。財政力の低い自治体ほど等級の数字が小さくなっていたが，小規模自治体が多いフィンランドでは1等級，2等級の自治体が多く，1等級，2等級に属する自治体が全体の3分の2を占めていた。包括補助金が創設された1993年改革直後の時期にも，財政力の大小により自治体を等級区分する方法がとられていた。自治体の財政力は6つに区分され，包括補助金の算定にあたっては，年齢構成別人口や失業率，地理的条件などをもとに計算された金額に，財政力の最も高い自治体が1.0，財政力が最も低い部類の自治体が1.5を乗ずるものとされていたのである。Sodankylä自治体は1.5を乗ずる自治体であった。Reijo Vuorent "Local Government Finance in Finland", 1995を参照。
15）藪長千乃氏は「（この時期の—横山）補助金改革は，保健医療福祉分野における投資的経費に関する補助金ルートを失うことでもあった。自治体は，自前での施設整備が困難になった。これが，民間部門による保健医療福祉サービス供給拡大へとつながっていくことになった」と述べている。藪長千乃「1990年代におけるフィンランド型福祉国家の変容—福祉提供主体の多様化に焦点を当てて」『文京学院大学人間学部研

究紀要』10巻，2008年12月。
16) 高齢者向けの福祉サービスを展開する非営利組織に対して，スロットマシーン協会が援助金を出している。2005年度においては，その金額は2,700万ユーロであった。これについては，STAKES "Ikääntyneiden sosiaali-ja terveyspalvelut 2005"（以下，STAKES ①と略す），2007, S.85-88。なお，STAKESとはSosiaali-ja terveysalan tutkimus-ja kehittämiskeskus（国立社会福祉・保健医療研究開発センター，英文ではNational Research and Development Centre for Welfare and Health）のことである。
17) 包括補助金から一般補助金への移行と，一般補助金の内容については，本書第5章，第6章，第7章を参照。
18) STAKES ①, S.84.
19) STAKES ①, S.34.
20) STAKES "Sosiaali-ja terveydenhuollon tilastollinen vuosikirja 2007",（以下，STAKE ②と略す），2007, S.154-155.
21) STAKES②, S.154-155.
22) 第3章，第4章で福祉サービスの民営化について詳しく述べる。
23) 2次医療圏について詳しくは本書第3章を参照。
24) Ministry of Finance "Project to restructure municipalities and services", 2010, 山田眞知子「フィンランドの地方自治体とサービスの構造改革」財団法人自治体国際化協会編『比較地方自治研究会調査研究報告書（平成22年度）』自治体国際化協会，2011年3月を参照。
25) 注24）のMinistry of Financeならびに山田眞知子前掲論文を参照。
26) "Vuosikirja 2006", 2006, S.73ならびに"Vuosikirja 2009", 2009, S.73を参照。
27) Maakuntaについては第2章で詳しく述べる。
28) "Vuosikirja 2012", 2012, S.73, S.78-93, S.352-375. ならびに本書第7章を参照。
29) 「自治体およびサービスの構造改革」については，注24）の山田眞知子前掲論文を参照。
30) Ministry of Finance "Local Self-Government in Finland—Public Services, Administration and Finance", 2010を参照。なお，徴税については地方税をふくめて国の責任と業務になっている。この点については，2010年3月10日実施のKuntaliitto（フィンランド自治体協会）における筆者のヒアリング調査による。
31) 注1）の"Economic Survey", S.48.
32) フィンランドでは法人所得への課税は，法人税がないため所得税（法人所得税）の中で行われている。
33) Joakim Frände "The taxation of capital and earned income in Finland", 2007を参照。

34) 注1）の"Economic Survey" S.12.
35) 注33）のJoakim Frände を参照。
36) 注33）のJoakim Frände を参照。
37) OECD "Tax policy analysis, Taxing Wages: Country note for Finland", 2012.
38) Valtiovarainministeriö "Vuodenvaihteen muutoksia VM", 2011. この資料によれば，2012年度の国予算は525億ユーロ，財政赤字は74億ユーロ，2012年度末の国債残高は約900億ユーロと見積もられている。
39) Valtiovarainministeriö "Vuodenvaihteen muutoksia VM", 2014.
40) なお，資本所得税における控除のしくみやキャピタルゲインの軽減などについては，本章では直接あつかっていない。さしあたり注33）のJoakim Frändeを参照のこと。
41) 富裕税については，Ministry of Finance "Taxation in Finland 2005", 2005, S.161. あわせて，注33）のJoakim Frände を参照のこと。
42) Valtiovarainministeriö "Vuodenvaihteen muutoksia VM"（各年版）。
43) フィンランドでの付加価値税の実施は1994年7月で，これにともないこれまでの売上税が廃止された。注41）の"Taxation in Finland 2005"を参照。
44) Finnish Tax Administration "Change in VAT rates as of 1 July 2010", 2010.
45) Finnish Tax Administration "Changes in VAT on 1 January 2013", 2012.
46) 財務省『付加価値税率（標準税率）の国際比較』，2018年。
47) 地方所得税については"Vuosikirja"（各年版），Kuntaliitto "About the local tax revenues and finances and the State subsidies reform 2010", 2010を参照。
48) 注30）のMinistry of Financeを参照。

第2章 フィンランドにおける地域経済の動向と地域間格差の拡大

1 人口の都市への移動と過疎化の進行

　1990年代に入ってから，地域経済の状況を反映してフィンランドでは地域間格差が大きくなっている。人口移動が進み，西南部地域や南部地域で人口増がみられる反面，北東部地域や北部地域では人口減少と過疎化が進行している。いくつかの指標をとおして，地域間格差の実相にせまろう。

　まず，人口の都市集中が進んでいることである。**図表2-1**で示されているように，フィンランドでは国土が20の地域（Maakunta）に区分されている（現在はItä-UusimaaがUusimaaに統合されたため19の地域になっている）。Maakunta別の人口数をみてみると（**図表2-2**），北部や北東部のMaakunta（Kainuu, Lappi, Etelä-Savo）の人口減少率が大きいが，その最大の理由は都市への人口移動である。首都のHelsinki（ヘルシンキ）市のあるUusimaaや，Tampere（タンペレ）市のあるPirkanmaa，Turku（トゥルク）市のあるVarsinais-Suomi, Oulu（オウル）市のあるPohjois-PohjanmaaなどのMaakuntaでは，着実に人口が増加しているのである。

2 失業問題と雇用のミスマッチ

　失業者数は2006年に20万4,000人，2014年に23万2,000人であった。失業率は深刻な不況（1990年代前半の大不況）のときに比べれば下がってはいるものの（最高の1994年が16.6％，2006年が7.7％，2014年が8.7％），大不況以前（1980年代）の水準（3～5％）には至っていない[1]。大不況以後のフィンランドの失業をみると，1991年から1995年までは男性，1996年から2008年（2003年を除

図表2-1　フィンランドの Maakuntaと県（Laaninhallinto）

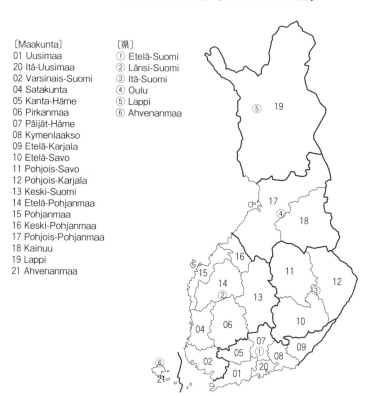

〔Maakunta〕
01 Uusimaa
20 Itä-Uusimaa
02 Varsinais-Suomi
04 Satakunta
05 Kanta-Häme
06 Pirkanmaa
07 Päijät-Häme
08 Kymenlaakso
09 Etelä-Karjala
10 Etelä-Savo
11 Pohjois-Savo
12 Pohjois-Karjala
13 Keski-Suomi
14 Etelä-Pohjanmaa
15 Pohjanmaa
16 Keski-Pohjanmaa
17 Pohjois-Pohjanmaa
18 Kainuu
19 Lappi
21 Ahvenanmaa

〔県〕
① Etelä-Suomi
② Länsi-Suomi
③ Itä-Suomi
④ Oulu
⑤ Lappi
⑥ Ahvenanmaa

（注1）　図表は2009年1月1日現在。なお，県は2009年12月31日に廃止された。
（注2）　現在はItä-UusimaaがUusimaaに統合されている。
〔出所〕　Tilastokeskus "Suomen tilastollinen vuosikirja 2009". 2009, S.49.

く）までは女性，2009年から2014年までは男性の失業率が高かった。大不況による紙・パルプ産業等の製造業の不振（1991～1995年）や21世紀に入ってからのサービス産業の比重の増加，リーマンショック後の企業の不振など産業の動向が反映している。さらに，若年失業者数が多いことがフィンランドの失業の特徴である。2006年の失業者総数（20万4,000人）のうち15～24歳の失業者数は6万2,000人，失業率は18.7％に，2014年の失業者数（23万2,000人）のうち，15～24歳の失業者数は6万8,000人，失業率は20.5％にのぼっているのである。

　失業率は，地域的には農村部を広大に抱える北部，北東部のMaakuntaに多

図表2-2 Maakunta別の人口数の推移

(人)

	1985年	1997年	2011年	2014年	1985-1997年の増減率	1997-2011年の増減率	1985-2014年の増減率	人口最大の自治体名
Uusimaa	1,090,599	1,257,702	1,549,058	1,603,388	115	115	147	Helsinki
Itä-Uusimaa	82,006	87,287			106			Porvoo
Varsinais-Suomi	415,889	439,973	467,217	472,725	105	106	113	Turku
Satakunta	250,559	242,021	226,567	223,983	96	93	89	Pori
Kanta-Häme	157,901	165,026	175,230	175,350	104	106	111	Hameenlinna
Pirkanmaa	418,573	442,053	491,472	503,382	105	111	120	Tampere
Päijät-Häme	195,041	197,710	202,236	202,009	101	102	103	Lahti
Kymenlaakso	197,342	190,570	181,829	179,858	96	95	91	Kotka
Etelä-Karjala	143,320	138,852	133,311	131,764	96	96	91	Lappeenranta
Etelä-Savo	177,102	171,827	153,738	151,562	97	89	85	Mikkeli
Pohjois-Savo	256,036	256,760	248,130	248,407	100	96	97	Kuopio
Pohjois-Karjala	177,567	175,137	165,906	165,258	98	94	93	Joensuu
Keski-Suomi	247,693	259,139	274,379	275,360	104	105	111	Jyväskylä
Etelä-Pohjanmaa	200,815	198,641	193,735	193,400	98	97	96	Seinäjoki
Pohjanmaa	172,805	174,230	179,106	181,156	100	102	104	Vaasa
Keski-Pohjanmaa	70,728	72,336	68,484	68,832	102	94	97	Kokkola
Pohjois-Pohjanmaa	332,853	359,724	397,887	405,397	108	110	121	Oulu
Kainuu	99,288	93,218	81,298	79,258	93	87	79	Kajaani
Lappi	200,943	199,051	183,330	181,748	99	92	90	Rovaniemi
Ahvenanmaa	23,591	25,392	28,354	28,916	107	111	122	Maarianhamina

(注) 1985年，1997年，2011年，2014年ともに12月31日現在の数値。
〔出所〕Tilastokeskus "Suomen tilastollinen vuosikirja 1998", 1998, S.54-55.
Tilastokeskus "Suomen tilastollinen vuosikirja 2007", 2007, S.78-99, S.112-113.
Tilastokeskus "Suomen tilastollinen vuosikirja 2009", 2009, S.78-95, S.108-109.
Tilastokeskus "Suomen tilastollinen vuosikirja 2012", 2012, S.78-93, S.108-109.
Tilastokeskus "Suomen tilastollinen vuosikirja 2015", 2015, S.442-456.

く，2006年には1位がKainuuの17.1％，2位がLappiの12.4％であった（図表1-3）。これに対して，首都のヘルシンキ市のあるUusimaaが5.5％，Uusimaaに隣接しているItä-Uusimaaが3.6％，産業が好調なPohjanmaaが5.4％となっている。2014年においても，Uusimaa（7.3％）やPohjanmaa（6.1％）は全国平均を下回ったが，Kainuuが深刻で2014年の失業率は16.9％だった。1990年代の深刻な不況のときの失業率の数値（20％台前半）が，Kainuuではほとんど改善されていないのである。

さらに，中高年労働者においては，産業構造の転換が進む中で雇用のミスマッチと失業の継続が問題となっている。1995年以降，生活保護の受給期間が長

くなる傾向がみられるのである[2]。フィンランドでは，すぐれた年金制度や障がい者福祉制度，女性雇用の仕組みがあるので，生活保護受給者総数に占める高齢者，障がい・病気，母子の生活保護受給者の割合が少なく，失業者の比重が高い。厳しい雇用状況が反映されているということができるのである。

3 農業の停滞

1990年代以降，農業の停滞が著しい。1980年から1988年にかけて農家戸数は約15％減少したが[3]，1990年から2000年にかけては，これをはるかに上回る減少率を示しており，12万9,114戸（1990年）から7万9,783戸（2000年）となった（減少率は約39％）。さらに，21世紀にはいってからも減少に歯止めがかからず，2011年には6万1,584戸となり，1990年の農家戸数の約47％になった（図表2－3）。

全就業人口に占める農業人口の割合は，1970年が17.2％，1980年が10.6％，1990年が7.3％，2000年が4.3％，2004年が3.5％，2006年が3.0％と大幅に低下している[4]。とくに，酪農業，養豚業，養鶏業の農家の減少が目立つ。酪農業の農家戸数は1990年に4万3,564戸であったが，2011年には1万597戸になっており，実に76％の減少率になっている。養豚業も7,081戸（1990年）から1,939戸（2011年）に，養鶏業は2,552戸（1990年）から694戸（2011年）に減少してい

図表2－3　農地面積別の農家戸数

（戸，ha）

	～1.99 (ha)	2～4.99 (ha)	5～9.99 (ha)	10.0～19.99 (ha)	20.0～29.99 (ha)	30.0～49.99 (ha)	50.0～99.99 (ha)	100～ (ha)	合計農家戸数（戸）	平均農地面積（ha）
1990年	4,953	13,883	28,199	42,748	21,889	12,678	4,278	486	129,114	17.3
1995年	1,545	8,443	17,049	31,280	19,691	15,451	5,717	788	99,964	21.7
2000年	1,349	5,524	11,229	20,405	14,758	15,621	9,232	1,665	79,783	28.0
2005年	900	4,328	8,765	15,989	12,000	14,141	10,665	2,729	69,517	33.0
2008年	858	4,543	8,339	14,411	10,569	12,810	10,952	3,320	65,802	35.0
2011年	693	4,335	7,869	13,004	9,323	11,610	10,809	3,941	61,584	37.4

（注）　1990年と1995年は，1ha未満の農家は含まれない。2000年，2005年，2008年，2011年は1ha未満の農家を含む。
〔出所〕　Tilastokeskus "Suomen tilastollinen vuosikirja, 2012", 2012, S.157.

る。これに対し，穀類生産農家は減少してはいるが，大幅な減少とはなっていない。むしろ，2000年以降は持ち直してきている（1990年が3万5,218戸，2000年が2万7,510戸，2011年が2万6,921戸）[5]。

さらに，**図表2－3**をみてみよう。1990年以降，農家1戸当たりの平均農地面積は一貫して増加し，1990年が17.3ヘクタール，2000年が28.0ヘクタール，2008年が35.0ヘクタール，2011年が37.4ヘクタールになっている。農業はかなりの規模の拡大をしないと経営的に成り立たない状況になっているのである。このために，小規模農家を中心に離農があいついでいる。中でも10ヘクタール未満の農家は，4万7,035戸（1990年）から1万2,897戸（2011年）へと，実に73％減少しているのである。10ヘクタール以上20ヘクタール未満の農家も約7割減少し，4万2,748戸（1990年）から1万3,004戸（2011年）になった。1980年から1988年にかけての10ヘクタール未満の農家戸数の減少率は約25％，10ヘクタール以上20ヘクタール未満の農家戸数の減少率が約1割であったことを考えれば[6]，小規模農家を中心に，1990年以降の農家戸数の減少率がいかに大幅なものであるかが理解できるのである。

そして，重要なことは，農家1戸当たりの平均農地面積は，北部や北東部の地域ほど小さいことである。Maakunta別にみると（**図表2－4**），Etelä-Savoが23.40ヘクタール，Lappiが23.93ヘクタール，Ahvenanmaaが24.74ヘクタール，Kainuuが28.86ヘクタールとなっているのである（2008年）。これに対し，大都市を抱える南部や西南部のMaakuntaでは，農家1戸当たりの面積が大きい。Itä-Uusimaaが46.07ヘクタール，Uusimaaが43.45ヘクタール，Varsinais-Suomiが42.73ヘクタールとなっているのである。実際，農家1戸当たりの農地面積が小さいMaakuntaでは，20ヘクタール未満の農家戸数が当該Maakuntaの全農家戸数の過半数を占めている（Etelä-Savoが60.1％，Lappiが59.1％）。これに対し，Itä-Uusimaaにおいては，20ヘクタール未満は28.0％と少ないのである。KainuuやLappiなど，工業化があまり進まず農林業に依存する割合が高い地域において離農が進んでいるのであり，それが都市への人口移動と過疎化を加速させている大きな要因の1つであるということができるのである。

図表2-4 Maakunta別農家戸数

(2008年, 戸, ha, %)

	~1.99 (ha)	2~4.99 (ha)	5~9.99 (ha)	10.0~19.99 (ha)	20.0~29.99 (ha)	30.0~49.99 (ha)	50.0~99.99 (ha)	100~ (ha)	計 (戸)	農家1戸当たり平均農地面積 (ha)	20ha未満の農家戸数 (戸)	全農家戸数に占める20ha未満の農家戸数の割合
Uusimaa	43	210	316	503	360	497	567	253	2,749	43.45	1,072	38.9
Itä-Uusimaa	14	68	91	239	264	340	315	137	1,468	46.07	412	28.0
Varsinais-Suomi	95	404	672	1,247	1,066	1,382	1,497	575	6,938	42.73	2,418	34.8
Satakunta	50	285	581	954	626	835	661	231	4,223	34.55	1,870	44.2
Kanta-Häme	36	120	265	534	427	533	511	188	2,614	40.90	955	36.5
Pirkanmaa	51	337	719	1,068	756	878	768	244	4,821	33.96	2,175	45.1
Päijät-Häme	20	98	214	378	352	418	409	156	2,045	41.04	710	34.7
Kymenlaakso	23	121	210	523	407	480	436	119	2,319	36.89	877	37.8
Etelä-Karjala	29	124	230	456	293	369	278	54	1,833	30.75	839	45.7
Etelä-Savo	45	322	617	922	473	471	269	50	3,169	23.40	1,906	60.1
Pohjois-Savo	50	306	601	1,009	822	968	751	135	4,642	32.08	1,966	42.3
Pohjois-Karjala	44	186	381	648	452	521	395	99	2,726	31.66	1,259	46.1
Keski-Suomi	64	344	609	882	577	594	414	91	3,575	28.95	1,899	53.1
Etelä-Pohjanmaa	84	437	923	1,807	1,232	1,441	1,172	333	7,429	33.53	3,251	43.7
Pohjanmaa	50	331	524	1,130	785	908	660	134	4,522	30.86	2,035	45.0
Keski-Pohjanmaa	11	81	129	301	314	420	325	56	1,637	36.56	522	31.8
Pohjois-Pohjanmaa	45	339	574	1,005	814	1,197	1,162	372	5,508	40.35	1,963	35.6
Kainuu	31	89	190	266	182	202	117	37	1,114	28.86	576	51.7
Lappi	31	263	402	417	284	251	192	41	1,881	23.93	1,113	59.1
Ahvenanmaa	42	78	91	122	83	105	53	15	589	24.74	333	56.5

[出所] Tilastokeskus "Suomen tilastollinen vuosikirja 2009", 2009, S.157.

4 産業構造の変化

　大不況以後今日までのフィンランドの産業構造は大きく変化している。1995年と2006年の主要産業の従事者数を比較した**図表2-5**をみると，全産業では従事者数が約20％伸長していることが把握できる。このうち，農林水産業従事者数が34％減少し，製造業従事者数の伸びも鈍い。そこで，農林水産業従事者数の全産業従事者数に占める割合は6.9％から3.8％に，製造業は20.2％から17.8％に低下しているのである。これに対し，建設業の従事者数，保険・金融・不動産・レンタルの従事者数や卸売・小売・ホテル・レストランの従事者数の構成比が上昇し，それぞれ4.8％から6.4％，11.1％から14.9％，14.4％から15.3％に増加している。また，福祉・保健・医療・教育・文化従事者数が25％の伸び率を示すとともに，構成比も31.1％から32.5％に上昇している。さらに，男性従事者の割合が高い産業の従事者数が減少もしくは伸び率が低い中で，女性従事者数の比重が高い産業の従事者数が伸びていることが把握できる。

　次に，1995年と2006年の主要なMaakuntaの主要産業従事者数の動向を示し

図表2-5　主要産業従事者数の動向

(人，％)

	2006年			1995年		伸び率
	従事者数	構成比	男性従事者の割合	従事者数	構成比	1995年を100としたときの2006年の数値
農林水産業	89,273	3.8	68.7	134,825	6.9	66.2
製造業	412,242	17.8	72.0	391,285	20.2	105.3
建設業	148,408	6.4	92.2	94,261	4.8	157.4
卸売・小売・ホテル・レストラン	354,169	15.3	45.6	279,799	14.4	126.5
保険・金融・不動産・レンタル	345,963	14.9	51.4	214,946	11.1	160.9
福祉・保健・医療・教育・文化	752,484	32.5	26.0	601,250	31.1	125.1
全産業計	2,313,788	100.0	100.0	1,932,752	100.0	119.7

(注)　主要産業の従事者数のみを掲げているため，全産業の合計従事者数の数値とは一致しない。構成比も同様である。
〔出所〕Tilastokeskus "Suomen tilastollinen vuosikirja 2009", 2009, S.416, Tilastokeskus "Suomen tilastollinen vuosikirja 1998", 1998, S.348より作成。

た図表2-6をみると，UusimaaやPirkanmaa，それにノキアで有名になったOulu市のあるPohjois-Pohjanmaaの従事者数の伸び率が高い。これらのMaakuntaでは農林水産業従事者数は減少しているが，全国平均よりも減少率は低い。また，全国的には伸び悩んでいる製造業についても，これら3つのMaakuntaでは伸びているのであり，とくにPohjois-Pohjanmaaでは約20％増加している。これらのMaakuntaでは，卸売・小売・ホテル・レストランの従事者数，保険・金融・不動産・レンタルの従事者数，建設業の従事者数，福祉・保健・医療・教育・文化の従事者数も全国平均を上回る伸びを示している。

その反対に，Kainuu，Lappiの従事者数の伸び率は全国平均を大きく下回っている。Kainuu，Lappiでは農林水産業の従事者数の低下が著しい。製造業従

図表2-6　主要なMaakuntaの主要産業従事者数の動向

(人，％)

	全国			Uusimaa			Kainuu		
	1995	2006	指数	1995	2006	指数	1995	2006	指数
全産業	1,932,752	2,313,788	119.7	527,286	681,129	129.1	30,402	30,571	100.5
農林水産業	134,825	89,273	66.2	5,239	3,708	70.7	3,711	2,508	67.5
製造業	391,285	412,242	105.3	78,165	81,665	104.4	4,586	4,148	90.4
建設業	94,261	148,408	157.4	20,946	36,980	176.5	1,619	2,168	133.9
卸売・小売・ホテル・レストラン	279,799	354,169	126.5	99,959	127,297	127.3	3,540	3,883	109.6
保険・金融・不動産・レンタル	214,946	345,963	160.9	89,638	147,800	164.8	2,144	3,298	153.8
福祉・保健・医療・教育・文化	601,250	752,484	125.1	170,782	217,476	127.3	11,296	11,956	105.8

	Pirkanmaa			Pohjois-Pohjanmaa			Lappi		
	1995	2006	指数	1995	2006	指数	1995	2006	指数
全産業	164,793	209,536	127.1	123,815	154,725	124.9	65,854	70,751	107.4
農林水産業	8,172	5,778	70.7	12,060	8,533	70.7	5,932	3,929	66.2
製造業	45,047	49,127	109.0	24,426	29,075	119.0	9,386	9,276	98.8
建設業	8,265	13,192	159.6	6,736	11,127	165.1	3,768	4,966	131.7
卸売・小売・ホテル・レストラン	22,041	29,962	135.9	15,216	20,446	134.3	8,529	10,434	122.3
保険・金融・不動産・レンタル	16,990	31,123	183.1	10,762	19,944	185.3	5,667	8,497	149.9
福祉・保健・医療・教育・文化	47,617	64,469	135.3	41,550	52,607	126.6	24,248	25,945	106.9

(注1)　指数は1995年を100としたときの2006年の数値。
(注2)　1995年12月31日現在，2006年12月31日現在の数値。
〔出所〕　Tilastokeskus "Suomen tilastollinen vuosikirja 2009", 2009, S.418, Tilastokeskus "Suomen tilastollinen vuosikirja 1998", 1998, S.350.

事者数も減少している。福祉・保健・医療・教育・文化従事者数も伸び悩んでいる。Kainuuでは，これに加えて卸売・小売・ホテル・レストランの従事者数でも伸び悩んでいる。また，Kainuu，Lappiともに保険・金融・不動産・レンタルと建設業の従事者数は伸長しているが，もともとの従事者数がほかの産業に比べて少ないために大きな雇用効果にはつながっていない。

なお，Kainuu，Lappiにおいては，福祉・保健・医療・教育・文化従事者の伸びは低かったが，福祉・保健・医療・教育・文化従事者数の全産業従事者数に占める割合では，ほかの3つのMaakuntaを上回った。Kainuuでは39.1％，Lappiでは36.6％となっており，Uusimaa（31.9％），Pirkanmaa（30.7％），Pohjois-Pohjanmaa（34.0％）よりも高かったのである（2006年）。過疎化が進行しているなか，最大の内需型産業[7]ともいえる福祉・保健・医療・教育・文化の従事者が，過疎化に一定程度歯止めをかける役割を果たしていると判断できるのである。

さらに，**図表2－7**により自治体の性格別に主要産業従事者数をみてみよう。**図表2－7**では，自治体が都市自治体（Kaupunkimainen），半都市自治体

図表2－7　自治体の性格別にみた主要産業従事者数の動向

（2006年，人，％）

	全産業計	農林水産業	製造業	建設業	卸売・小売・ホテル・レストラン	保険・金融・不動産・レンタル	福祉・保健・医療・教育・文化
全国計	2,313,788 〔119.7〕	89,273 〔66.2〕	412,242 〔105.3〕	148,408 〔157.4〕	354,169 〔126.5〕	345,963 〔160.9〕	752,484 〔125.1〕
都市自治体	1,561,733 〔132.9〕	13,755 〔108.6〕	258,022 〔109.6〕	90,086 〔177.2〕	257,324 〔134.7〕	275,948 〔172.8〕	522,834 〔133.6〕
半都市自治体	356,030 〔106.6〕	22,350 〔72.4〕	78,614 〔99.5〕	27,965 〔141.1〕	48,609 〔110.1〕	36,097 〔125.1〕	112,151 〔116.3〕
農山漁村自治体	396,025 〔93.4〕	53,168 〔58.2〕	75,606 〔98.1〕	30,357 〔128.5〕	48,236 〔107.7〕	33,918 〔128.0〕	117,499 〔103.3〕

（注1）〔　〕は1995年を100としたときの2006年の数値。
（注2）2006年12月31日現在の数値。
（注3）都市自治体は，少なくとも人口の90％が市街地域に住むか最大の市街地人口が少なくとも1万5,000人以上の自治体。半都市自治体は，人口の60％以上90％未満が市街地域に住み，かつ最大の市街地人口が4,000人以上1万5,000人未満の自治体。農山漁村自治体は，人口の60％未満が市街地域に住み，かつ最大の市街地人口が1万5,000人未満，もしくは人口の60％以上90％未満が市街地域に住み，かつ最大の市街地人口が4,000人未満の自治体。
〔出所〕Tilastokeskus "Suomen tilastollinen vuosikirja 2009", 2009, S.416-417, Tilastokeskus "Suomen tilastollinen vuosikirja 1998", 1998, S.348-349.

（Maaseutumainen），農山漁村自治体（Taajaanasuttu）の3つに区分されている。都市自治体とは，人口の90％以上が市街地域に住むか，最大の市街地人口が少なくとも1万5,000人以上の自治体である。半都市自治体とは，人口の60％以上90％未満が市街地域に住み，かつ最大の市街地人口が4,000人以上1万5,000人未満の自治体である。農山漁村自治体とは，人口の60％未満が市街地域に住み，かつ最大の市街地域の人口が1万5,000人未満，もしくは人口の60％以上90％未満が市街地域に住み，かつ最大の市街地人口が4,000人未満の自治体のことである。農山漁村自治体の場合，その多くは人口が少ない自治体と考えてよいが，なかには人口1万人以上の自治体も存在している。つまり，Liperi（Pohjois-Karjala，12,056人），Leppävirta（Pohjois-Savo，10,760人），Pedersören kunta（Pohjanmaa，10,757人），Saarijärvi（Keski-Suomi，10,730人），Sotkamo（Kainuu，10,719人），Alajärvi（Etelä-Pohjanmaa，10,634人）の6自治体は，農山漁村自治体に属しているのである[8]。

　1995年と2006年の全産業従事者数を比較してみれば，2006年の従事者数の方が，都市自治体では32％多くなっているのに対し，半都市自治体では伸び悩み，その伸びはわずか6％にすぎない。農山漁村自治体では7％近い減少となっている。農林水産業の従事者数は，1995年に比べて2006年に都市自治体では8％の伸びがみられるが，半都市自治体は28％，農山漁村自治体は42％という大幅な減少率を示している。製造業の従事者数は，都市自治体では増加しているが，半都市自治体と農山漁村自治体では減少となっている。卸売・小売・ホテル・レストランの従事者数は，1995年に比べて2006年にはいずれも伸長しているが，都市自治体での伸び（34％）が大きいのに対し，半都市自治体は10％，農山漁村自治体は7％と伸びが小さい。保険・金融・不動産・レンタルの従事者数は，いずれも高い伸びを示している。この中でも都市自治体の伸びが圧倒的に高い。農山漁村自治体の場合には，伸長はしているものの絶対数が小さい。福祉・保健・医療・教育・文化従事者数については，都市自治体で33％，半都市自治体で16％と高い伸びを示した。これに対し，農山漁村自治体ではわずか3％しか伸びを示していない。建設業の従業者数はいずれも高い伸びを示しているが，都市再開発等を反映して都市自治体の伸びが高い。半都市自治体と農村漁村自治体の場合も伸長はしているが，増加の絶対数は小さい。

以上から，とくに農山漁村自治体においては主要産業である農林水産業の従事者数が大きく減少するとともに，ほかの産業の従事者数も伸び悩んでいることが把握できるのである。

5 課税所得からみた地域格差

人口1人当たりの地方所得税の課税所得をMaakunta別にみてみると[9]，2007年度は最大がUusimaaの1万8,566ユーロ，最小がPohjois-Karjalaの1万1,385ユーロで，およそ1.63倍の開きがあった。2013年度は最大がUusimaaの2万896ユーロ，最小がPohjois-Karjalaの1万3,231ユーロであった。さらに，自治体別にみると[10]，2007年度は最大がKauniainen（Uusimaaに所属）の3万1,988ユーロ，最小がMerijärvi（Pohjois-Pohjanmaaに所属）の8,311ユーロであった。自治体間では実に3.85倍の開きがみられた。2013年度は最大がKauniainen（3万5,855ユーロ）で，最少がRääkkylä（Pohjois-Karjalaに所属）の9,642ユーロであった。3.71倍の開きがみられた。1996年度の人口1人当たりの地方所得税の課税所得をみてみると[11]，最も高かった自治体はKauniainenの11万9,762フィンランドマルカで，最小がMerijärviの3万7,271フィンランドマルカであった。1996年度における自治体間の開きは3.21倍のため，自治体間の経済力の地域格差が拡大していることが把握できるのである。

さらに，自治体間の経済力格差を検証するために，**図表2－8**をみてみよう。**図表2－8**は，2011年度のKauniainenとMerijärviの勤労所得税（国税）の納税者を課税所得段階別に整理したもの，ならびに，KauniainenとMerijärviの地方所得税納税者を国税の勤労所得税の課税所得段階別に整理したものである。Kauniainenの人口数は8,545人，Merijärviは1,187人であった（2008年12月31日現在）。国税である勤労所得税の納税者数はKauniainenが3,841人，Merijärviが187人で，人口に占める勤労所得税納税者の割合は，Kauniainenが44.9％，Merijärviが15.7％であった。Merijärviでは国税（勤労所得税）の課税最低限に達していない者が多いのである。また，地方所得税納税者に占める勤労所得税納税者の割合は，Kauniainenが60.3％，Merijärviが23.1％であった。Merijärviでは，地方税収入の大部分を占める地方所得税収入において，Kauniainenに比

figure 図表2－8　Kauniainen自治体とMerijärvi自治体の勤労所得税，地方所得税納税者の状況

(2011年度，ユーロ，人)

勤労所得税			地方所得税		
	Kauniainen	Merijärvi		Kauniainen	Merijärvi
～ 5,000	0	0	～ 5,000	478	72
5,000～ 9,999	0	0	5,000～ 9,999	374	82
10,000～14,999	0	0	10,000～14,999	498	178
15,000～19,999	9	1	15,000～19,999	462	94
20,000～24,999	73	2	20,000～24,999	394	82
25,000～29,999	228	24	25,000～29,999	447	101
30,000～39,999	678	89	30,000～39,999	774	120
40,000～49,999	595	45	40,000～49,999	635	47
50,000～59,999	458	19	50,000～59,999	466	22
60,000～79,999	619	6	60,000～79,999	634	8
80,000～99,999	341	1	80,000～99,999	346	1
100,000～	840	0	100,000～	857	0
計	3,841	187	計	6,365	807

〔出所〕 Statistics Finland "Statistical database, Taxaition of individuals by income subject to state taxation, 2011, taxed by State by Municipality", 2012.

べて低所得の納税者に依存する割合が高くなっていることが把握できるのである。さらに，Kauniainenでは，6万ユーロ以上の課税所得を有する者が1,800人おり，Kauniainenの勤労所得税の納税者総数の46.8％を占めている。これに対し，Merijärviには6万ユーロ以上の納税者は7名で，Merijärviの勤労所得税納税者総数のわずか3.7％にすぎないのである。

6　低所得者層の増大

(1) 地域差が大きい失業率

　フィンランドでは低所得者層が著しく増大している。低所得者とは収入が全国平均の60％未満（年1万4,741ユーロ未満，1人暮らしの場合）の者をい

図表2-9　フィンランドにおける低所得者層の状況

(ユーロ，人，％)

	1990年	1995年	2000年	2005年	2010年
平均収入	17,886	16,842	19,116	22,500	24,569
低所得者層となる上限収入	10,732	10,105	11,470	13,500	14,741
低所得者層の平均収入	9,287	8,739	9,941	11,476	12,394
総人口	4,974,383	5,053,076	5,105,187	5,179,228	5,294,659
低所得者人口	394,978	361,744	576,104	660,537	706,030
総人口に占める低所得者の割合	7.9	7.2	11.3	12.8	13.3
0～17歳の低所得者数	61,107	56,099	134,759	130,438	134,904
0～17歳の低所得者の当該年齢層に占める割合	5.1	4.8	11.9	11.8	12.4
18～64歳の低所得者数	210,632	258,067	362,161	405,749	447,081
18～64歳の低所得者の当該年齢層に占める割合	6.8	8.1	11.2	12.4	13.6
65歳以上の低所得者数	123,239	47,578	79,184	124,350	124,045
65歳以上の低所得者の当該年齢層に占める割合	18.7	6.7	10.5	15.2	13.5

(注1)　収入は年収入である。
(注2)　0～17歳の低所得者の多くは，低所得者の家庭の子どもである。
〔出所〕Statistics Finland "Income Distribution Statistics", 2012.

う[12]。図表2-9をみてみよう。フィンランドでは，全国平均の年収入（1人暮らしの場合）が2万4,569ユーロ，低所得者層の年平均収入は1万2,394ユーロである（2010年）。このような低所得者層は，1990年に39万4,978人であったのに対し，2010年には約1.8倍の70万6,030人になっている。総人口に占める低所得者の割合も，7.9％から13.3％に増大している。年齢別にみてみると，18歳以上64歳までの低所得者は，21万632人（1990年）から44万7,081人（2010年）へと2.1倍増加し，当該年齢層の人口に占める割合も6.8％から13.6％に増加した。65歳以上の者は，1990年（12万3,239人）と2010年（12万4,045人）では数的にほぼ変化がない。また，18歳未満（ほとんどが低所得者層の家庭に属する）の者は，6万1,107人（1990年）から13万4,904人（2010年）へと2.2倍増加し，当該年齢層に占める割合も，5.1％から12.4％に増加している。さらに，**図表2-9**には示されていないが，16歳以上24歳未満では当該年齢層の26.5％が低所得者層である[13]。このような低所得者層は，大不況が終わって経済が回復しても増大しており，今日のフィンランドの経済・社会にビルドインされているのである。

このような状況が生じていることは，先に述べた農業の衰退や産業構造の変化と密接に関係しているし，失業率の上昇と密接な関連性がある。第1章で掲げた**図表1－3**をみてみよう。失業率は，深刻な不況の影響を受けて1993年には16.3％，1994年には16.6％と急上昇した。1994年をピークに失業率は下がったものの，1990年代を通じて10％台の高いままの状態が続いた。21世紀にはいってからも高い状態は解消されず，10％をきったとはいうものの，2000年から2003年までは9％台で推移した。2006年にようやく7.7％まで下がり（失業者数は約20万人），以後景気上昇の中，2008年には6.4％まで下がったが，大不況以前の水準（3.2％）には達していない。そして，リーマンショックの影響を受けた2009年には失業率が上昇し，8％台となった。2014年においても失業率は8.7％と高い数値を示している。

　失業率は，地域的には農村部を広大にかかえる北部，北東部のMaakuntaが高く，国平均の失業率が7.7％に下がった2006年においても，5つのMaakuntaにおいて10％を超過していた。つまり，Kainuuの17.1％を筆頭に，Lappiが12.4％，Etelä-Savoが11.5％，Pohjois-Karjalaが10.4％，Keski-Suomiが10.3％の失業率を示していたのである。さらに，失業率は2009年において7つのMaakuntaで10％を超過し，2014年においても6つのMaakuntaが10％を超過している。Helsinki市のあるUusimaaの2011年の失業率は5.8％と低かったけれども，景気が悪化した2014年の失業率はUusimaaにおいても7.3％に上昇している。

（2）若年者（20歳台）に多い生活保護受給者

　生活保護受給者数の動向をみてみると[14]，生活保護受給者数は1996年の34万9,591世帯，60万9,636人，受給率（総人口に占める生活保護受給者数の割合）11.9％をピークに減少している。経済が順調であった2008年の生活保護受給者数は21万5,570世帯，33万9,394人，受給率は6.4％であったが，リーマンショックの影響を受けて景気が悪化した2009年には，生活保護受給者数は23万8,755世帯，37万7,688人，受給率は7.1％に上昇した。さらに，その後も生活保護受給率は下がらず，2013年には24万5,765世帯，38万1,851人，受給率は7.0％になっている。また，生活保護受給率をMaakunta別にみてみると（2013年），

Pohjois-Karjala が8.6％，Uusimaa が8.0％，Keski-Suomi と Pohjois-Savo が7.7％，Lappi が7.5％となっており，失業率が高い北部や北東部の Maakunta を中心に生活保護受給率が高いことが把握できる。これに対し，大都市特有の問題を抱える Uusimaa を除いた南部や西南部の Maakunta の生活保護受給率は総じて高くない。

　さらに，フィンランドの生活保護受給の特徴として，若年世代の受給率が高いことが掲げられる[15]。生活保護受給世帯を年齢構成別にみた場合（図表2－10），1991年から2011年までのいずれの年度においても，20～29歳の生活保護受給世帯数が最も多く，2011年は7万2,372世帯となっている。また，2011年の受給率（当該年齢層の総人口に占める当該年齢層の生活保護受給者数の割合）は20～29歳の場合は25.2％で，4人に1人が生活保護受給者となっている。この中で20～24歳がとくに高く受給率は約15％にのぼっている。これに対して60歳以上の受給率は低い。

　図表2－11を検討しよう。世帯構成別生活保護受給世帯数をみると，最も多いのは1人暮らし世帯で17万1,779世帯となっている（2011年）。1人暮らし世帯の生活保護受給世帯数は全生活保護受給世帯数の7割強を占めている。1人暮らし世帯の中では男性の割合が高い。また，世帯構成別世帯数に占める生活保護受給世帯の割合が最も高いのは1人親世帯で，24.1％となっている。実に，4世帯に1世帯が受給世帯になっている。これに対し，夫婦世帯の受給は少ない。

　以上から，フィンランドでは若年世代（20歳代），1人暮らし世帯，1人親世帯の生活保護受給割合が高いことがわかるのである。フィンランドでは，すぐれた年金制度や障害者福祉制度，女性雇用のしくみがあるので，高齢者，障がい・病気，母子の生活保護受給者は比較的少ない。その代り，失業と生活保護が密接に関連している。生活保護受給者数の動向をみるならば，若年世代を中心に受給者が多いことや，地域の雇用問題，大都市特有の問題等が，生活保護の受給に反映されているということができるのである。

図表2−10 年齢構成別生活保護受給世帯数と年齢構成別生活保護受給率

(人、%)

	年齢構成別生活保護受給世帯数									
	～19歳	20～29歳		30～39歳	40～49歳	50～59歳	60～64歳	65～74歳	75歳以上	計
		20～24歳	25～29歳							
1991	9,893	42,029	35,162	56,474	41,765	19,112	5,813	6,985	5,321	222,653
1995	21,152	73,305	48,129	74,407	68,480	30,276	6,774	9,765	6,685	339,020
2000	13,949	50,521	30,988	56,893	57,603	39,673	7,210	8,854	5,972	271,686
2005	13,808	44,521	27,846	42,311	48,197	41,464	7,846	7,278	5,570	238,848
2008	13,103	34,653	25,438	37,205	43,637	39,582	10,105	6,621	5,226	215,570
2009	15,578	41,292	29,767	41,057	46,493	40,828	11,447	6,984	5,307	238,755
2010	15,691	43,187	30,212	40,607	44,885	40,792	12,265	7,257	5,361	240,257
2011	15,682	42,595	29,777	41,001	43,705	40,497	12,744	7,852	5,359	239,212
	年齢構成別生活保護受給率									
1991	9.6	15.2	11.8	9.2	6.5	4.1	2.6	2.0	2.0	7.9
1995	13.7	29.1	18.1	13.0	10.4	6.3	3.4	2.7	2.4	11.4
2000	10.7	18.5	12.8	10.1	9.1	6.4	3.3	2.4	1.9	8.8
2005	9.2	15.7	10.2	7.9	7.5	5.8	2.9	1.8	1.5	7.2
2008	8.4	12.5	9.0	7.0	6.8	5.7	3.0	1.6	1.3	6.4
2009	9.4	15.0	10.6	7.8	7.4	6.0	3.2	1.6	1.3	7.1
2010	9.2	15.4	10.6	7.7	7.3	6.0	3.4	1.6	1.3	7.0
2011	9.1	14.8	10.4	7.6	7.2	6.0	3.6	1.6	1.3	6.9

(注1) 年齢構成別生活保護受給率は受給世帯数ではなく、受給者数の100人当たりの割合である。
(注2) 年齢構成別生活保護受給率の最も右側の数値は平均受給率である。
[出所] Terveyden ja Hyvinvoinnin Laitos "Sosiaali- ja terveysalan tilastollinen vuosikirja 2012", 2012, S.194.

図表2-11 世帯構成別生活保護世帯数と世帯構成別世帯数に占める生活保護受給世帯の割合

(人, %)

	世帯構成別生活保護受給世帯数					
	1人暮らし世帯		1人親世帯	夫婦世帯		計
	男	女		子どもなし	子どもあり	
1992	96,038	60,737	27,042	30,960	44,087	258,864
1995	129,220	84,214	34,302	40,882	50,402	339,020
2000	106,006	70,716	31,977	29,991	32,996	271,686
2005	101,103	66,286	29,708	18,513	23,238	238,848
2008	92,139	60,672	27,348	15,644	19,767	215,570
2009	103,373	65,086	28,353	18,668	23,275	238,755
2010	104,726	66,600	28,391	18,283	22,257	240,257
2011	104,802	66,977	28,441	17,276	21,276	239,212
世帯構成別世帯数に占める生活保護受給世帯の割合						
1992	15.4	8.5	23.7	4.8	8.0	9.8
1995	19.6	11.5	30.7	6.1	9.6	12.6
2000	15.4	9.4	27.0	4.2	6.7	9.8
2005	14.1	8.7	25.2	2.4	4.9	8.4
2008	12.5	7.8	23.4	2.0	4.2	7.4
2009	13.9	8.3	24.1	2.3	5.0	8.2
2010	13.9	8.4	24.1	2.3	4.8	8.2
2011	13.7	8.3	24.1	2.1	4.7	8.1

〔出所〕 Terveyden ja Hyvinvoinnin Laitos "Sosiaali-ja terveysalan tilastollinen vuosikirja 2012", 2012, S.195.

むすびにかえて

　1991年の大不況から回復した後のフィンランドの産業構造は変化した。大不況以前にリーディング産業であった紙・パルプ産業などの伸びが鈍化する中，電気光学機械産業が伸長した。さらに，保険・金融・不動産・レンタルや卸売・小売・ホテル・レストランも伸長したが，これらの産業は都市型産業といえるものが多いため，北部や北東部の地域に比べて，南部や西南部の地域で発展した。また，農業の落ち込みが激しかったが，とくに北部や北東部地域での落ち込みが激しかった。このために，地域経済が様変わりし，南部・西南部と北部・

北東部の地域間格差や，都市と農村の間での格差が大きくなった。都市への人口移動が進み，過疎化が進行した。とりわけ北東部のMaakuntaであるKainuuの人口の著しい減少と経済の停滞が大きな問題になった。そして，国がKainuuを特別に支援する，いわゆる「Kainuu特区」ができたが成果は乏しかった。

フィンランドの財政状況は，現在EU加盟国の中で良好な部類に入る。それは産業構造の変化をともないながら経済が推移してきたことや，財政支出削減を優先しながら財政再建を着実に行ってきたためである。しかし，この過程の中で，低所得者層が大幅に増大し，貧富の差が拡大した。さらに，地域間格差が拡大した。また，電気光学機械産業をはじめとして，企業が海外に生産拠点を移す動きが進んだ。そして，若年層を中心に雇用状況が厳しさを増しているのである。

今後の産業と雇用と福祉をどのように展望するのか。地域経済が大きく転換する中で地域間格差が大きくなってきている状況を今後どのように改善していくのか。今後のフィンランドの施策展開に注目したい。

注

1) 失業率，失業者数については，Tilastokeskus "Suomen tilastollinen vuosikirja 2006", 2006（以下Vuosikirjaと略す），S.404, "Vuosikirja 2007", 2007, S.415, S.416, "Vuosikirja 2015", 2015, S.401-402, S.408を参照。
2) "Vuosikirja 2007", 2007, S.495を参照。
3) "Vuosikirja 1998", 1998, S.131.
4) "Vuosikirja 2009", 2009, S.101.
5) "Vuosikirja 2012", 2012, S.156.
6) "Vuosikirja 1998", 1998, S.131.
7) 福祉・保健・医療・教育・文化は，全体としてみれば自治体職員が多数の職場であるが，本章では，自治体直営や民間など運営主体に関係なく，これらを内需型産業と表現している。
8) "Vuosikirja 2009", 2009, S.76-77. 人口数は2008年の数値。
9) "Vuosikirja 2009", 2009, S.357-365. "Vuosikirja 2015", 2015, S.104-110.
10) "Vuosikirja 2009", 2009, S.357-365. "Vuosikirja 2015", 2015, S.104-110.
11) "Vuosikirja 1998", 1998, S.326-336.

12) Statistics Finland "Income Distribution Statistics", 2012.
13) 注12) のStatistics Finlandを参照。
14) 生活保護については、Terveyden ja Hyvinvoinnin Laitos "Sosiaali-ja terveysalan tilastollinen vuosikirja 2012", 2012, S.192-195. "Vuosikirja 1998", 1998, S.434-435, "Vuosikirja 2007", 2007, S.494-495, "Vuosikirja 2009", 2009, S.494-495, "Vuosikirja 2012", 2012, S.494, "Vuosikirja 2015", 2015, S.310-311を参照。
15) 以下の叙述は、Terveyden ja Hyvinvoinnin Laitos "Sosiaali-ja terveysalan tilastollinen vuosikirja 2012", 2012, S.192-195による。

第3章 フィンランドにおける高齢者福祉の変化（1995～2005）
―1990年代前半の不況以後の高齢者介護サービスと福祉民営化―

はじめに

すでに第1章で述べたように，フィンランドでは，1990年代前半（1991～1993年）に深刻な不況を経験した。そして，不況とそれへの対応の中で，産業・雇用構造の変化，人口移動と地域格差，国の地方分権的な財政改革[1]，自治体（Kunta）の合併[2] などが生じた。

このようななか，高齢者福祉サービスの面においても大きな変化が現れている。本章では，1995年から2005年までの高齢者福祉サービスの動向（高齢者の利用状況，高齢者の介護の必要度合，介護サービスの提供体制，介護サービスの種類など），高齢者福祉サービスにおける民営化の進展状況を，主に統計的に把握し，変化の内実を明らかにする。さらに，高齢者福祉の面から，地域格差問題にもアプローチする。

1 高齢者と高齢者介護サービスの状況

（1）地方制度と医療圏

後論との関係上必要となる範囲で，地方制度について論じよう。フィンランドの国と地方の関係は，中央政府と地方政府（自治体，Kunta）の二層制になっている。中央政府のもとに，6つの国の出先機関（県，Lääninhallinto）と20の地域（Maakunta）があったが，県は2009年12月31日に全廃され，MaakuntaについてはItä-UusimaaがUusimaaに統合されたためMaakuntaの数は現在19である[3]。

図表3-1 フィンランドの2次医療圏

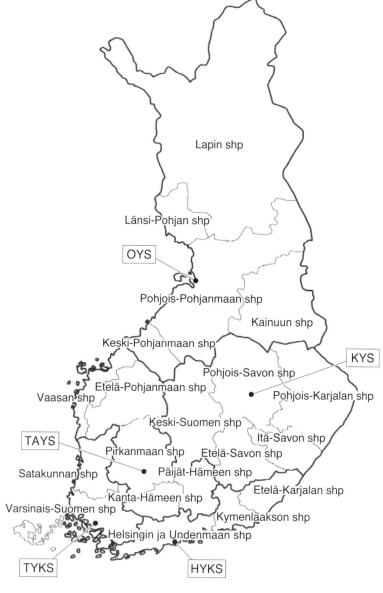

(注1) 2次医療圏は20に区分されている。
(注2) TAYSなど□で囲まれているのは、3次医療の拠点となる大学病院。
〔出所〕 STAKESでの入手資料(2008年11月入手資料)。

さらに，20の2次医療圏が設定されており（**図表3－1**），その各々に配置されている高度医療を行う拠点的な専門病院（公立病院）をはじめとする病院を運営する自治体連合（Kuntayhtymän Hallitus）がつくられている。さらに，2次医療圏を拡大して，拠点となる専門かつ最高度の医療を行う大学病院を中軸とする3次医療圏が形成されている。

　また，上記のような自治体連合は法律に基づいて必ず自治体が加入を義務づけられているものであるが，これとは別に，自治体が内発的に集まって1次医療の病院・診療所事業や職業専門学校事業，交通・運輸事業などを共同で営む自治体連合がある。

　本書第1章で詳述したように，自治体連合は，小規模自治体が多いフィンランドでは比較的よく発達してきた[4]。とくに病院・診療所や職業専門学校の運営で効果を発揮してきたといえるのである[5]。

（2）フィンランドの高齢化の状況とほかの北欧諸国との比較

　北欧諸国の年齢別構成人口の推移をみてみると（**図表3－2**），今後，フィンランドが最も高齢化が進行することが把握できる。つまり，2007年から2030年の間でフィンランドの80歳以上人口が著しく伸長するとともに，2010年から2020年にかけてフィンランドの65～79歳人口が26万人増加する見込みである。さらに，2025年頃には65～74歳人口を75歳以上人口が上回る見込みとなっているのである。

　フィンランドでは，2025年にほぼ4人に1人が高齢者になる見込みである[6]。日本においては，高齢者比率が25％に達したのが2013年，後期高齢者人口が前期高齢者人口を上回ったのが2017年であった[7]。世界の中で最も高齢化が急ピッチで進んでいる日本には及ばないものの，フィンランドの高齢化がかなりの勢いで進んでいることが理解できるのである。

図表3-2　北欧5か国の人口推計

(千人)

	年	デンマーク	フィンランド	アイスランド	ノルウェー	スウェーデン	北欧5か国全体
合計	2007	5447.1	5277.0	307.7	4681.1	9113.3	24958.0
	2010	5496.7	5356.6	304.7	4748.3	9301.4	25293.0
	2020	5616.2	5546.8	325.7	5045.1	9728.8	26292.4
	2030	5717.0	5683.2	342.2	5367.2	10093.6	27234.9
	2040	5736.2	5730.4	351.2	5623.5	10313.3	27787.4
	2050	5683.6	5748.4		5843.0	10550.2	27825.1
0-14歳	2007	1014.2	901.2	65.5	905.9	1549.6	4465.6
	2010	995.3	883.6	63.6	891.8	1530.6	4382.6
	2020	938.4	918.5	64.4	881.8	1677.4	4485.2
	2030	964.0	910.3	65.1	937.2	1717.4	4598.8
	2040	975.0	886.6	64.1	952.8	1688.0	4571.1
	2050	946.6	896.4		961.4	1758.5	4563.0
15-24歳	2007	619.1	657.4	44.6	586.8	1161.3	3087.5
	2010	666.5	656.2	44.6	619.6	1229.9	3229.2
	2020	692.4	598.6	42.9	638.9	1050.4	3026.2
	2030	650.5	626.2	43.2	619.3	1165.9	3108.2
	2040	655.9	629.8	44.1	657.3	1221.7	3211.9
	2050	676.5	607.7		676.1	1184.2	3144.6
25-49歳	2007	1889.7	1734.3	111.8	1638.5	3021.9	8443.0
	2010	1844.3	1715.6	105.7	1628.9	3042.8	8367.9
	2020	1704.8	1686.3	107.4	1654.1	3109.9	8271.5
	2030	1661.3	1672.0	107.7	1718.4	3075.4	8243.9
	2040	1686.4	1649.4	107.8	1773.1	3120.6	8346.4
	2050	1646.6	1647.9		1791.2	3215.8	8301.4
50-64歳	2007	1089.4	1115.4	50.1	864.3	1799.0	4932.8
	2010	1086.1	1160.5	53.4	895.2	1765.8	4976.6
	2020	1124.9	1067.3	61.1	969.0	1825.7	5054.0
	2030	1084.7	980.3	61.0	993.5	1819.0	4944.7
	2040	926.9	1016.3	62.0	957.4	1801.9	4770.6
	2050	973.1	1008.2		1058.4	1893.4	4933.2
65-79歳	2007	610.2	647.7	26.0	467.4	1091.2	2848.8
	2010	674.4	686.8	27.3	498.5	1237.8	3132.1
	2020	872.7	959.2	38.8	689.2	1533.7	4099.1
	2030	910.3	992.2	50.4	780.9	1544.0	4283.6
	2040	965.1	927.3	52.5	874.9	1659.8	4485.7
	2050	842.6	928.8		855.1	1575.0	4201.6
80歳以上	2007	224.5	221.0	9.6	218.2	490.3	1165.3
	2010	229.1	254.0	10.1	214.2	494.5	1203.2
	2020	280.8	316.8	11.1	212.1	531.7	1354.2
	2030	441.4	502.1	14.9	317.8	771.9	2051.0
	2040	517.5	621.1	20.8	408.0	821.4	2392.5
	2050	580.0	659.4		500.7	923.2	2663.4

(注1)　デンマークにはグリーンランドの人口をふくまない。
(注2)　2050年のアイスランドの数値は示されていない。
〔出所〕　"Nordic Statiscal Yearbook 2007", S.81.

(3) 高齢者の介護サービス利用状況

2005年にホームケアサービス（訪問介護サービスと訪問看護サービスを合わせたもの），高齢者用サービスつき住宅（グループホームのような24時間サービスつきの高齢者用サービスつき住宅を含む），老人ホーム，長期療養の病院・診療所を利用する65歳以上の高齢者は約11万人（65歳以上人口にしめる割合は13％），75歳以上の高齢者は9万3,000人（75歳以上人口にしめる割合は25％）だった（図表3－3）。

老人ホーム入居者数は絶対的にも相対的にも減少している。これに対し，高齢者用サービスつき住宅の利用者数が増大している。2005年の高齢者用サービスつき住宅の利用者の約63％は，グループホームなど24時間サービスつきの高齢者用サービスつき住宅の利用者である。21世紀に入って以降は，高齢者用サービスつき住宅の利用者の当該年齢構成別人口に占める割合は，65歳以上，75歳以上ともに微少の増加にとどまるが，24時間サービスつきの高齢者用サービ

図表3－3　高齢者の介護サービス利用状況

65歳以上の利用状況 (人，％)

	ホームケア		高齢者用サービスつき住宅		高齢者用サービスつき住宅のうち24時間サービスつき		老人ホーム		長期療養の病院・診療所	
	利用者数	割合	利用者数	割合	利用者数	割合	利用者数	割合	利用者数	割合
1990							25659	3.8	11311	1.7
1995	53293	7.3	13990	1.9			22546	3.1	12255	1.7
2001	52353	6.6	21658	2.8	9005	1.2	20092	2.6	12136	1.5
2005	54316	6.5	24982	3.0	15639	1.9	18898	2.2	11198	1.3

75歳以上の利用状況 (人，％)

	ホームケア		高齢者用サービスつき住宅		高齢者用サービスつき住宅のうち24時間サービスつき		老人ホーム		長期療養の病院・診療所	
	利用者数	割合	利用者数	割合	利用者数	割合	利用者数	割合	利用者数	割合
1990							22180	7.8	9608	3.4
1995	41294	13.8	10197	3.4			19535	6.5	10312	3.4
2001	42231	12.1	17911	5.1	7791	2.2	17755	5.1	10362	3.0
2005	45037	11.8	21310	5.4	13554	3.4	16878	4.3	9758	2.5

（注）　割合とは65歳以上人口，75歳以上人口に対する各サービスの当該年齢層の利用者の割合である。
〔出所〕　STAKES "Ikääntyneiden Sosiaali-ja terveyspalvelut 2005", S.34.

図表3−4　近親者介護サービスの状況

(人，％)

年	65歳以上		65〜74歳	75〜84歳	85歳以上
	利用者数	割合	利用者数	利用者数	利用者数
1990	13196	2.0	3870	5872	3454
1995	11294	1.5	3253	4672	3369
2000	14355	1.8	4055	6142	4158
2005	19796	2.4	5279	9231	5286

(注)　割合は65歳以上人口にしめる利用者の割合である。
〔出所〕　STAKES "Ikääntyneiden Sosiaali-ja terveyspalvelut 2005", S.43.

スつき住宅だけをとれば，大きく増大しているのである[8]。

　また，ホームケアサービスの利用者数は横ばいだが，当該年齢構成別人口に占める利用者の割合は65歳以上，75歳以上ともに低下している。このようななか，ホームケアサービスの訪問回数（1995〜2005年）は，月1〜8回，9〜16回が減少している反面，月40回以上が増大している（**図表1−9**）。明らかに重度のホームケアサービス利用者へのサービスの重点化がみられるのである。

　そして，2005年にはホームケアサービスの利用者のうち75％が自治体直営，25％が民間（非営利組織が10％，営利企業が14％）のサービスを利用し，高齢者用サービスつき住宅の利用者のうち，42％が自治体直営，58％が民間（44％が非営利，14％が営利）のサービスを利用している[9]。

　また，インフォーマルサービスである近親者介護サービス[10]の伸びが，1995年以降，どの年齢層の高齢者においても増大している（**図表3−4**）。

　さらに，老人ホーム利用者（1万9,488人，65歳未満の利用者590人を含む）のうち1万7,800人が長期利用者であった。老人ホームと24時間サービスつきの高齢者用サービスつき住宅利用者の平均年齢は82.6歳，長期療養の病院・診療所利用者は83.2歳（2005年）だった[11]。なお，長期療養の病院・診療所利用者には医学的な治療による患者数が含まれている。

（4）高齢者介護サービスの提供体制，利用状況における地域格差

　高齢者介護サービスの提供体制と利用状況における地域格差は，かなり大きい。**図表3−5**によって，2005年の75歳以上の高齢者の介護サービスの利用状況

について，代表的な都市部のMaakuntaであるUusimaaと北東部に位置して人口減少が進んでいるMaakuntaであるKainuuとを比較してみよう。75歳以上人口に占めるホームケアサービスの利用者の割合には大きなばらつきはみられないが，老人ホームについては，Uusimaaのほとんどの自治体で利用者があるのに対し，Kainuuでは，その中心自治体であるKajaaniに老人ホーム利用者がいるにすぎない。このことはKainuuにおいては老人ホームが極端に少ないことを示している。

これに対し，長期療養の病院・診療所利用者は，2つのMaakuntaのほとんどの自治体で2～4％の利用割合を占めている。1次医療である病院・診療所はナショナルミニマムがほぼ達成されているのに対し，老人ホームについては，必ずしもそうなってはいないことを示しているのである。

高齢者用サービスつき住宅は，Kainuuでは，ほとんどが24時間サービスつきである点にも着目したい。ただし，**図表3-5**を導き出した統計の出所が，高齢者用サービスつき住宅（24時間サービスつきを含む）の利用者数（出所はKuntien ja kuntayhtymien talous ja toiminta. SVT. Tilastokeskus）と24時間サービスつきの高齢者用サービスつき住宅の利用者数（出所はSosiaalihuollon laitos-ja asumispalvelut. SVT. Stakes）とでは異なっているため，次の点に注意が必要である。つまり，Kainuuでは，Kainuu実験プロジェクト（特区）によるKainuu圏連合（Kainuuに所属する10の自治体のうちVaalaを除く9自治体が参加）ができているため，高齢者用サービスつき住宅（24時間サービスつきを含む）の利用者数は，自治体単位で集計されるのではなく，Vaalaを除いて連合単位で集計されている。これに対して24時間サービスつきの高齢者用サービスつき住宅の方は，自治体単位で利用者数が集計されている[12]。したがって，この点については斟酌されなければならないが，少なくとも，**図表3-5**をみるかぎりでは，Kainuuでは24時間サービスつきではない高齢者用サービスつき住宅の利用者が少なく，ほとんどが24時間サービスつきの高齢者用サービスつき住宅の利用者となっているのである。

Suomussalmi（Kainuuで最も北部にある自治体），Puolanka（Kainuuで最もラップランドに近い自治体）においては，75歳以上人口の13.7％が24時間サービスつきの高齢者用サービスつき住宅の入居者である。また，7％台や8％

図表3-5　2つのMaakunta（Uusimaa, Kainuu）と2つのMaakuntaに所属する各自治体における75歳以上の高齢者の介護サービス利用状況

(人，%)

		ホームケア		高齢者用サービスつき住宅（24時間サービスつきをふくむ）		高齢者用サービスつき住宅のうち24時間サービスつき		老人ホーム		長期療養の病院・診療所	
		利用者数	割合	利用者数	割合	利用者数	割合	利用者数	割合	利用者数	割合
	全国	45037	11.5	21310	5.4	13554	3.4	16878	4.3	9758	2.5
Maakunta	Uusimaa	7228	9.9	3947	5.4	2810	3.8	3240	4.4	1654	2.3
自治体名	Espoo	912	10.1	527	5.9	439	4.9	212	2.4	121	1.3
	Hanko	102	13.6	24	3.2	21	2.8	25	3.3	23	3.1
	Helsinki	3748	10.0	2335	6.3	1472	3.9	1996	5.3	1007	2.7
	Hyvinkää	284	9.4	84	2.8	64	2.1	165	5.5	54	1.8
	Inkoo	43	10.7	13	3.2	—	—	45	11.2	2	0.5
	Järvenpää	133	8.8	104	6.9	104	6.9	—	—	31	2.0
	Karjaa	108	12.9	66	7.9	40	4.8	25	3.0	25	3.0
	Karjalohja	14	10.3	26	19.1	23	16.9	—	—	—	—
	Karkkila	162	19.8	51	6.2	23	2.8	—	—	36	4.4
	Kauniainen	44	6.9	5	0.8	1	0.2	19	3.0	27	4.2
	Kerava	108	8.2	65	5.0	18	1.4	18	1.4	35	2.7
	Kirkkonummi	104	9.5	56	5.1	53	4.8	43	3.9	22	2.0
	Lohja	163	7.4	89	4.1	73	3.3	45	2.1	54	2.5
	Mäntsälä	105	10.5	38	3.8	46	4.6	—	—	53	5.3
	Nummi	73	14.3	11	2.2	8	1.6	39	7.7	12	2.4
	Nurmijärvi	166	12.6	48	3.7	24	1.8	70	5.3	18	1.4
	Pohja	49	10.6	23	5.0	26	5.6	23	5.0	3	0.6
	Pornainen	25	13.1	1	0.5	—	—	27	14.1	—	—
	Sammatti	10	10.1	15	15.2	—	—	11	11.1	—	—
	Siunto-Sjundea	28	11.7	11	4.6	7	2.9	13	5.4	1	0.4
	Tammisaari	160	10.8	32	2.2	33	2.2	105	7.1	11	0.7
	Tuusula	127	10.1	56	4.4	17	1.3	56	4.4	21	1.7
	Vantaa	477	7.3	159	2.4	226	3.4	303	4.6	63	1.0
	Vihti	83	7.0	108	9.2	92	7.8	—	—	35	3.0
Maakunta	Kainuu	884	11.8	568*	7.6	573	7.6	20	0.3	159	2.1
自治体名	Hyrynsalmi	36	10.2	—	—	26	7.3	—	—	—	—
	Kajaani	225	9.1	—	—	214	8.6	20	0.8	40	1.6
	Kuhmo	132	14.4	—	—	44	4.8	—	—	31	3.4
	Paltamo	62	14.8	—	—	21	5.0	—	—	19	4.5
	Puolanka	42	11.5	—	—	50	13.7	—	—	13	3.6
	Ristijärvi	23	9.1	—	—	9	3.5	—	—	8	3.1
	Sotkamo	154	16.0	—	—	28	2.9	—	—	—	—
	Suomussalmi	146	13.4	—	—	149	13.7	—	—	24	2.2
	Vaala	38	9.0	35	8.3	11	2.6	—	—	12	2.9
	Vuolijoki	26	10.0	—	—	21	8.0	—	—	12	4.6

(注1)　ホームケアは2005年11月30日，それ以外は2005年12月31日現在の数値。
(注2)　割合とは75歳以上の高齢者数に占める当該サービス利用者の割合である。
(注3)　Kainuuの高齢者用サービスつき住宅の利用者数についてはVaala以外はまとめて集計されて＊印の568人となっている。
〔出所〕　STAKES "Ikääntyneiden Sosiaali-ja terveyspalvelut 2005", S.96-106.

台の自治体もKainuuには多い。このことは，Kainuuにおいては，老人ホームの代替的な役割を24時間サービスつきの高齢者用サービスつき住宅が果たしていることを示している。

　Uusimaaでは，高齢者用サービスつき住宅の利用者数が75歳以上の人口のほぼ4％を上回っている自治体が約6割を占めているが，老人ホームの整備されていない自治体では，24時間サービスつきの高齢者用サービスつき住宅の利用者数が多く，利用割合も高い（Kaljalohjaが16.9％，Vihtiが7.8％，Järvenpääが6.9％）。これに対し，SammattiやPornainen，Inkooなどは，老人ホームの利用率が10％台前半と高いが，24時間サービスつきの高齢者用サービスつき住宅の利用者数は皆無となっているのである。

（5）介護度と症状[13]

　フィンランドでは，高齢者のケアサービスニーズを5つに区分している。つまり，「ほぼ自立」（ランク1），「時々サービスが必要」（ランク2），「繰返しサービスが必要」（ランク3），「継続的にサービスが必要」（ランク4），「全面的にサービスが必要」（ランク5）である。

　受けているサービス種類別の65歳以上の高齢者の介護の必要度（介護ランク）は，ホームケアサービスと高齢者用サービスつき住宅（24時間サービスつきを含まない）の利用者の4分の1はランク1かランク2，老人ホーム利用者と長期療養の病院・診療所利用者の80％以上がランク4かランク5，24時間サービスつきの高齢者用サービスつき住宅利用者の73％がランク4かランク5だった。ホームケアサービスと高齢者用サービスつき住宅（24時間サービスつきを含まない）では25～30％がランク4かランク5だった（**図表3-6**）。

　また，ホームケアサービス利用者の半分以上，高齢者用サービスつき住宅（24時間サービスつきを含まない）の利用者の3分の2以上，老人ホーム利用者と長期療養の病院・診療所利用者の93％，24時間サービスつきの高齢者用サービスつき住宅利用者の86％に何らかの認知症状があることが，STAKESの2つのプロジェクト（在宅福祉サービスを取り扱ったRAI-HCプロジェクトと，施設福祉サービスを取り扱ったRAI-LTCプロジェクト，24時間サービスつきの高齢者用サービスつき住宅はRAI-LTCプロジェクトで扱う）で明らかにされ

図表3-6　介護サービスを受けている65歳以上の高齢者の介護サービス種類別の介護ランク

(%)

	ホームケアサービス	高齢者用サービスつき住宅（24時間サービスつきを含まない）	24時間サービスつきの高齢者用サービスつき住宅	老人ホーム	長期療養の病院・診療所
ランク1	8.3	12.4	4.1	1.0	0.3
ランク2	16.5	14.9	6.1	3.8	2.5
ランク3	48.7	40.4	16.3	13.1	11.3
ランク4	18.5	20.7	15.2	15.2	20.6
ランク5	7.0	10.8	57.9	65.0	64.2
不明	0.9	0.8	0.4	2.0	1.2
合計	100.0	100.0	100.0	100.0	100.0

(注)　ホームケアは2005年11月30日現在，それ以外は2005年12月31日現在の数値。
〔出所〕　STAKES "Ikääntyneiden Sosiaali-ja terveyspalvelut 2005", S.60.

図表3-7　介護サービスを受けている65歳以上の高齢者の認知症の度合

(%)

	RAI-HCプロジェクト		RAI-LTCプロジェクト		
	ホームケア	高齢者用サービスつき住宅（24時間サービスつきを含まない）	24時間サービスつきの高齢者用サービスつき住宅	老人ホーム	長期療養の病院・診療所
問題なし	43	31	14	7	7
ボーダーライン	19	18	16	10	8
軽い	28	28	17	11	6
中くらい	6	12	28	30	20
中の上	1	2	4	6	5
重い	4	9	17	22	22
大変重い	0	0	5	15	32
合計	100	100	100	100	100
サンプル数	1781	724	476	4012	2237

〔出所〕　STAKES "Ikääntyneiden Sosiaali-ja terveyspalvelut 2005", S.62.

た。**図表3-7**では，24時間サービスつきの高齢者用サービスつき住宅利用者の22％，老人ホーム利用者の37％，長期療養の病院・診療所利用者の54％は「重い」もしくは「大変重い」認知症状であることが示されている。

さらに，同プロジェクトでは，4つの日常生活の動作（食事，トイレ，家や施設での歩行，衛生）がどの程度できるのかによって，「自立」「見守りが必要」

図表3−8　介護サービスを受けている65歳以上の高齢者の身体的機能

(%)

	RAI-HCプロジェクト		RAI-LTCプロジェクト		
	ホームケア	高齢者用サービスつき住宅（24時間サービスつきを含まない）	24時間サービスつきの高齢者用サービスつき住宅	老人ホーム	長期療養の病院・診療所
自立	77	59	26	6	2
見守りが必要	9	15	17	8	3
限定的援助が必要	6	11	16	13	5
幅広い援助が必要1	4	10	17	23	10
幅広い援助が必要2	2	4	8	10	7
依存しないと生活できない	1	2	11	23	35
全面依存しないと生活できない	0	0	5	17	38
合計	100	100	100	100	100
サンプル数	1781	724	476	4012	2237

〔出所〕　STAKES "Ikääntyneiden Sosiaali-ja terveyspalvelut 2005", S.63.

「限定的援助が必要」「幅広い援助が必要1」「幅広い援助が必要2」「依存しないと生活できない」「全面依存しないと生活できない」の7つに区分している。老人ホーム利用者と長期療養の病院・診療所利用者では身体的な機能の衰えが目立つ。なかでも長期療養の病院・診療所利用者の73％が「依存」もしくは「全面依存」である。ホームケアサービスの利用者が最も軽く，その77％は「自立」だが，なかには洗濯，掃除，料理が難しいケースもある（図表3−8）。

2　福祉民営化[14]の進行

（1）福祉・保健医療従事者数[15]

　　自治体と自治体連合で働く福祉従事者数（高齢者福祉，児童福祉，障がい者福祉などにかかわる仕事をしている者の数）は10万1,400人（2006年）である。1980年代後半に，保育所を中心に大きく増加して1990年に9万1,700人になっ

たが，不況とその後の数年間に伸びは止まった（1995年は8万8,800人）。1990年代後半になって再びやや増加基調になり，2001年には10万人台（10万400人）に到達したが，それ以降は横ばいになっている[16]。

また，自治体と自治体連合で働く保健医療関係の従事者数は1990年代前半に減少して10万7,100人となったが，その後はほぼ継続的に増加し，2006年は12万3,700人となっている[17]。

これに対し，民間で働く福祉ならびに保健医療従事者数は，この10年間で大幅に増加し，2004年末には1995年の2倍の7万1,800人になっている。福祉従事者が4万3,461人（営利1万2,573人，非営利3万888人），保健医療従事者数は2万8,362人（営利2万642人，非営利7,720人）である（図表1－10）。

この中で高齢者サービスの部門で働く従事者数は自治体・自治体連合が約5万人，民間が約3万人である。うち訪問介護サービスの従事者数は自治体・自治体連合が1万1,957人（2005年），民間が2,365人（（2004年）営利1,734人，非営利631人，ただし，このなかには高齢者以外を対象とするサービス提供を行う従事者が含まれる），訪問看護サービスの従事者数は自治体・自治体連合が3,277人，老人ホームの従事者数は自治体・自治体連合が1万3,012人，民間が3,092人（営利208人，非営利2,884人）であった（図表1－6）。

また，高齢者用サービスつき住宅の従事者数（2005年）は自治体・自治体連合が4,574人，民間が1万276人である（民間の高齢者用サービスつき住宅の従事者数には，高齢者以外を対象とするサービス提供を行う従事者が含まれるため，図表1－6の「参考」に示したように2004年に1万5,461人となっているが，STAKESの方で高齢者の利用状況に基づいて計算し直すと，1万276人となる）。長期入院介護（長期療養）に対応する病院・診療所で働く従事者数は，自治体・自治体連合が1万8,530人である。

自治体，自治体連合で働く訪問看護サービスの従事者数は1995年に比べ2005年には2.5倍増となったが，訪問介護サービスの従事者数のほうは微減となっている。近年では，訪問介護サービスと訪問看護サービスの両方を利用する高齢者が増加している。ホームケアサービスを1ヶ月に多数回使う重度の利用者が増えているため，これが訪問看護サービスの利用の増加となってあらわれ，したがって訪問看護サービスの従事者数が増加しているのである。

なお，1990年代初頭に資格制度にかかわる教育改革が行われ，この改革によってホームヘルパーとホームケアアシスタントが減少し，ラヒホイタヤなどのプラクティカルナース（Perus-ja lähihoitaja）が増大した。その結果，現在，自治体と自治体連合で働く訪問介護サービスの従事者数（1万1,957人）に占めるプラクティカルナースの割合は35.2％と高くなっているのである[18]。

　また，訪問介護サービスでは民営化（自治体サービスの民間委託化）が進み，自治体・自治体連合の従事者数は微減となっている。これに対し，民間の従事者数が増加しているが（1990年333人，2004年約2,365人），民間の従事者数は2004年の段階では自治体・自治体連合の従事者数の5分の1にすぎない。スウェーデンにみられるように大規模な民間会社の訪問介護サービスへの参入は，少なくとも2005年ころまでは顕著ではないし[19]，訪問介護サービスの民間委託を進める自治体数も，1990年代後半から2005年くらいまでの期間においてはそう多くはない。

　老人ホーム数は，フィンランドでは国の方針もあって減少している。したがって，自治体・自治体連合立の老人ホームで働く従事者数は減少している。一方，民間の老人ホームの従事者数は1990年の2,341人から2005年の3,092人へと増加してはいるものの，わずか751人しか増えていない。このことは，老人ホームが全国的に縮小の流れにあることや，自治体・自治体連合立での老人ホームの運営が圧倒的に多いことによるためである。

　これに対して，高齢者用サービスつき住宅では顕著な変化がみられる。高齢者用サービスつき住宅の従事者数は，大きく増大しているのである。1990年に自治体・自治体連合立の高齢者用サービスつき住宅で働く従事者数は1,062人，民間の高齢者用サービスつき住宅で働く従事者数は1,353人だったが，2005年には，それぞれ4,574人，1万276人と飛躍的に増加している。なかでも，民間の高齢者用サービスつき住宅の従事者数の伸びが顕著で，15年間で8倍近い伸びを示している。2005年の高齢者用サービスつき住宅で働く従事者数全体に占める民間の従事者の割合は約7割と圧倒的なシェアを占めているのである。

（2）福祉民営化の進行

　さらに福祉民営化の動向を，従事者数だけではなく，さまざまな統計によっ

図表3−9 高齢者向け介護サービスのサービス供給主体別割合（2006年）

(％)

	自治体 自治体連合	国	民間	（営利）	（非営利）
老人ホーム	88.3		11.7	1.5	10.1
高齢者用サービスつき住宅 （24時間サービスつきを含める）	43.1		56.9	14.4	42.4
24時間サービスつきの高齢者用サービスつき住宅	40.5		59.5	18.8	40.7
長期療養の病院・診療所	95.1	1.2	3.7		

(注1) 老人ホームは年間利用日数。
(注2) 高齢者用サービスつき住宅は12月31日現在の入居者数。
(注3) 病院・診療所は年間利用日数。
〔出所〕 STAKES "Sosiaali-ja terveydenhuollon tilastollinen vuosikirja 2007", S.142-143.

て確認していこう（**図表3−9**）。

　まず，老人ホームについて，年間の利用日数でみてみると，自治体・自治体連合が88.3％，民間が11.7％（営利1.5％，非営利10.1％）だった。次に，高齢者用サービスつき住宅（24時間サービスつき住宅も含めて）について，2006年12月31日現在の入居者数をみると，自治体・自治体連合が43.1％，民間56.9％（営利14.4％，非営利42.4％）だった。24時間サービスつきの高齢者用サービスつき住宅だけを取り上げ，2006年12月31日現在の入居者数をみると，自治体・自治体連合が40.5％，民間が59.5％（営利18.8％，非営利40.7％）だった。長期療養の病院・診療所については年間利用日数をみると，自治体・自治体連合が95.1％，国が1.2％，民間が3.7％であった。

　さらに，民間の老人ホーム数は，2000年に53，2006年に44（営利10，非営利34）と減少しているが[20]，これは国の老人ホーム削減方針と密接に関連している。これに対し，民間の高齢者用サービスつき住宅数のほうは，2000年に1,042，2006年に1,400（営利745，非営利665）と増加している。また，民間の訪問介護事業者数は，2000年に353，2006年に530（営利434，非営利96）と増加している[21]。

　なお，フィンランドでは，民営化という場合，営利企業だけではなく，非営利組織による事業展開が多いことが大きな特徴となっている。非営利組織の高齢者介護サービス分野の活動に対しては，もともと非営利活動の歴史と実績が

あることと，スロットマシーン協会による非営利組織への運営資金や建設資金の援助が大きいのである[22]。ただし，本書第4章で述べるように，2005年以降においては，営利企業とくに大企業・グローバル企業が大きく伸長し，非営利組織は後景にしりぞいた。

（3）地域における福祉民営化の動向

　一口に民営化といっても，地域によって民営化の進行度合いが違うことはいうまでもない。Maakunta別に民間従事者数を比較してみると（図表1－10），15年間で社会福祉，保健医療ともに民営化（民間委託化）が進展していること，社会福祉の方が保健医療よりも民営化が進んでいること，地域により民営化の進捗度に大きな差がみられることが把握できる。また，社会福祉分野では，高齢者福祉だけではなく，保育サービスなどの児童福祉などにおいても民営化が進んでいるのである。

　民営化の進展度合の地域差についてみると，民間の社会福祉サービス事業所で働く者の当該Maakunta住民千人当たりの人数を比較してみると，Uusimaa（10.9人）とKainuu（10.5人），Kymenlaakso（10.0人）のように住民千人当たりで10人台のところがある一方で，Ahvenanmaa（4.0人）やKeski-Pohjanmaa（5.5人），Etelä-Pohjanmaa（5.8人）のように，4～5人台のところもあることが把握できる。

　都市部のUusimaaと過疎地域のKainuuのどちらにおいても，民営化が進んでいる点が興味深い。なお，Kainuuの民営化が進んでいる理由の1つに，自治体立や自治体連合立が多い老人ホームがKainuuにはほとんどない状況の中で，近年，民間の24時間サービスつきの高齢者用サービスつき住宅が増えてきたことによる影響があったと思われる。

　また，Maakunta別に民間事業者数をみてみると（図表3－10），老人ホームは全国に44あり，このうちのほぼ半分にあたる21がUusimaaにある。高齢者用サービスつき住宅（24時間サービスつき住宅を含む）は1,400あり，全国的に民間事業が展開されているが，Ahvenanmaa，Keski-Pohjanmaa，Pohjanmaa，Itä-Uusimaaにおいては民間事業者数が少ない。UusimaaとKeski-Pohjanmaaでは，自治体立もしくは自治体連合立の高齢者用サービス住宅で働く従事者数が

多く，75歳以上人口に占める従事者数の割合ではUusimaa が24.7人，同じくKeski-Pohjanmaaが23.5人となっている（**図表3－11**）。さらに，Ahvenanmaa, Keski-Pohjanmaa, Itä-Uusimaa, Satakuntaでは，自治体立・自治体連合立の老人ホームで働く従事者が多い。75歳以上人口千人当たりの従事者数は，それぞれ64.6人，60.1人，56.1人，55.4人となっているのである。

さらに，訪問介護サービスの民間事業者数は530で，Ahvenanmaaを除いたすべてのMaakunta に民間事業者が存在するが，Maakunta 間で，その多寡は顕著に現れている。Pohjanmaa, Keski-Pohjanmaa, Itä-Uusimaa, Ahvenanmaaのように，訪問介護サービスの民間事業者数が一ケタもしくは皆無のMaakuntaが存在しているのである（**図表3-10**）。そして，これらのMaakuntaでは，自治体・自治体連合で働く訪問介護従事者の割合が高かった。75歳以上人口千人当たりの訪問介護従事者数は，Ahvenanmaaが68.5人，Itä-Uusimaaが40.2人となっているのである（**図表3-11**）。

図表3－10　Maakunta別の民間事業者の状況（2006年）

	老人ホーム数	高齢者用サービスつき住宅数	訪問介護事業者数
全国	44	1400	530
Uusimaa	21	270	87
Itä-uusimaa	－	22	4
Varsinais-Suomi	6	85	32
Satakunta	3	50	21
Kanta-Härne	1	50	23
Pirkanmaa	8	105	48
Päijät-Häme	－	41	33
Kymenlaakso	－	58	37
Etelä-Karjala	－	55	18
Etelä-Savo	1	59	15
Pohjois-Savo	－	96	50
Pohjois-Karjala	－	63	26
Keski-Suomi	1	89	49
Etelä-Pohjanmaa	1	95	13
Pohjanmaa	－	28	7
Keski-Pohjanmaa	－	24	6
Pohjois-Pohjanmaa	1	119	29
Kainuu	－	45	21
Lappi	1	45	11
Ahvenanmaa	－	1	－

（注）　高齢者用サービスつき住宅には24時間サービスつきの高齢者用サービスつき住宅を含む。
〔出所〕　STAKES "Sosiaali-ja terveydenhuollon tilastollinen vuosikirja 2007", 2007, S.146-147.

図表3-11　自治体・自治体連合で働く高齢者介護サービス従事者の
　　　　　Maakunta別内訳（2005年）

(人)

	訪問介護		高齢者用サービスつき住宅		老人ホーム		長期療養の医療機関	
	従事者数	75歳以上人口にしめる割合（千分比）	従事者数	75歳以上人口にしめる割合（千分比）	従事者数	75歳以上人口にしめる割合（千分比）	従事者数	75歳以上人口にしめる割合（千分比）
全国	11957	30.4	4574	11.6	13012	33.1	18530	47.2
Uusimaa	1095	14.9	1810	24.7	1113	15.2	1973	26.9
Itä-Uusimaa	256	40.2	36	5.7	358	56.1	223	35.0
Varsinais-Suomi	1378	36.5	176	4.7	1779	47.2	1394	36.9
Satakunta	642	31.1	109	5.3	1145	55.4	984	47.6
Kanta-Härne	467	31.7	201	13.7	609	41.4	575	39.1
Pirkanmaa	677	18.6	111	3.1	1171	32.2	3182	87.6
Päijät-Häme	541	34.0	207	13.0	247	15.5	1048	65.9
Kymenlaakso	415	24.9	324	19.4	439	26.3	534	32.0
Etela-Karjala	403	32.7	223	18.1	302	24.5	658	53.4
Etelä-Savo	582	36.5	69	4.3	548	34.4	730	45.8
Pohjois-Savo	899	41.7	131	6.1	706	32.7	1483	68.8
Pohjois-Karjala	611	42.3	32	2.2	479	33.2	758	52.5
Keski-Suomi	929	44.4	203	9.7	754	36.0	1233	58.9
Etelä-Pohjanmaa	551	30.7	152	8.5	717	39.9	937	52.2
Pohjanmaa	615	38.6	104	6.5	454	28.5	617	38.7
Keski-Pohjanmaa	196	35.7	129	23.5	331	60.1	242	44.0
Pohjois-Pohjanmaa	773	33.7	268	11.7	1051	45.9	1203	52.5
Kainuu	206	27.4	70	9.3	131	17.4	48	6.4
Lappi	569	40.6	210	15.0	536	38.2	709	50.7
Ahvenanmaa	152	68.5	9	3.9	143	64.6	—	—

(注)　高齢者用サービスつき住宅には24時間サービスつきの高齢者用サービスつき住宅を含む。
〔出所〕　STAKES "Ikääntyneiden Sosiaali-ja terveyspalvelut 2005", S.82.

3 高齢者介護の財政

(1) 社会保障費の動向

社会保障費は420億ユーロ（2005年度），その中で公的年金を含む高齢者向け支出は137億ユーロであった。高齢者向けの介護サービスの支出は15億ユーロ（利用料金等は含まれない）で，このうち老人ホーム入居者等への高齢者施設ケア支出が最大であった。しかし，高齢者施設ケア支出の1990年代における伸び率は低く，とくに1995年から2000年にかけてはマイナス4.7％の伸び率になっている。そして，高齢者向けの介護サービスの支出に占める割合も低下しており，1990年度の61％から2005年度の42％に低下している（**図表1-7**）。高齢者施設ケア支出は，2000年以降再び増加に転じて2005年度は6億3,400万ユーロになり，伸び率は20％になった。

2005年度の訪問介護の支出は3億7,000万ユーロ，近親者介護手当は6,160万ユーロで，2000年度から2005年度にかけての伸び率が高かった。さらに，「そのほかのサービス」つまり高齢者用サービスつき住宅やデイケアサービスなどのサービス支出は，最も伸びが高く，1990年度から2005年度にかけ一貫して伸長した。とくに，高齢者用サービスつき住宅が1990年代後半に一大ブームになって建設が進んだことが大きかった。「そのほかのサービス」の支出は，2005年度において4億3,800万ユーロを示したが，これは高齢者用サービスつき住宅（24時間サービスつきの高齢者用サービスつき住宅を含む）の伸びが続いていることを示しているということができよう。

ただし，高齢者向けの介護サービス支出全体でみれば，1990年代の伸びは低かった。21世紀に入ってからは，高齢化の進行の中で高齢者向けの介護サービス支出が伸びたが，民営化が最も進んでいる高齢者用サービスつき住宅の支出が伸びをけん引したことによって，高齢者向けの介護サービス支出が伸びているのである。

（2）財源[23]——主に国庫支出金と利用料について

　自治体が提供した高齢者向け介護サービスの全支出をカバーする財源の内訳（2005年度）は利用料が9％，地方所得税が60％，福祉・保健医療包括補助金を中軸とする国庫支出金が31％であった。福祉・保健医療包括補助金（Sosiaali-ja terveydenhuollon valtionosuus）は，自治体における高齢者の状況（年齢構成別人口），疾病率，失業率などのほか，2006年度以降はケアを受ける障がい者（児）をもつ人々の数も加味して決められる。包括補助金制度が導入された1993年の財政改革以降，中央政府の移転支出は減じられてきたが，2001年以降は再び増大してきている。

　また，福祉・保健医療包括補助金は支出ベースではなく，計算ベースで自治体に配分されるが，1993年改革直後から，財政力よりも財政需要因子を重視する改革が志向された。さらに，配分基準の改正が繰り返されてきた。例えば，93年改革直後に行われた，年齢構成別人口の「75歳以上」を2つに分けて「75～84歳」と「85歳以上」とする改正などである[24]。

　なお，福祉サービスの財源になっている国庫支出金は，福祉・保健医療包括補助金だけではない。フィンランドの国庫支出金は，福祉・保健医療包括補助金以外に，教育・文化包括補助金（Opetus-ja kulttuuritoimen valtionosuus），税平衡化補助金，一般交付金（Yleinen valtionosuus）などがあるが，これらの補助金・交付金の一部が福祉サービスの財源となっているのである[25]。なお，一般交付金は，金額的には福祉・保健医療包括補助金や教育・文化包括補助金にはるかに及ばないが，主に福祉・保健医療や教育・文化分野以外に使われるもので，一般財源的な性格をもつものである。

　さらに，自治体には投資的な補助金が国から交付される場合がある。近年は，これまでのような福祉施設の建設のための補助金（1995年度に廃止）などから，国のプロジェクトにもとづく補助金に軸足が移ってきている[26]。このような状況に対して，薮長千乃氏は，「補助金改革は，保健医療福祉分野における投資的経費に関する補助金ルートを失うことでもあった。自治体は，自前での施設整備が困難になった。これが，民間部門による保健医療福祉サービス供給拡大へとつながっていくことになった」[27]と述べている。プロジェクト補助金

の中で施設整備関係の補助がどのように扱われているのかについて，なお検証する必要があると思われるが，薮長氏が述べるとおり，自治体財政が厳しくなってきているなかで，自治体が施設整備の特定財源を活用することが難しくなったことによる影響は大きかったといえるだろう。

また，自治体は福祉・保健医療の利用料にかかわる規定の範囲内で，自由に利用料を決めることができる。利用料は固定されているか，もしくは利用者の支払能力に依存する。また，いくつかのサービスは法律によって無料とされている。短期のケアの場合は定額制が多い。老人ホームは利用者の支払能力，ホームケアはサービス量，サービスの種類，サービスを受ける家族の所得と規模で決まる。

さらに，サービスがどの程度，利用料金でファイナンスされるのかは，サービスによって異なる。利用者が負担する利用料は高齢者むけの訪問介護サービスの支出の6分の1をファイナンスする。老人ホームサービスについては支出のほぼ5分の1がカバーされている。

むすびにかえて

以上，1990年代前半の不況以後2005年までのフィンランドの高齢者介護サービスについて検討してきたが，次のことがいえるだろう。

まず，施設福祉サービスから在宅福祉サービスへの流れが強まったことである。自治体財政の負担が最も大きい老人ホームの数とその利用者数が減少した。また，在宅福祉サービスの中では高齢者用サービスつき住宅の利用者が伸長した。とりわけ24時間サービスつきの高齢者用サービスつき住宅が大きく伸長した。

次に，在宅福祉サービスにおいて，重点をおいた提供がなされるようになったことである。例えば，ホームケアサービスの利用者の当該年齢別人口（65歳以上，75歳以上）に占める割合は低下したが，重度の高齢者への提供に力点がおかれるようになったのである。

3つ目は，近親者介護手当が増大していることである。施設福祉サービスから在宅福祉サービスへの流れの強まり，ホームケアサービスの提供対象の重点化，近親者介護手当の比重の高まりは，一面では高齢者のニーズに答えている

側面があるものの,基底には国財政や自治体財政の厳しい状況が色濃く反映されているということができよう。

4つ目は,高齢者介護サービスの民営化が進行していることである。著しく進んでいるのは高齢者用サービスつき住宅だが,訪問介護サービスや老人ホームにおいても進行した。ただし,民営化とはほとんどが自治体サービスの民間委託であり,法律に基づき自治体サービスを民間が行う形をとっているものである。このような民営化の背景にあるのは高齢者のニーズの多様化もあるが,同時に指摘したいのは自治体の財政問題である。つまり,国の投資的な国庫支出金において地域開発や自治体合併など国のプロジェクトへの補助金交付に軸足が移されてきていること,福祉・保健医療包括補助金の自治体への配分基準が見直されてきたこと,さらに国庫支出金の総額が抑制されてきたことが自治体財政に与えた影響は大きかったのである。このような中で,自治体が社会福祉サービスや保健医療サービスの提供面の責任主体であることは変わらないものの,民間(営利,非営利)や自治体連合からサービスを購入して,これを自治体サービスとして幅広く提供するようになったことが大きかったのである[28]。

5つ目は,1993年改革以前の制度である使途限定の国庫支出金によって,福祉のナショナルミニマムはある程度達成したが(集権行政の成果),老人ホームがほとんどない地域があるなど,一部のサービスでは地域格差が生じている。老人ホームがほとんどないMaakuntaでは,24時間サービスつきの高齢者用サービスつき住宅が老人ホームの代替的な役割を果たしている。

6つ目は,フィンランドでは,今後,ほかの北欧諸国や西欧諸国に比べれば,急テンポで高齢化が進む見込みである。現在においても国民負担率が高いだけに,今後のフィンランドにおいて高齢化への対応がどのように進むのかに注目したい。それは,とりもなおさずフィンランド福祉国家の今後がどのようになるのかの問題でもあろう。

7つ目は,民営化のさまざまな影響についてである。1993年の福祉・保健医療包括補助金になって,老人ホームなどの職員配置の規制緩和が行われた。これは,自治体や自治体連合で運営する施設にも民間の施設にも適用されるため,とくに民営化の流れの中で福祉施設の職員配置がどのように変化し,それと関連してサービスの質がどのようになったのかの検証が必要である。また,民営

化にともなって，1人の訪問介護従事者が担当するサービスの地域範囲が拡大したのか否か，訪問介護従事者の1日の訪問高齢者数が変化したのか，2人勤務や深夜勤務の状況に変化があったのか等についての検証を行うことや，福祉従事者の賃金，夏季休暇取得や労働シフトも含めた労働条件，労働組合加入状況などについても調査研究しなければならない。これらは今後の筆者の課題なのであろう。

注

1）1993年に，福祉・保健医療関係と教育・文化関係の国庫支出金制度の改革が行われ，それまでの国庫支出金に比べて，格段に自治体の支出の裁量権を拡大した福祉・保健医療包括補助金と教育・文化包括補助金制度がつくられた。このような1993年の地方分権的な財政改革の内容については，本書第1章，ならびに横山純一「フィンランドの地方分権と高齢者福祉（1）（2完）」東京市政調査会『都市問題』87巻9号，10号，1996年9月，1996年10月を参照。また，包括補助金制度の成立過程については山田眞知子『フィンランド福祉国家の形成』木鐸社，2006年6月，第6章を参照。
2）自治体合併と自治体数については，本書第1章を参照。
3）地方制度については，Marjukka Laine "Access to finnish public law", 2006, S.54-58, S.75-96を参照した。県は12あったが6つに縮小され，2009年12月31日にすべて廃止された。MaakuntaについてはItä-UusimaaがUusimaaに統合されたため現在のMaakuntaの数は19である。
4）フィンランドでは小規模自治体が多い。2007年1月1日現在の自治体数は416だが，このうち人口5,000人未満が過半数の209となっている。Tilastokeskus "Suomen tilastollinen vuosikirja 2007", 2007, S.78-99を参照。
5）自治体連合については，本書第1章，注1）の横山純一前掲論文ならびに横山純一「93年自治体裁量の大きい教育包括補助金制度を創設」日本教育新聞社『週刊教育資料』949号，2006年8月，14-15頁を参照。
6）STAKES "Ikääntyneiden sosiaali-ja terveyspalvelut 2005"（以下STAKES①と略す），2005, S.30を参照。
7）内閣府編『各年版高齢社会白書』。
8）STAKES①，S.34-35。なお，高齢者用サービスつき住宅については，フィンランドでは公式の定義はないのが実情であるが，STAKES①では，高齢者用サービスつき住宅には，日中しかスタッフのサービスを受けられないものから，24時間スタッフのサービスを受けられる24時間サービスつきのものまで広く含まれるとしている。そ

して，**図表3－3**の高齢者用サービスつき住宅の利用者数には，少なくとも週1回はスタッフのサービスを受けている者がカウントされている。なお，24時間サービスつきの高齢者用サービスつき住宅はグループホームに代表されるが，日本と同様にフィンランドにおいても，グループホームは老人ホームのような施設福祉ではなく，非施設福祉（在宅福祉）と位置づけられている。以上は，STAKES①，S.22-23を参照。

9) STAKES①，S.40, S.44-45を参照。
10) 近親者介護サービスとは，家族，もしくは介護を受けている高齢者と密接な関係にある者が，介護サービス計画の策定時に必要性が認められた場合に，高齢者の自宅で介護サービスを提供でき，その代償として介護手当（近親者介護手当）が支給されるものである。自治体と介護サービス提供者は，介護手当の額，介護者に保証される休日等について契約を結ぶ必要がある。なお，近親者介護手当は，高齢者だけではなく，障がい者や病気の者など広く対象が認められている。以上は，STAKES①，S.23，ならびに，藪長千乃「フィンランド近親者介護手当制度の動向—福祉多元主義におけるインフォーマルケアの機能と役割に関する一考察」『文京学院大学研究紀要』7巻，2005年を参照。
11) STAKES①，S.48-49, S.56を参照。
12) STAKES①，S.106。なお，Kainuu実験プロジェクトについて，筆者は2010年3月にKuntaliitto（フィンランド自治体協会）でヒアリングを行った。さらに，Kainuuの各自治体を紹介したRegional council of Kainuu "Kainuu", 2008を参照。
13) 介護度と症状については，STAKES①，S.58-69を参照。
14) 本章では，福祉民営化というとき，主に，福祉サービスの提供の責任主体である自治体が，民間（営利企業や非営利組織）にサービスの提供を委ねる民間委託をさしていうことが多い。
15) 福祉従事者，保健医療従事者については，STAKES①，S.72-83, STAKES "Sosiaali- ja terveydenhuollon tilastollinen vuosikirja 2007", 2007（以下STAKES②と略す），S.144-145, S.154-155を参照。
16) STAKES②，S.154-155。
17) STAKES②，S.154-155。
18) STAKES①，S.75-77。
19) スウェーデンのソルナ市における民間の訪問介護サービス会社からの聞き取り調査（2008年2月29日）による。2005年以降にはフィンランドにおいても大規模な営利企業が社会福祉サービスに参入してきている。この点については本書第4章で詳しく述べる。
20) 民間の老人ホーム数，高齢者用サービスつき住宅数，訪問介護事業者数ともに，2006年の数値はSTAKES②，S.146-147，2000年の数値はSTAKES "Facts about social

welfare and health care in Finland 2007", S.28.
21）高齢者以外の者を対象として訪問介護サービスを提供する事業者が含まれる。
22）STAKES①，S.88．なお，高齢者向けの福祉サービスを展開する民間（非営利組織）に対して，スロットマシーン協会が援助金を出している。2005年度においては，その金額は2,700万ユーロだった。これについては，STAKES①，S.85を参照。
23）財源についてはSTAKES①，S.84-89を参照した。
24）1997年10月に行ったポルボー（Porvoo）市の福祉担当者とのヒアリング結果をまとめた，横山純一「北欧（フィンランド）の自治体における地方分権」北方圏センター『分権化と地方行政の対応に関する調査』1997年，49-50頁。
25）これらの補助金については"Valtion talousarvioesiteys 2009", 2008, S.77-89ならびに本書第5章を参照のこと。
26）国のプロジェクトの中には自治体合併も含まれている。自治体合併を促す財政的手段として国庫支出金（合併補助金）が使われているのである。
27）藪長千乃「1990年代におけるフィンランド型福祉国家の変容―福祉提供主体の多様化に焦点を当てて―」『文京学院大学人間学部研究紀要』10巻，2008年12月を参照。
28）注27）の藪長前掲論文では，1990年代の一連の地方自治制度改革によって，保健福祉，学校教育，都市計画と都市整備，上下水道や環境などの技術部門の業務などさまざまな分野で，自治体直営方式から民間委託や直接的な民間生産への移行が進んだが，とくに技術部門業務で最も進んだとしている。

第4章 フィンランドにおける高齢者ケアの現状と福祉民営化の動向(2005～2013)
― いっそう進む市場化と営利企業(大企業, グローバル企業)の台頭 ―

はじめに

　筆者は，本書の第1章で，高い経済成長を実現した1980年代のフィンランドにおいて，「社会福祉保健医療計画と国庫支出金に関する法律Laki sosiaali-ja terveydenhuollon suunnittelusta ja valtionosuudeste」(1982年9月27日成立，1984年1月1日施行) のもとで，使途限定の国庫支出金と地方税（地方所得税）を財源としながら，自治体直営サービスを基軸に充実した高齢者福祉サービスが展開され，順調な雇用状況，児童福祉サービスや保健医療サービスの充実した施策とも相まって，1980年代末にフィンランドが北欧型福祉国家の一員になったことを明らかにした。

　さらに，本書第3章において1990年代初頭の大不況から2005年までの時期を分析する中で，1990年代半ば以降に，重度な高齢者へのホームケアサービスの重点的提供，軽度な高齢者への訪問介護サービスの縮小・抑制，老人ホームの入所者数の減少，グループホームなどの24時間サービスつきの高齢者用住宅が急速に増大したことを示し，高齢者福祉面で大きな変化が生じていることを明らかにした。また，同時期の分析の中で，高齢者福祉，児童福祉など広範囲な社会福祉サービスにおいて，伝統的な自治体直営サービスが縮小して自治体サービスの民間委託化が進んだことや，自治体からのファイナンスのない相対サービスとしての民営サービスが進んできたことを明らかにした[1]。フィンランドにおいて，社会福祉サービス面での変化と福祉民営化の進展という両面から，1980年代末に確立したフィンランドの福祉国家が再編・変容の過程にあることを示したのである。

　本章では，筆者がこれまでに行ってきた分析結果を踏まえたうえで，2005年

89

以降の社会福祉サービス，とくに高齢者福祉サービスの動向と民営化の動向について考察し，現在のフィンランドの福祉国家の内実に迫ることにしたい。さらに，本書第3章でやや不足していた地域別（Maakunta別，自治体別）の高齢者福祉サービスと民営化の動向についても詳しく検討することにしたい。

1　フィンランドの全産業に占める社会福祉・保健医療の位置と高齢化の動向

（1）フィンランドの全産業に占める社会福祉・保健医療の位置と社会福祉・保健医療従事者数の動向

　まず，雇用労働者数の観点から，フィンランドの社会福祉・保健医療サービスの全産業に占める位置についてみていこう。2013年のフィンランドの全産業における雇用労働者数は230万1,751人で，このうち38万5,479人が社会福祉・保健医療従事者数であった。フィンランドの全産業の雇用労働者数に占める社会福祉・保健医療従事者数の割合は約6分の1であった[2]。また，全産業の雇用労働者数の約3割が社会福祉・保健医療・教育文化従事者であった。とりわけ，過疎地域が多い農山漁村自治体では，近年農林水産業の落ち込みが進む中で[3]，農山漁村における雇用労働者数の約3割を占める社会福祉・保健医療・教育文化従事者が過疎化の進行に一定の歯止めをかける役割を果たしているということができるのである。

　さらに，**図表4-1**により，社会福祉・保健医療従事者数の動向について詳しくみてみよう。保健医療従事者数は2000年に15万3,300人，2011年に18万1,655人となっており，11年間で2万8,355人増加し，社会福祉従事者数は，2000年に15万1,200人，2011年に19万4,525人となっており，4万3,325人増加した。ただし，2009年以降，保健医療従事者数，社会福祉従事者数の双方ともに伸びが鈍化している。病院の従事者数は若干の伸長はみられるものの顕著な伸びはみられないし，老人ホーム，訪問介護の従事者数は減少している。2000年から2005年にかけて一大ブームになって大幅に伸長したサービスつきの高齢者用住宅の従事者数も，2005年以降はゆるやかな伸びで推移しているのである。

図表4-1　社会福祉・保健医療従事者数の推移

(人)

従事者数 \ 年	2000	2005	2007	2009	2010	2011
社会福祉・保健医療従事者数	307,000	335,700	351,500	366,700	372,300	376,180
保健医療従事者数	153,300	169,600	173,900	177,000	179,900	181,655
うち　病院	81,200	92,400	94,000	95,400	96,650	97,376
うち　自治体立診療所，民間開業医，歯科医等	63,600	66,200	67,900	67,400	68,300	67,700
社会福祉従事者	151,200	166,100	177,600	189,700	192,400	194,525
うち　老人ホーム	21,500	20,400	22,030	24,000	23,500	22,796
うち　高齢者用住宅	15,700	27,000	31,120	23,500	29,000	28,204
うち　訪問介護	17,700	18,200	19,750	24,500	21,000	19,800
うち　保育所等児童福祉	58,300	59,100	60,200	61,600	61,500	62,681

(注1) 訪問介護サービスには，訪問介護サービスと訪問看護サービスをくみあわせたホームケアサービスを構成する訪問介護サービスを行うホームヘルパーのほかに，訪問介護サービスのみを比較的軽度な高齢者や障がい児・障がい者に提供するものがあり，このようなサービスを提供するホームヘルパーをふくむ。
(注2) 高齢者用住宅には，24時間サービスつきのものと24時間サービスつきではないものの両方をふくむ。
〔出所〕 Terveyden ja Hyvinvoinnin Laitos "Sosiaali-ja terveysalan tilastollinen vuosikirja 2011", 2011, S.177, "Sosiaali-ja terveysalan tilastollinen vuosikirja 2014", 2014, S.203.

(2) 高齢化の進展

　ヨーロッパ諸国の中で，現在，フィンランドは高齢化が急テンポで進んでいる国の1つに数えられるだろう。フィンランドの高齢者比率（65歳以上の人口数の総人口に占める割合）は1980年に12.0％，1990年に13.5％，2000年に15.0％と，各10年間で1.5ポイントずつの緩やかな増加で推移してきた（**図表4-2**）。しかし，2010年には17.5％と10年間で2.5ポイント増加した。さらに2014年には19.9％となってわずか4年間で2.4ポイント増加し，高齢化のテンポが速くなってきた。

　今後，2025年から2030年にかけてフィンランドの75歳以上の人口は大幅に増加する見通しである[4]。一般に，75歳をすぎれば医療や介護の必要度合は格段に高まるので，フィンランドで社会福祉・保健医療の果たす役割はいっそう重要になる。そして，医療費，介護費が上昇し，負担をめぐる問題やサービス提供のあり方が，現在，そして今後のフィンランドの大きな課題となっていることが注視されなければならないのである。

図表4-2　高齢者比率の推移

(千人，%)

年	総人口	総人口に占める 65～74歳の割合	総人口に占める 75歳以上の割合	総人口に占める65歳以上の割合 （高齢者比率）
1970	4,598	6.6	2.7	9.3
1980	4,788	7.9	4.1	12.0
1990	4,999	7.8	5.7	13.5
2000	5,181	8.4	6.6	15.0
2010	5,375	9.4	8.1	17.5
2012	5,427	10.4	8.3	18.7
2013	5,451	10.9	8.5	19.4
2014	5,472	11.2	8.7	19.9

（注）　数値は各年12月31日現在。
〔出所〕　Tilastokeskus "Suomen tilastollinen vuosikirja 2015", 2015, S.465.

2　高齢者福祉サービスの動向

(1) ホームケアサービス

　図表4-3では，65歳以上，75歳以上，85歳以上の各年齢層の高齢者における高齢者福祉サービス（ホームケアサービス，高齢者用住宅，24時間サービスつきの高齢者用住宅，老人ホーム，長期療養の病院・診療所，近親者介護サービス）の利用者数と，各高齢者福祉サービスの利用者数の当該年齢層の人口に占める割合（利用割合）が示されている。

　ホームケアサービスは訪問介護サービスと訪問看護サービスを合わせたもので，**図表4-3**ではケアプランにもとづいて訪問介護サービス，訪問看護サービス，病院・診療所のいずれかを少なくとも週1回以上利用する高齢者がふくまれている[5]。ホームケアサービスでは，1995年以降，65歳以上，75歳以上，85歳以上の各年齢層において利用者数が増加したが，利用割合は1995年以降2005年までどの年齢層においても低下している。2005年以降も利用者数は増えているが，大部分が85歳以上の高齢者の利用の増大によるもので，65～74歳，75～84歳の各年齢層の利用者数はほとんど伸びていない（**図表4-4**）。2005年以降の利用割合は65歳以上と75歳以上が横ばい，85歳以上が若干の上昇となっている。

図表4−3　高齢者の高齢者福祉サービス利用状況

(人，％)

		近親者介護サービス		ホームケア		高齢者用住宅（24時間サービスつきではない）		24時間サービスつき高齢者用住宅		老人ホーム		長期療養の病院・診療所	
		利用者数	割合	利用者数	割合	利用者数	割合	利用者数	割合	利用者数	割合	利用者数	割合
65歳以上の利用状況	1990	13,196	2.0							25,659	3.8	11,311	1.7
	1995	11,294	1.5	51,788	7.1					22,546	3.1	12,255	1.7
	2001	15,920	2.0	50,957	6.5	9,935	1.3	9,055	1.2	20,092	2.6	12,136	1.5
	2005	19,796	2.4	53,149	6.3	10,072	1.2	15,639	1.9	18,899	2.2	11,325	1.3
	2010	24,656	2.6	60,432	6.4	6,675	0.7	27,711	2.9	15,656	1.7	7,598	0.8
	2013	28,273	2.7	65,297	6.2	5,746	0.5	33,929	3.2	11,586	1.1	4,742	0.4
75歳以上の利用状況	1990	9,326	3.3							22,180	7.8	9,608	3.4
	1995	8,041	2.7	40,177	13.4					19,535	6.5	10,312	3.4
	2001	11,340	3.2	41,132	11.8	7,951	2.3	7,791	2.2	17,755	5.1	10,362	3.0
	2005	14,517	3.7	44,082	11.2	8,521	2.2	13,554	3.4	16,878	4.3	9,871	2.5
	2010	18,379	4.2	51,271	11.8	5,851	1.3	24,434	5.6	14,022	3.2	6,649	1.5
	2013	21,233	4.6	55,419	11.9	5,109	1.1	30,075	6.5	10,365	2.2	4,116	0.9
85歳以上の利用状況	1990	3,454	6.6							9,910	19.1	4,239	8.2
	1995	3,369	5.6	14,618	21.8					10,301	15.4	5,257	7.8
	2001	4,455	5.6	16,613	20.9	3,393	4.3	3,825	4.8	9,703	12.2	5,482	6.9
	2005	5,286	6.0	18,197	20.5	3,925	4.4	6,670	7.5	9,215	10.4	5,082	5.7
	2010	6,808	6.0	24,529	21.5	3,250	2.8	13,556	11.9	8,138	7.1	3,586	3.1
	2013	8,362	6.5	28,515	22.1	3,129	2.4	17,567	13.6	6,218	4.8	2,292	1.8

(注)　ホームケアは11月30日，高齢者用住宅（24時間サービスつきではない），24時間サービスつき高齢者用住宅，老人ホーム，長期療養の病院・診療所は12月31日における利用者数。近親者介護サービスは1年間の利用者数。

〔出所〕　Terveyden ja Hyvinvoinnin Laitos "Sosialli-ja terveysalan tilastollinen vuosikirja 2014", 2014, S. 108-109.

　さらに，**図表4−5**をみてみよう。**図表4−5**は75歳以上の高齢者が受けるホームケアサービスの訪問回数別利用者数（1ヵ月当たりの訪問回数）のホームケアサービスの利用者総数に占める割合を示している。1995年から2005年にかけて，重度な高齢者へのホームケアサービスの重点的提供がなされ，月1〜8回，月9〜16回のサービスを受ける利用者の割合が低下し，月40回以上が増加している。2005年以降も，月1〜8回のサービスを受ける利用者の割合が2005年の

図表4-4　ホームケアサービス，24時間サービスつき高齢者用住宅，近親者介護サービスの利用状況

(人)

	ホームケアサービス			24時間サービスつき高齢者用住宅			近親者介護サービス		
	2005年	2010年	2013年	2005年	2010年	2013年	2005年	2010年	2013年
65～74歳	9,067	9,161	9,878	2,085	3,277	3,854	5,279	6,277	7,040
75～84歳	25,885	26,742	26,904	6,884	10,878	12,508	9,221	11,571	12,871
85歳以上	18,197	24,529	28,515	6,670	13,556	17,567	5,296	6,808	8,362

(注)　ホームケアは11月30日，24時間サービスつき高齢者用住宅は12月31日における利用者数。近親者介護サービスは1年間の利用者数。

〔出所〕　Terveyden ja Hyvinvoinnin Laitos "Sosiaali-ja terveysalan tilastollinen vuosikirja 2014", 2014, S.108-109.

40.1％から2013年の37.0％に，月9～16回の利用者の割合が13.0％（2005年）から8.3％（2013年）に低下する反面，月40回以上の利用者の割合が28.1％（2005年）から34.8％（2013年）に増加している。ホームケアサービス利用者の3人に1人が月40回以上の利用者で，2005年以降，ホームケアサービスの重度者に重点をおいた提供がいっそう強化されていることが把握できるのである。ホームケアサービスは身体介護と医療ケア（訪問看護）に集中する方向に，明らかに変化してきているのである。このことは，先に指摘した85歳以上の利用者の割合と利用者数が増加していることとも密接に結びついているといえるだろう。

（2）老人ホーム，長期療養の病院・診療所

再び**図表4-3**をみてみよう。老人ホームと長期療養の病院・診療所は，国の削減方針を反映して利用者数が大幅に減少している。老人ホームでは1995年にその建設のための国庫支出金（建設補助金）が廃止されたことが大きかった[6]。1995年から2005年にかけて65歳以上，75歳以上，85歳以上のいずれの年齢層においても利用者数が減少し，各年齢層の老人ホーム利用者数の当該年齢層の人口に占める割合（利用割合）も，65歳以上が3.1％（1995年）から2.2％（2005年）に，75歳以上が6.5％（1995年）から4.3％（2005年）に，85歳以上が15.4％（1995年）から10.4％（2005年）に減少している。

さらに，2005年から2013年までの期間を，1995年から2005年までの期間と比

図表4－5　75歳以上の高齢者が受けるホームケアサービスの1ヵ月あたりの訪問回数別利用者数の利用者総数に占める割合

(人)

	利用者総数	月1～8回	月9～16回	月17～39回	月40回以上	
1995	40,177	47.2	16.6	19.5	16.7	100.0
1999	41,669	40.4	17.1	19.3	23.2	100.0
2003	40,585	42.3	11.7	18.8	27.2	100.0
2005	44,082	40.1	13.0	18.8	28.1	100.0
2009	48,049	38.2	10.8	20.3	30.7	100.0
2010	51,271	38.0	11.2	19.7	31.1	100.0
2011	54,166	39.8	9.2	19.5	31.5	100.0
2012	53,703	36.7	9.8	20.1	33.4	100.0
2013	55,419	37.0	8.3	19.9	34.8	100.0

(注)　いずれの年も11月30日現在の利用者数。
〔出所〕　Terveyden ja Hyvinvoinnin Laitos "Sosialli-ja terveysalan tilastollinen vuosikirja 2014", 2014, S.115

較してみると，いっそう減少率が大きくなっていることが把握できる。つまり，65歳以上では，老人ホームの利用者数が18,899人（2005年）から11,586人（2013年）に大幅に減少し，利用割合も2.2％（2005年）から1.1％（2013年）に減少した。同様に，75歳以上では，利用者数は16,878人（2005年）から10,365人（2013年）に，利用割合は4.3％（2005年）から2.2％（2013年）に減少している。85歳以上では，利用者数は9,215人（2005年）から6,218人（2013年）に，利用割合は10.4％（2005年）から4.8％（2013年）に急減しているのである。

　長期療養の病院・診療所については，1995年から2005年まで各年齢層ともに利用者数，利用割合がわずかな減少で推移している。各年齢層の利用者数の当該年齢層人口に占める割合（利用割合）は，65歳以上が1.7％（1995年）から1.3％（2005年）に，75歳以上が3.4％（1995年）から2.5％（2005年）に，85歳以上が7.8％（1995年）から5.7％（2005年）に減少したが，老人ホームの減少率に比べれば減少率は小さかった。

　しかし，2005年から2013年までの期間をみれば，利用者数，利用割合ともに大きく減少している。65歳以上の利用者数は11,325人（2005年）から4,742人（2013年）に，同じく75歳以上の利用者数は9,871人（2005年）から4,116人（2013年）に，85歳以上は利用者数が5,082人（2005年）から2,292人（2013年）に，いずれも大幅減になっている。各年齢層の利用割合は，65歳以上が1.3％

(2005年) から0.4％ (2013年) に，75歳以上が2.5％ (2005年) から0.9％ (2013年) に，85歳以上が5.7％ (2005年) から1.8％ (2013年) に減少している。このような利用者数と利用割合の大幅な減少から，現在では，ごく限られた高齢者のみが病院・診療所に長期入院していることが推測できるのである。

(3) 高齢者用住宅 (24時間サービスつきのもの，24時間サービスつきではないもの)

　以上のような老人ホームと長期療養の病院・診療所の役割の低下と反比例する形で，高齢者用住宅 (24時間サービスつきのもの，24時間サービスつきではないものの両方をふくむ) のニーズが高まっている。65歳以上では2001年に24時間サービスつきではない高齢者用住宅の利用者数が9,935人，24時間サービスつきの高齢者用住宅の利用者数が9,055人であった。その後，2005年にかけて，高齢者用住宅はグループホームなど24時間サービスつきのものが増大し，65歳以上の者の24時間サービスつきの高齢者用住宅の利用者数は1万5,639人になった。

　注目すべきは2005年から2013年にかけて，24時間サービスつきの高齢者用住宅の利用者数が急増したことである。とくに2005年から2010年の増加が著しかった。つまり，65歳以上の利用者数は，1万5,639人 (2005年) から2万7,711人 (2010年)，3万3,929人 (2013年) に，75歳以上の利用者数は1万3,554人 (2005年) から2万4,434人 (2010年)，3万75人 (2013年) に，85歳以上の利用者数は6,670人 (2005年) から1万3,556人 (2010年)，1万7,567人 (2013年) に急増しているのである。そして，**図表4－4**をみれば，65～74歳，75～84歳は，2005年に比べ2013年にはそれぞれ1.8倍に利用者数が増大し，85歳以上は実に2.6倍に利用者数が増えていることがわかるのである。さらに，65歳以上，75歳以上，85歳以上のそれぞれの利用割合も利用者数の伸びとともに上昇し，2013年においては，65歳以上が3.2％，75歳以上が6.5％，85歳以上が13.6％となっている。老人ホーム，長期療養の病院・診療所の利用割合の低下の中で，それを補う役割を24時間サービスつきの高齢者用住宅が果たしているといえよう。

（4）近親者介護サービス

　近親者介護サービスとは，介護が必要な高齢者が高齢者福祉サービスを受けないで親族など近親者による介護を受ける場合に，近親者に支払われる手当（近親者介護手当）をいう。2013年の近親者介護手当のミニマムは月額375ユーロ，高いケアニーズをもつ高齢者（重度の高齢者）の場合には，月額749ユーロ（ミニマム）となっている[7]。

　このような近親者介護手当の利用者数が増加し続けている。1995年から2005年の間に，近親者介護手当の利用者数と，65歳以上，75歳以上，85歳以上の各年齢層の利用者数の当該年齢層の人口に占める割合（利用割合）が増加した。2005年以降も安定的に伸長し，65歳以上の利用者数が１万9,796人（2005年）から２万8,273人（2013年）に，75歳以上の利用者数が１万4,517人（2005年）から２万1,233人（2013年）に，85歳以上の利用者数が5,286人（2005年）から8,362人（2013年）に増加した。利用割合も増加し，2013年には65歳以上が2.7％，75歳以上が4.6％，85歳以上が6.5％となっているのである。さらに，近親者介護手当の利用者数は，75〜84歳の年齢層において最も多いことが把握できるのである（図表4－4）。

（5）サポートサービス

　訪問介護サービスの中に，比較的軽度な高齢者を対象にしたサポートサービスがある。これは，高齢者の自立した生活への支援を目的として，配食，洗濯，掃除，入浴，買い物，移動などのサービスを提供する訪問介護サービスである。近年，このサポートサービスの利用割合（65歳以上の利用者数の65歳以上人口に占める割合）が徐々に低下している。とくに，2008年以降において減少幅が大きくなっている[8]。

　このようなサポートサービスの低下は次のような理由によるものと考えることができる。つまり，近年，自治体においてホームケアサービスから配食サービスや清掃サービスなどが外される傾向があること，サポートサービスの利用料金の自己負担強化の動きがみられること，近親者介護手当利用者が増加していることなどが影響しているのである[9]。図表4－6は，自治体の社会福祉サー

図表4−6　自治体の各社会福祉歳出額に占めるサービス利用料金収入の充当割合

(％)

	施設ケア	訪問介護	他のすべての社会福祉サービス（児童や障がい者など）
1997	19.8	13.7	8.9
2000	18.9	13.9	8.6
2005	17.8	14.4	7.4
2010	21.7	15.1	7.5

〔出所〕　Olli Karsio and Anneli Anttonen "Marketisation of eldercare in Finland: legal frames, outsourcing practices and the rapid growth of for-profit services", in "Marketisation in Nordic eldercare" edited by Gabrielle Meagher and Marta Szebehely, 2013, S.104.

ビス費用に占める利用者負担（利用料金）の割合を示している。フィンランドの利用者負担はほかの北欧諸国よりも高い。そして，フィンランドでは，児童福祉などの利用者負担が費用の10％未満なのに比べ，高齢者向けサービスの利用者負担は割高になっているのである[10]。

ただし，自治体のサポートサービスへの対応にはばらつきがみられる。ホームケアサービスからサポートサービスを外そうとする自治体がある一方で，現在もホームケアの中にしっかりと位置づけている自治体もある。利用料金についても自治体間でばらつきがみられるのである[11]。

3　高齢者福祉サービスの地域別動向

(1) Maakunta別の高齢者福祉サービスの利用状況

図表4−7は，75歳以上の高齢者における各高齢者福祉サービス利用者数の75歳以上人口に占める割合（利用割合）をMaakunta別にみたものである（2013年）。図表4−7をみるとMaakunta別に大きな違いがあることが一目瞭然にわかる。

近親者介護サービスについては，利用割合が高いMaakunta（Kainuu 7.5％，Keski-Pohjanmaa 7.0％）がある一方で，その割合が低いMaakunta（Pohjois-Karjala 3.5％）が存在する。ホームケアサービスではPohjois-Pohjanmaaが15.6％，Etelä-Pohjanmaaが15.5％と高い利用割合を示しているのに対し，Keski-Pohjanmaaが9.2％，Päijät-Hämeが9.7％である。24時間サービスつきの

図表4-7　75歳以上の高齢者のMaakunta別の高齢者福祉サービス利用状況

(%)

	近親者介護サービス	ホームケア	高齢者用住宅(24時間サービスつきではない)	24時間サービスつき高齢者用住宅	老人ホーム	長期療養の病院・診療所
全国平均	4.6	11.9	1.1	6.5	2.2	0.9
Uusimaa	3.6	10.7	1.2	6.0	2.7	0.5
Varsinais-Suomi	4.2	13.0	1.3	5.7	2.4	1.0
Satakunta	5.0	10.6	0.5	7.3	2.6	0.7
Kanta-Häme	4.1	10.8	1.4	5.7	2.9	0.2
Pirkanmaa	3.6	11.4	1.0	5.2	2.9	0.9
Päijät-Häme	3.8	9.7	0.4	5.7	1.1	2.4
Kymenlaakso	4.9	11.4	1.7	8.9	2.2	0.4
Etelä-Karjala	5.3	13.5	1.7	4.8	1.7	0.8
Etelä-Savo	4.7	13.7	1.1	6.9	1.3	1.3
Pohjois-Savo	5.0	12.1	1.0	6.4	1.7	0.7
Pohjois-Karjala	3.5	12.1	1.1	8.6	0.6	2.1
Keski-Suomi	4.5	11.9	1.1	7.2	2.4	0.9
Etelä-Pohjanmaa	6.3	15.5	1.8	6.9	2.6	1.1
Pohjanmaa	4.5	10.8	0.6	6.9	2.5	1.4
Keski-Pohjanmaa	7.0	9.2	0.6	9.1	0.9	0.2
Pohjois-Pohjanmaa	6.5	15.6	0.6	6.9	2.5	0.5
Kainuu	7.5	12.5	1.4	8.0	0.6	1.0
Lappi	6.1	11.7	1.1	7.2	1.3	1.4
Ahvenanmaa	4.2	13.5	—	6.5	5.2	—

(注1)　数値は2013年の数値。
(注2)　数値は75歳以上の利用者数の75歳以上人口に占める割合である。
(注3)　ホームケアは11月30日，高齢者用住宅（24時間サービスつきではない），24時間サービスつき高齢者用住宅，老人ホーム，長期療養の病院・診療所は12月31日における利用者数。近親者介護サービスは1年間の利用者数。
〔出所〕　Terveyden ja Hyvinvoinnin Laitos "Sosialli-ja terveysalan tilastollinen vuosikirja 2014", 2014, S. 110-111.

　高齢者用住宅ではKeski-Pohjanmaaが9.1％と最も高く，Etelä-Karjalaが4.8％と最も低い。老人ホームではAhvenanmaaの利用割合が大変高く5.2％で，最も低いのはKainuuとPohjois-Karjalaの0.6％であった。長期療養の病院・診療所は最高でも2％台（Päijät-Hämeの2.4％，Pohjois-Karjalaの2.1％）であった（最低はKanta-HämeとKeski-Pohjanmaaの0.2％）。

　Keski-Pohjanmaaは近親者介護手当と24時間サービスつきの高齢者用住宅で全国平均を大きく上回ったが，ホームケア，老人ホーム，長期療養の病院・診療所では全国平均を大きく下回っている（24時間サービスつきではない高齢者

用住宅は比較からはずす)。Etelä-Pohjanmaa は近親者介護サービス，ホームケア，24時間サービスつきの高齢者用住宅，老人ホーム，長期療養の病院・診療所のすべてにおいて全国平均を上回っている。Uusimaa と Kanta-Häme は老人ホーム以外のすべてにおいて，Päijät-Häme は長期療養の病院・診療所以外のすべてにおいて全国平均を下回っている。

(2) 自治体別の高齢者福祉サービスの利用状況と自治体間格差

以上，Maakunta 別に75歳以上の高齢者の福祉サービス(介護サービス)の利用状況について検討し，Maakunta 間でのサービス利用のばらつきが大きかったことが確認できた。さらに，ホームケアサービスを例にとりながら自治体間の相異についてみてみよう。

図表4-8は，ホームケアサービスを利用する75歳以上の高齢者の当該年齢層人口に占める割合(利用割合)が高い自治体と低い自治体を掲げたものである。利用割合が高い自治体(利用割合が24%以上の自治体)が7自治体，低い自治体(利用割合が6%未満の自治体)が8自治体存在した。利用割合が30%以上

図表4-8　75歳以上のホームケア利用者数の75歳以上の人口数に占める割合（利用割合）の高い自治体と低い自治体

(人，%)

利用割合が24％以上の自治体				利用割合が6％未満の自治体			
自治体名	所属 Maakunta	利用者数 (人)	利用割合 (%)	自治体名	所属 Maakunta	利用者数 (人)	利用割合 (%)
Sievi	Pohjois-Pohjanmaa	123	31.6%	Karstula	Keski-Suomi	5	0.9%
Pyhäntä	Pohjois-Pohjanmaa	39	30.5%	Siikalatva	Pohjois-Pohjanmaa	31	4.3%
Kumlinge	Ahvenanmaa	17	30.4%	Tarvasjoki	Varsinais-Suomi	8	4.4%
Askola	Itä-Uusimaa	81	27.6%	Rusko	Varsinais-Suomi	15	4.5%
Vihanti	Pohjois-Pohjanmaa	99	26.2%	Hollola	Päijät-Häme	72	5.2%
Kökar	Ahvenanmaa	8	25.8%	Kerava	Uusimaa	91	5.4%
Sulkava	Etelä-Savo	108	24.3%	Harjavalta	Satakunta	46	5.8%
				Suomenniemi	Etelä-Karjala	7	5.8%

(注1) 2010年11月30日現在の利用者数，利用割合。
(注2) Itä-Uusimaa は現在 Uusimaa に統合されている。
(注3) Vihanti, Tarvasjoki, Suomenniemi は自治体合併により，現在存在しない。
〔出所〕 Terveyden ja Hyvinvoinnin Laitos "Kotihoidon laskenta 30.11.2010"

となったのがSievi（31.6％），Pyhäntä（30.5％），Kumlinge（30.4％）の3自治体，24％以上30％未満の自治体がAskola（27.6％），Vihanti（26.2％），Kökar（25.8％），Sulkava（24.3％）の4自治体であった。その反対に，Karstulaは利用者数が5人と少数で，利用割合が0.9％と低かった。これに利用割合が4％台の3自治体（Siikalatvaが4.3％，Tarvasjokiが4.4％，Ruskoが4.5％），そのあとに5％台の4自治体（Hollolaが5.2％，Keravaが5.4％，Harjavaltaが5.8％，Suomenniemiが5.8％）が続いている。ホームケアサービスの自治体間の利用割合の違いが一目瞭然に理解できるのである。

さらに，ホームケアサービスを重度の高齢者に重点化して提供している自治体とそうではない自治体について検討するために，図表4－9と図表4－10をみてみよう。図表4－9，図表4－10でとりあつかうホームケアサービスは，これまで図表4－3，図表4－4，図表4－5で検討してきたホームケアサービスよりも

図表4－9　ホームケアサービスの1ヵ月の訪問回数の中で月1～3回の利用者の割合が高い自治体

(人，％)

自治体名	所属Maakunta	月1～3回の利用者数（人）	月1～3回の利用者数の全利用者数に占める割合（％）	月60回以上の利用者数（人）	人口数（人）
Lumparland	Ahvenanmaa	6	100.0	0	399
Suomenniemi	Etelä-Karjala	9	81.8	0	784
Kökar	Ahvenanmaa	7	77.8	0	249
Sund	Ahvenanmaa	14	70.0	0	1,032
Sodankylä	Lappi	127	69.8	0	8,806
Hammarland	Ahvenanmaa	8	66.7	0	1,526
Enontekiö	Lappi	19	61.3	0	1,893
Vieremä	Pohjois-Savo	49	56.3	19	3,962
Vesanto	Pohjois-Savo	28	56.0	0	2,390
Askola	Itä-Uusimaa	57	54.8	14	4,911
Vihanti	Pohjois-Pohjanmaa	65	54.2	19	3,059
Eura	Satakunta	172	53.8	6	12,424
Nousiainen	Varsinais-Suomi	46	52.9	0	4,814
Perho	Keski-Pohjanmaa	30	51.7	0	2,910
Sulkava	Etelä-Savo	69	50.0	23	2,876

（注1）　2010年11月30日現在の利用者数，利用割合。
（注2）　人口数は2011年12月31日現在。
（注3）　Itä-Uusimaaは現在 Uusimaaに統合されている。
（注4）　Suomenniemi, Vihantiは自治体合併により現在存在しない。
〔出所〕　Terveyden ja Hyvinvoinnin Laitos "Kotihoidon laskenta 30.11.2010". Tilastokeskus Suomen tillastollinen vuosikirja 2012", 2012, S.78-95.

利用者の範囲を広げたホームケアサービスになっている[12]。

　図表4－9は，月1～3回のホームケアサービスを受けている利用者数の当該自治体のホームケアサービスの利用者総数に占める割合が50％以上と，大変高い割合を示す自治体（全部で15自治体）を掲げたものである。このうち最も高い自治体はLumparlandで100％，次がSuomenniemiの81.8％であった。この15自治体の中には，Sodankylä（人口数8,806人）やEura（人口数1万2,424人）など比較的人口が多い自治体も存在するが，残りの13自治体は人口が5,000人未満である。これらの15自治体では月60回以上利用する者は皆無もしくは少数である（最大でSulkavaの23人）。

　図表4－10は，月60回以上のホームケアサービスを受けている利用者数の当該自治体のホームケアサービスの利用者総数に占める割合が50％以上と，大変高い割合を示す自治体（全部で12自治体）を掲げたものである。このうち最も高い自治体はKustaviの81.3％であった。これに，Siikalatvaの66.7％，Utajärviの57.2％，Paltamoの57.1％が続いている。この12自治体の中で3自治

図表4－10　ホームケアサービスの1ヵ月の訪問回数の中で月60回以上の利用者の割合が高い自治体

(人，％)

自治体名	所属Maakunta	月60回以上の利用者数（人）	月60回以上の利用者数の全利用者数に占める割合（％）	月1～3回の利用者数（人）	人口数（人）
Kustavi	Vasinais-Suomi	13	81.3	0	886
Siikalatva	Pohjois-Pohjanmaa	26	66.7	0	6,061
Utajärvi	Pohjois-Pohjanmaa	32	57.2	0	2,951
Paltamo	Kainuu	32	57.1	5	3,807
Ristijärvi	Kainuu	19	54.3	0	1,489
Tuusniemi	Pohjois-Savo	32	54.2	0	2,820
Kuhmo	Kainuu	93	54.1	6	9,334
Taivassalo	Varsinais-Suomi	19	51.3	0	1,690
Yli-Ii	Pohjois-Pohjanmaa	20	51.3	0	2,188
Vaala	Kainuu	50	51.0	11	3,314
Korsnäs	Pohjanmaa	23	50.0	0	2,249
Nilsiä	Pohjois-Savo	53	50.0	8	6,499

（注1）　2010年11月30日現在の利用者数，利用割合。
（注2）　人口数は2011年12月31日現在。
（注3）　Yli-Ii，Nilsiäは自治体合併により現在存在しない。
〔出所〕　Terveyden ja Hyvinvoinnin Laitos "Kotihoidon laskenta 30.11.2010". Tilastokeskus "Suomen tillastollinen vuosikirja 2012", 2012, S.78-95.

体が6,000人以上の人口を有しているが、残りの9自治体の人口数はいずれも4,000人未満である。そして、図表4-10で掲げた自治体では月1～3回の利用者数は皆無もしくは少数である。このような自治体ではホームケアサービスの重度者への重点的提供が行われているのであり、図表4-9の自治体とは好対照な利用状況が示されているのである。

4 社会福祉・保健医療サービスの民営化

(1) 民間の社会福祉・保健医療従事者数の推移

まず、公立（自治体立、自治体連合立）の社会福祉・保健医療サービスに従事する者と民間（営利、非営利）の社会福祉・保健医療サービスに従事する者の数の変化について検討しよう。図表4-11により、2011年の社会福祉・保健

図表4-11 社会福祉・保健医療従事者数と民間の割合の推移

(人、%)

従業員数 \ 年	2000 従事者数	2000 民間の割合	2005 従事者数	2005 民間の割合	2011 従事者数	2011 民間の割合
社会福祉・保健医療従事者数	307,000	18.5%	335,700	23.2%	376,180	27.5%
保健医療従事者数	153,300	16.6%	169,600	18.4%	181,655	21.5%
うち　病院	81,200	7.8%	92,400	8.0%	97,376	7.6%
うち　自治体立診療所、民間開業医、歯科医等	63,600	17.1%	66,200	19.7%	67,700	25.2%
社会福祉従事者数	151,200	20.7%	166,100	28.1%	194,525	32.8%
うち　老人ホーム	21,500	15.3%	20,400	14.9%	22,796	17.4%
うち　高齢者用住宅	15,700	59.0%	27,000	62.4%	28,204	61.0%
うち　訪問介護	17,700	9.5%	18,200	14.9%	19,800	17.3%
うち　保育所等児童福祉	58,300	8.7%	59,100	11.0%	62,681	35.2%

(注1) 訪問介護サービスには、訪問介護サービスと訪問看護サービスをくみあわせたホームケアサービスを構成する訪問介護サービスを行うホームヘルパーのほかに、訪問介護サービスのみを比較的軽度な高齢者や障がい児・障がい者に提供するものがあり、このようなサービスを提供するホームヘルパーをふくむ。
(注2) 高齢者用住宅には、24時間サービスつきのものと24時間サービスつきではないものの両方をふくむ。
(注3) 民間には営利企業と非営利組織の両方をふくむ。
(注4) 2011年の保育所等児童福祉における民間の割合（35.2%）については統計の数値をそのまま掲載しているが、おそらく誤りであると思われる。
〔出所〕 Terveyden ja Hyvinvoinnin Laitos "Sosiaali-ja terveysalan tilastollinen vuosikirja 2011", 2011, S.177, "Sosiaali-ja terveysalan tilastollinen vuosikirja 2014", 2014, S.203.

医療従事者数は37万6,180人で，その27.5％が民間に従事していることが把握できる。保健医療従事者数は18万1,655人で21.5％が民間従事者，社会福祉従事者数は19万4,525人で32.8％が民間従事者であった。

さらに，2000年，2005年，2011年を比較すれば，社会福祉・保健医療従事者数に占める民間従事者数の割合は2000年の18.5％，2005年の23.2％，2011年の27.5％に増加している。保健医療従事者数に占める民間従事者数の割合は2000年が16.6％，2005年が18.4％，2011年が21.5％に，社会福祉従事者数に占める民間従事者数の割合は2000年が20.7％，2005年が28.1％，2011年が32.8％に増加している。保健医療サービス，社会福祉サービスともに民営化が進んでいることが把握できるが，社会福祉サービスの方が民営化が進んでいるということができる。民営化の多くは自治体サービスの民間委託である。

社会福祉サービスの中で最も民営化が進んでいるのは高齢者福祉サービスで，とくにサービスつき高齢者用住宅において顕著である。そして，このことは社会福祉従事者数に反映する。

つまり，社会福祉従事者の中で民間従事者の比重が高いのは高齢者用住宅で，その従事者数の61.0％（2011年）が民間従事者となっている。ただし，高齢者用住宅の民間従事者数は，2000年から2005年にかけては大きく伸びたが，2005年から2011年にかけてはゆるやかな伸びにとどまっている。2005年以降も高齢者用住宅の利用者数は伸長したが，従事者数はそれほど伸びていないのである。老人ホームと訪問介護サービスについては，民間従事者の割合は17％台（2011年）で，高齢者用住宅に比べれば民間の比重はそれほど高くはない。しかし，2000年，2005年，2011年を比較すれば，緩やかに民間の割合が高くなっている。病院については，歴史的経緯や医療のもつ特性から民間の割合が高くなく，伸びもほとんどみられない。

（２）Maakunta別にみた社会福祉・保健医療従事者数における公立従事者数と民間従事者数の割合

次に，社会福祉・保健医療従事者数における公立従事者数と民間従事者数の割合を，Maakunta別にみてみよう（**図表4－12**）。

2011年の保健医療従事者数に占める民間従事者数の割合は，最高が

図表4-12 公立・民間別の保健医療従事者数と社会福祉従事者数（Maakunta 別）

(人、%)

	保健医療従事者				社会福祉従事者			
	公立従事者数	民間従事者数	保健医療従事者数合計	民間の割合	公立従事者数	民間従事者数	社会福祉従事者数合計	民間の割合
Uusimaa	36,038	13,596	49,634	27.4	34,052	19,946	53,998	36.9
Varsinais-Suomi	12,506	3,631	16,137	22.5	12,911	4,971	17,882	27.8
Satakunta	5,795	1,438	7,233	19.9	5,954	2,482	8,436	29.4
Kanta-Häme	3,803	901	4,704	19.2	4,543	2,107	6,650	31.7
Pirkanmaa	12,123	4,678	16,801	27.8	11,350	5,603	16,953	33.1
Päijät-Häme	6,213	1,055	7,268	14.5	3,798	2,360	6,158	38.3
Kymenlaakso	4,187	943	5,130	18.4	4,336	2,420	6,756	35.8
Etelä-Karjala	2,906	728	3,634	20.0	2,956	1,521	4,477	34.0
Etelä-Savo	4,048	941	4,989	18.9	4,162	2,452	6,614	37.1
Pohjois-Savo	9,175	1,621	10,796	15.0	5,848	3,143	8,991	35.0
Pohjois-Karjala	4,560	905	5,465	16.6	3,951	2,139	6,090	35.1
Keski-Suomi	6,838	1,782	8,620	20.7	6,976	3,292	10,268	32.1
Etelä-Pohjanmaa	5,613	1,060	6,673	15.9	5,397	1,816	7,213	25.2
Pohjanmaa	5,972	1,051	7,023	15.0	5,715	1,541	7,256	21.2
Keski-Pohjanmaa	2,407	381	2,788	13.7	1,629	698	2,327	30.0
Pohjois-ohjanmaa	11,474	3,253	14,727	22.1	9,168	4,275	13,443	31.8
Kainuu	2,392	379	2,771	13.7	1,909	985	2,894	34.0
Lappi	4,883	1,085	5,968	18.2	4,777	1,956	6,733	29.1
Ahvenanmaa	1,162	132	1,294	10.2	1,269	117	1,386	8.4
全国計	142,095	39,560	181,655	21.8	130,701	63,824	194,525	32.8

(注1) 2011年の数値である。
(注2) 公立従事者数には自治体の保健医療サービス・社会福祉サービス従事者のほかに、自治体連合の保健医療サービス・社会福祉サービス従事者をふくむ。
(注3) 自治体連合とは、1つもしくは複数の事務事業やサービスを行うためにいくつかの自治体が集まって形成される。
[出所] Terveyden ja Hyvinvoinnin Laitos "Sosiaali-ja terveysalan tilastollinen vuosikirja 2014". 2014. S.204-S.207.

第4章 フィンランドにおける高齢者ケアの現状と福祉民営化の動向（2005～2013）

Pirkanmaaの27.8％, 2位がUusimaaの27.4％, 3位がVarsinais-Suomiの22.5％であった。その反対に, 最低はAhvenanmaaの10.2％, 次はKainuuとKeski-Pohjanmaaの13.7％であった。このことから保健医療従事者については, 民間の割合が高いのは人口数が多く大都市が所属するMaakuntaであることがわかる。Pirkanmaaは人口数が2位のMaakuntaでTampereが中心都市である。Uusimaaは首都Helsinkiがあり, 人口が最も多いMaakuntaである。Varsinais-Suomiはフィンランドで3番目に人口が多くTurkuが中心都市である（**図表4－13**）。その反対に, 民間の割合が低いのは, 人口が少ないMaakuntaである。フィンランドのMaakuntaの中で, Ahvenanmaaが最も人口が少なく, 続いてKeski-Pohjanmaa, Kainuuの順で人口数が少ないのである。

図表4－13　Maakunta別の人口数，各Maakuntaの主要都市名とその人口数

(人)

	人口数	主要都市とその人口数
全国	5,471,753	
Uusimaa	1,603,388	Helsinki (620,715), Espoo (265,543), Vantaa (210,803)
Varsinais-Suomi	472,725	Turku (183,824)
Satakunta	223,983	Pori (85,418)
Kanta-Häme	175,350	Hämeenlinna (67,976)
Pirkanmaa	503,382	Tampere (223,004)
Päijät-Häme	202,009	Lahti (103,754)
Kymenlaakso	179,858	Kouvola (86,453)
Etelä-Karjala	131,764	Lappeenranta (72,794)
Etelä-Savo	151,562	Mikkeli (54,605), Savonlinna (35,944)
Pohjois-Savo	248,407	Kuopio (111,289)
Pohjois-Karjala	165,258	Joensuu (75,041)
Keski-Suomi	275,360	Jyväskylä (135,780)
Etelä-Pohjanmaa	193,400	Seinäjoki (60,880)
Pohjanmaa	181,156	Vaasa (66,965)
Keski-Pohjanmaa	68,832	Kokkola (47,278)
Pohjois-Pohjanmaa	405,397	Oulu (196,291)
Kainuu	79,258	Kajaani (37,791)
Lappi	181,748	Rovaniemi (61,551)
Ahvenanmaa	28,916	Maarianhamina (11,479)

(注)　人口数は2014年12月31日現在の数値。
〔出所〕　Tilastokeskus "Suomen tilastollinen vuosikirja 2015", 2015, S.442-457.

社会福祉従事者数で民間の割合が最も高いのはPäijät-Hämeの38.3％，続いてEtelä-Savoの37.1％，Uusimaaの36.9％であった。その反対に，民間の割合が低いのはAhvenanmaaの8.4％で，続いてPohjanmaaの21.2％，Etelä-Pohjanmaaの25.2％の順であった。社会福祉従事者については，UusimaaとAhvenanmaa以外の4つのMaakuntaの人口数はほぼ同等で，中心となる都市の規模もほとんど相違がない。このため，民間従事者数の割合の多寡を人口数と所属する自治体の規模から論ずることは難しいといえるだろう。

（3）老人ホームと24時間サービスつきの高齢者用住宅を利用する高齢者のうち公立利用者数と民間利用者数のMaakunta別の比較

　老人ホームと24時間サービスつきの高齢者用住宅に的をしぼって，その利用者数から民営化の動向を検討してみよう（図表4－14）。老人ホームの利用者総数は1万7,118人である。このうち公立の老人ホームの利用者数が1万4,827人，民間の老人ホームの利用者数が2,291人で，民間の老人ホームを利用する者の割合は13.3％であった。ただし，民間の老人ホームを利用する者の割合はMaakuntaの間で大きく異なり，Uusimaaが39.8％とほかのMaakuntaを圧倒的に引き離している。Uusimaaを除いたMaakuntaはいずれも全国平均（13.3％）に達していない。また，民間の割合がゼロもしくは1％台のMaakuntaも6つ存在している。民間の老人ホーム利用者数の実に3分の2がUusimaaに集中しているのである。

　24時間サービスつきの高齢者用住宅の利用者総数は2万5,684人である。このうち公立の利用者数が1万2,123人，民間の利用者数が1万3,561人で，利用者総数に占める民間の24時間サービスつきの高齢者用住宅の利用者数の割合は52.7％である。民間の24時間サービスつきの高齢者用住宅を利用する者の割合が40％未満のMaakuntaは，Pohjois-Pohjanmaa（39.5％），Keski-Suomi（38.3％），Pohjanmaa（30.5％），Keski-Pohjanmaa（22.6％），Ahvenanmaa（0％）の5つにすぎない。すでにみてきたように，Keski-Pohjanmaaは75歳以上の高齢者における24時間サービスつきの高齢者用住宅の利用者数の当該年齢層の人口に占める割合が最も高いMaakuntaであった（図表4－7）。Keski-Pohjanmaaでは公立の24時間サービスつきの高齢者用住宅の利用が圧倒的に多いのである。

図表4-14 老人ホームと24時間サービスつきの高齢者用住宅における公立利用者数、民間利用者数の利用者総数に占める割合（Maakunta 別）

(人、%)

	老人ホーム				24時間サービスつきの高齢者用住宅			
	利用者総数	公立利用者数	民間利用者数	民間割合	利用者総数	公立利用者数	民間利用者数	民間割合
全国	17,118	14,827	2,291	13.3	25,684	12,123	13,561	52.7
Uusimaa	3,818	2,297	1,521	39.8	5,243	1,845	3,398	64.8
Itä-Uusimaa	373	372	0	0	230	88	142	61.7
Kanta-Häme	907	857	50	5.5	694	326	368	53.0
Päijät-Häme	364	337	27	7.4	879	427	452	51.4
Kymenlaakso	809	797	12	1.4	1,242	683	559	45.0
Etelä-Karjala	407	404	0	0	707	280	427	60.3
Varsinais-Suomi	1,894	1,822	72	3.8	2,076	900	1,176	56.6
Satakunta	1,262	1,216	46	3.6	1,555	634	921	59.2
Pirkanmaa	2,043	1,799	244	11.9	1,217	401	816	67.0
Keski-Suomi	1,014	944	70	6.9	1,386	855	531	38.3
Etelä-Pohjanmaa	724	700	24	3.3	1,136	462	674	59.3
Pohjanmaa	503	490	13	2.5	1,144	795	349	30.5
Keski-Pohjanmaa	94	94	0	0	715	553	162	22.6
Etelä-Savo	532	494	38	7.1	1,170	463	707	60.4
Pohjois-Savo	702	671	31	4.4	1,336	624	712	53.2
Pohjois-Karjala	348	319	29	8.3	988	476	512	51.8
Pohjois-Pohjanmaa	914	817	97	10.6	1,966	1,189	777	39.5
Kainuu	88	88	0	0	641	324	317	49.4
Lappi	199	186	13	6.5	1,246	685	561	45.0
Ahvenanmaa	122	122	0	0	112	112	0	0.0

(注1) 2009年12月31日現在の利用者数。
(注2) Itä-Uusimaa は現在 Uusimaa に統合されている。
(注3) 公立には自治体立のほかに自治体連合立をふくむ。
[出所] Terveyden ja Hyvinvoinnin Laitos "Sosiaalihuollon laitos-ja asumispalvelut 2009", 2009.

また、Ahvenanmaaでは民間の24時間サービスつき高齢者用住宅の整備が進まず、利用者数は皆無であった。これに対し、民間の24時間サービスつきの高齢者用住宅の利用割合が高いのは、Pirkanmaa（67.0％）とUusimaa（64.8％）であった。

利用者数でみた場合、老人ホーム、24時間サービスつきの高齢者用住宅の公立・民間の割合はMaakunta間でばらつきが大きいといえる。その中で、Maakuntaの人口が多く、その中心自治体の人口も多いUusimaa、Pirkanmaaの2つのMaakuntaにおいて、民間の割合が高いということができよう。

（4）24時間サービスつきの民間高齢者用住宅利用者数が多い自治体の分析

上記の（3）はあくまで、Maakunta別の比較であった。Maakuntaの内部には、都市も存在すれば農山漁村も存在する。当然、民営化の進行は都市と農山漁村とでは異なる。そこで、民営化の詳細を分析するには自治体の分析が欠かせないと考え、民間の24時間サービスつきの高齢者用住宅の利用者数が200人以上の自治体をすべて抜き出し、これらの自治体における24時間サービスつきの高齢者用住宅の利用者総数に占める民間の24時間サービスつきの高齢者用住宅の利用者数の割合を示した（**図表4－15**）。民間の24時間サービスつきの高齢者用住宅の利用割合はTampereが最も高く98.5％、続いてEspooの98.1％、Kuopioの87.0％、Lappeenrantaの86.1％の順であった。全国平均（52.7％）を下回ったのは、KouvolaとJyväskyläの2自治体のみであった。

注目されるべきは、**図表4－15**に掲げた16自治体のうち14自治体がMaakuntaの中心都市であり、残りの2自治体（Espoo、Vantaa）がUusimaaの中でHelsinkiに次ぐ人口規模の自治体であった。24時間サービスつきの高齢者用住宅はフィンランドで最も民営化が進んでいる社会福祉サービスである。その24時間サービスつきの高齢者用住宅において民間の利用割合が高いということは、それだけ都市において民営化が進んでいることが示されているといえよう。

図表4-15 民間の24時間サービスつきの高齢者用住宅利用者数が200人以上の自治体における公立利用者数と民間利用者数，民間利用者数の利用者総数に占める割合

(人，％)

自治体名	所属Maakunta	民間利用者数	公立利用者数	24時間サービスつきの高齢者用住宅利用者総数	民間の利用割合
Espoo	Uusimaa	699	13	712	98.1%
Helsinki	Uusimaa	1,431	1,202	2,633	54.3%
Vantaa	Uusimaa	457	193	650	70.3%
Hämeenlinna	Kanta-Häme	283	82	365	77.5%
Lahti	Päijät-Häme	288	160	448	64.2%
Kouvola	Kymenlaakso	293	298	591	49.5%
Lappeenranta	Etelä-Karjala	336	54	390	86.1%
Turku	Varsinais-Suomi	607	219	826	73.4%
Pori	Satakunta	396	146	542	73.0%
Tampere	Pirkanmaa	419	6	425	98.5%
Jyväskylä	Keski-Suomi	230	299	529	43.4%
Mikkeli	Etelä-Savo	236	60	296	79.7%
Kuopio	Pohjois-Savo	270	40	310	87.0%
Joensuu	Pohjois-Karjala	267	72	339	78.7%
Oulu	Pohjois-Pohjanmaa	278	61	339	82.0%
Rovaniemi	Lappi	231	151	382	60.4%

(注) 2009年12月31日現在の利用者数。
〔出所〕 Terveyden ja Hyvinvoinnin Laitos "Sosiaalihuollon laitos-ja asumispalvelut 2009", 2009.

（5）老人ホームと24時間サービスつきの高齢者用住宅の年間利用日数からみたMaakunta別の民営化の動向

図表4-16により，老人ホームと24時間サービスつきの高齢用住宅の年間利用日数を検討しながら，民営化の動向を探ることにしよう。老人ホームと24時間サービスつきの高齢者用住宅を合計した年間利用日数は1,543万1,239日であった。老人ホームの年間利用日数は639万5,212日で，このうち民間の老人ホームの利用日数は86万5,857日，民間の割合は13.5％であった。また，24時間サービスつきの高齢用住宅の年間利用日数は903万6,027日で，民間利用日数は487万4,600日であった。年間利用日数からみた24時間サービスつきの高齢者用住宅の民間の割合は53.9％であった。この数値は利用者数から民営化を検討した図表4-14の数値とほぼ同じである。

Maakunta別に検討すれば，老人ホームではUusimaaが40.4％ときわだって民間の割合が高いが，UusimaaとPirkanmaa以外のMaakuntaはいずれも10％

図表4－16 老人ホームと24時間サービスつきの高齢者用住宅の年間利用日数と公立利用日数・民間利用日数、全利用日数に占める民間の利用日数の割合（Maakunta 別）

(日、%)

	老人ホーム＋24時間サービスつきの高齢者住宅 年間利用日数	老人ホーム 公立利用日数	老人ホーム 民間利用日数	老人ホーム 民間割合	24時間サービスつきの高齢者住宅 公立利用日数	24時間サービスつきの高齢者住宅 民間利用日数	24時間サービスつきの高齢者住宅 民間割合
全国	15,431,239	5,529,355	865,857	13.5%	4,161,427	4,874,600	53.9%
Uusimaa	3,336,367	849,153	577,628	40.4%	650,199	1,259,387	65.9%
Itä-Uusimaa	228,176	143,827	371	0.2%	32,278	51,700	61.5%
Kanta-Häme	587,267	321,088	18,817	5.5%	110,823	136,539	55.1%
Päijät-Häme	462,142	126,293	12,473	8.9%	163,839	159,537	49.3%
Kymenlaakso	735,825	297,818	2,748	0.9%	235,603	199,656	45.8%
Etelä-Karjala	399,608	156,054	610	0.3%	87,688	155,256	63.9%
Vasinais-Suomi	1,434,931	660,858	27,285	3.9%	322,047	424,741	56.8%
Satakunta	984,266	424,151	17,706	4.0%	209,638	332,771	61.3%
Pirkanmaa	1,159,661	660,818	95,712	12.6%	115,300	287,831	71.3%
Keski-Suomi	826,174	357,732	24,122	6.3%	257,560	186,760	42.0%
Etelä-Pohjanmaa	648,332	257,688	7,620	2.8%	149,644	233,380	60.9%
Pohjanmaa	625,252	186,900	4,977	2.5%	311,624	121,751	28.0%
Keski-Pohjanmaa	295,384	36,398	6	0.0%	200,858	58,122	22.4%
Etelä-Savo	611,050	197,363	14,956	7.0%	146,999	251,732	63.1%
Pohjois-Savo	690,471	244,258	7,935	3.1%	202,426	235,852	53.8%
Pohjois-Karjala	471,461	130,118	11,136	7.8%	152,591	177,616	53.7%
Pohjois-Pohjanmaa	1,045,446	320,785	34,415	9.6%	412,026	278,220	40.3%
Kainuu	270,851	31,751	24	0.0%	122,890	116,186	48.5%
Lappi	532,602	80,855	7,316	8.2%	237,160	207,271	46.6%
Ahvenanmaa	84,860	44,830	0	0.0%	39,959	71	0.0%

(注1) 2009年の利用日数。
(注2) Itä-Uusimaa は現在 Uusimaa に統合されている。
(注3) 公立には自治体立のほかに自治体連合立をふくむ。
[出所] Terveyden ja Hyvinvoinnin "Sosiaalihuollon laitos-ja asumispalvelut 2009", 2009.

第4章 フィンランドにおける高齢者ケアの現状と福祉民営化の動向（2005〜2013）

未満であった。とくにAhvenanmaa, Kainuu, Keski-Pohjanmaaでは民間の割合が0％である。これに対し，24時間サービスつきの高齢者用住宅では，民間の割合が高いMaakuntaが多く，民間の割合が30％未満のMaakuntaはわずか3つにすぎなかった。とくにAhvenanmaa（0％），Keski-Pohjanmaa（22.4％）で民間の割合が低いが，この数値は利用者数を検討した**図表4－14**の数値とほぼ同じになっている。また，上記2つのMaakuntaに限らず，ほとんどのMaakuntaにおいて，年間利用日数でみた民間の割合の数値は，利用者数でみた数値と近似しているのである。

5 福祉民営化の進展と民営化の内容の変化

（1）非営利組織中心で始まったフィンランドの民営化

　以上の従事者数，利用者数，年間利用日数の分析から，社会福祉サービスとくに高齢者福祉サービスにおいて民営化が進行していること，民営化は全国一律に進んでいるのではなく地域的に大きな差異があることが明らかになった。さらに，詳しく民営化の内容を探ってみよう。

　フィンランドの民営化では，株式会社などの営利企業だけではなく，NPOなどの非営利組織による事業展開が大きいことが特徴になっている。とくにフィンランドの高齢者福祉サービス分野では，もともと非営利活動の歴史があることと，スロットマシーン協会による非営利組織への資金の援助が大きな役割を果たしてきた。このことにより，1980年代のフィンランドでは，民間サービスといえば非営利組織によるサービスであったし，1990年代半ばにフィンランドで民営化が進んだときも，営利企業よりも非営利組織の役割の方が大きかったのである。営利企業に比べて非営利組織は規模が小さいけれども地域に根ざしたものが少なくなかった。地域の数名の篤志家が資金提供して建設された高齢者用住宅やデイサービスセンターなどが多数あり，民営化が進みだした1990年代半ばには，自治体はこのような非営利組織に社会福祉サービスをアウトソーシングをするケースが多かったのである[13]。

(2) いっそうの市場化と営利企業の台頭

しかし，フィンランドの社会福祉・保健医療サービスの民営化，とくに社会福祉サービスの民営化は現在大きく変化し，ドラスティックな市場化の中にあるといってよいであろう。**図表4－17**は，社会福祉サービス従事者数のうち，公立（自治体立，自治体連合立）従事者数，非営利組織従事者数，営利企業従事者数の割合の変化を示したものである。

図表4－17から次のことが把握できる。

①1990年から2009年までの間に公立従事者数の割合は87.9％から68.3％に下がった。これに対し民間従事者数は12.1％から31.7％に上昇した。

②1990年と民営化の初期にあたる1995年は，民間従事者数のうち営利企業従事者数の割合が大変小さく（1990年0.5％，1995年1.6％），非営利組織従事者数の比重（1990年11.6％，1995年11.9％）が圧倒的に大きかった。

③営利企業従事者数の割合は2006年以降大幅に上昇した。2002年の5.9％から2006年の10.8％，2009年の14.5％に上昇したのである。

④これに対し，非営利組織従事者数の割合は，2002年の18.1％から2006年の17.8％，2009年の17.2％に低下したのである。

さらに，**図表4－18**をみてみよう。**図表4－18**は高齢者福祉サービス従事者数のみを取り出し，各高齢者福祉サービスごとに公立従事者数，営利企業従事者数，非営利組織従事者数の割合を，2000年と2010年を比較しながらみたものである。

図表4－17　社会福祉サービスの従事者数のうち公立と民間（営利, 非営利）の割合

(％)

	1990	1995	2000	2002	2006	2009
公　　立	87.9	86.6	79.3	76.0	71.4	68.3
民　　間	12.1	13.4	20.7	24.0	28.6	31.7
うち　営利	0.5	1.6	4.5	5.9	10.8	14.5
うち　非営利	11.6	11.9	16.2	18.1	17.8	17.2

(注)　公立従事者数には自治体における従事者数のほかに自治体連合の従事者数をふくむ。
〔出所〕　Olli Karsio and Anneli Anttonen "Marketisation of eldercare in Finland:legal frames, outsourcing practices and the rapid growth of for-profit services", in "Marketisation in Nordic eldercare"edited by Gabrielle Meagher and Marta Szebehely, 2013, S.107.

図表4−18 高齢者福祉サービスの従事者数のうち公立と民間(営利,非営利)の割合

	老人ホーム(注1)		高齢者用住宅(注2)		ホームケア(注3)		合計(注4)	
	2000	2010	2000	2010	2000	2010	2000	2010
公 立	84.7	83.0	41.0	37.0	90.5	85.0	74.1	66.0
民 間	15.3	17.0	59.0	63.0	9.5	15.0	25.9	34.0
うち 営利	1.2	5.0	16.4	29.0	4.9	13.0	6.7	17.0
うち 非営利	14.1	12.0	42.6	34.0	4.6	2.0	19.2	17.0

(注1) 老人ホームのほかに長期ケアの病院・診療所をふくむ。
(注2) 24時間サービスつきのものと24時間サービスつきではないものの両方をふくむ。
(注3) ホームケアサービスのほかに比較的軽度な高齢者や障がい児・障がい者にサービス提供をする訪問介護サービスをふくむ。
(注4) 注1〜注3のサービスを合計したものの割合である。
(注5) 公立には自治体のほかに自治体連合をふくむ。
〔出所〕 Olli Karsio and Anneli Anttonen "Marketisation of eldercare in Finland:legal frames, outsourcing practices and the rapid growth of for-profit services", in "Marketisation in Nordic eldercare"edited by Gabrielle Meagher and Marta Szebehely, 2013, S.108.

　老人ホームについては,公立の老人ホーム従事者数の割合が80％台前半を示した。民間のうち営利企業の老人ホーム従事者数の割合は,2000年（1.2％）に比べ2010年は5.0％となって伸長したが,非営利組織の従事者数の割合は2000年（14.1％）に比べ2010年（12.0％）は低下した。

　高齢者用住宅（24時間サービスつきのもの,24時間サービスつきではないもの）については,2000年において公立従事者数の割合よりも民間従事者数の割合の方が高く,ほかの高齢者福祉サービスよりも飛びぬけて民営化が進んでいる。営利企業の高齢者用住宅の従事者数の割合は2000年の16.4％から,2010年の29.0％に急増した。これに対し,非営利組織の従事者数の割合は2000年（42.6％）に比べ2010年（34.0％）には8.6ポイントの大幅減少となった。

　ホームケアサービスについては,公立従事者の割合が高く,2000年に90.5％,2010年に85.0％となっている。営利企業のホームケアサービス従事者数の割合は,2000年は4.9％と低かったが,2010年には13.0％に上昇した。これに対し,非営利組織のホームケアサービスの従事者数の割合は,2000年（4.6％）に比べて2010年（2.0％）には低下した。

　このように,高齢者福祉サービスにおいては,2000年から2010年にかけて民間従事者数の割合が増大している。そして,2000年から2010年までの期間に営利企業の従事者数の割合の増加,非営利組織の従事者数の割合の低下がみられるのである。

（3）民間社会福祉サービスの事業所数や利用者数からみた営利企業の台頭

　民間の社会福祉サービスの事業所数の変遷を示した figure 4-19 をみてみよう。民間の社会福祉サービスの事業所数は，2002年に3,018であったが，2005年に3,550，2010年に4,350に増大した。2002年と比較した2010年の増加率は44.1％であった。このうち営利企業の事業所数は，2002年に1,365，2005年に1,803，2010年に2,824となり，2002年に比べて2010年の増加率は実に106.7％となっている。とりわけ2005年から2010年にかけての増加率が高く，2005～2010年の伸び率は56.6％となっており，2002～2005年の伸び率（32.0％）を大きく上回っている。これに対し，非営利組織の事業所数は，2002年に1,632あったが，2005年には1,726，2010年には1,509となり，減少傾向を示している。とくに2005～2010年の減少率が大きく，伸び率はマイナス12.6％となっている。

　さらに，図表では示していないが，訪問介護サービスの利用者数においても非営利組織の落ち込みと営利企業の台頭がみられる。2000年には非営利組織の訪問介護サービスの利用者数が1万5,000人程度存在したが，2010年にはその3分の2に落ち込んでいる。また，営利企業の訪問介護サービス利用者数が2010年には2万人に達しているのである[14]。

　図表4-17，図表4-18，図表4-19から，非営利組織中心に始まったフィンランドの社会福祉サービス，とくに高齢者福祉サービスの民営化は，ほぼ2005年を境に非営利組織が後景に退き，営利企業が民営化の中心的担い手として台

図表4-19　民間社会福祉サービスの事業所数

	2002	2004	2005	2009	2010	2002～2010の伸び率	2002～2005の伸び率	2005～2010の伸び率
民間社会福祉サービスの事業所数	3,018	3,275	3,550	4,272	4,350	44.1％	17.6％	22.5％
うち営利	1,365		1,803		2,824	106.7％	32.0％	56.6％
うち非営利	1,632		1,726		1,509	マイナス7.5％	5.7％	マイナス12.6％

〔出所〕　Olli Karsio and Anneli Anttonen "Marketisation of eldercare in Finland: legal frames, outsourcing practices and the rapid growth of for-profit services", in "Marketisation in Nordic eldercare" edited by Gabrielle Meagher and Marta Szebehely, 2013, S.113.

頭してきていることが把握できる。明らかに，フィンランドの民営化の中身が，この10年間で大きく変容してきているということができるのである。一言でいえば，福祉の市場化が進み，「(企業が) 稼げる福祉」が進んでいるのである。

(4) 社会福祉サービスにおける大企業・グローバル企業の台頭

以上から民間の社会福祉サービスにおいて，ほぼ2005年以降，営利企業の役割の増加と，非営利組織の役割の低下が明らかになった。注目されるべきは，営利企業の中で大企業やグローバル企業が台頭していることである。例えば，2008年のサービスつき高齢者用住宅についてみれば，利用者数が増加し，これにともなってスタッフ数，売上高が増加したが，むしろサービスつき高齢者用住宅を運営する企業の数は減少している。そして，それ以降もこのような傾向が続いている[15]。このことは，少なくともサービスつき高齢者用住宅においては，大きな営利企業にサービス提供が集中し始めていることを示しているのである。

フィンランドでは，社会福祉サービスに参入する営利企業のうち，とりわけ大きな企業が10社あり，このような10社で働く合計従事者数は2008年に4,400人，2011年に7,800人を数えた[16]。社会福祉サービスを提供するすべての営利企業従事者数に占める10社の合計従事者数の割合は，2008年に20％であったが，2011年には30％に増加した。このような10社のうち1社のみが非営利組織から法人組織（営利企業）に切り替わった企業である。また，10社合計の売上高も2008年に2億1,000万ユーロであったが，2011年には4億1,000万ユーロに増加した。民間の社会福祉サービスでは，リハビリの会社，高齢者や児童，障がい児・障がい者の訪問介護サービス会社などで従事者数が10人未満の小さな会社が多い一方で，高齢者用住宅を営む営利企業を中心に，大企業，グローバルな企業が台頭しているのである。

大企業10社のうち，主にサービスつき高齢者用住宅を運営するのは，規模の大きな会社順にAttendo Oy，Mainio Vire，Mikeva，Esperi Care，Caremaの5社である。この5社の中で，元からフィンランドに基盤のある会社は1社のみで，残りの4社はグローバル企業である。例えば，Attedo Oyはフィンランドの50自治体で事業展開する最大の高齢者福祉サービス事業者である。フィ

ンランドだけではなく，スウェーデン，ノルウェーにおいても事業を展開し，この10年間で著しく発展してきた。そして，フィンランドに根ざした小規模な企業を統合しながら高齢者用住宅のケアユニットを増やしてきたのである。

（5）大企業・グローバル企業の台頭の背景

では，なぜ，民営化が進行し，営利企業とくに大企業・グローバル企業が台頭してきたのだろうか。

まず，国庫支出金制度の変化をあげることができる。具体的には，1993年に地方分権的な財政改革が行われて福祉・保健医療包括補助金が導入されたことが大きかった。つまり，1984年施行の「社会福祉保健医療計画と国庫支出金に関する法律」では，社会福祉・保健医療関係の国庫支出金の役割が圧倒的に大きかったが，この国庫支出金は経費支出ベースで自治体に交付されるとともに，使途が厳しく限定されていた。さらに，自治体が自治体サービスをアウトソーシングすることは規制されていたし，民間（営利，非営利）が提供する社会福祉サービスを自治体が購入する際に自治体が国庫支出金を用いることはできなかった。これに対し，1993年の包括補助金制度の導入後は，自治体がサービスを取り決め，決定できる自由が強められた。このため，自治体がほとんどのサービスをアウトソーシングすることが可能になった。自治体は自治体直営サービスだけではなく，民間（営利，非営利）によって提供されるサービスを購入するのに国庫支出金（包括補助金）を使うことができるようになったのである。さらに，包括補助金制度導入後には，近親者介護手当についても，それまで認められていなかった国庫支出金（包括補助金）の使用が認められることになった[17]。このような状況の変化により，1990年代半ば以降，自治体サービスの民間委託化が進んだのである。フィンランドでは，地方分権が実質的に自治体サービスの民間委託化をともないながら進行していったということができるのである。

次に，スロットマシーン協会の補助金の助成方法の変化である[18]。スロットマシーン協会の補助金は，非営利組織が社会福祉サービスを提供するのに大きな役割を果たし，フィンランドの非営利組織の発展に貢献をしてきた。つまり，1960年代と1970年代には非営利組織の運営する老人ホームの建設に，1990

年代には非営利組織が運営する高齢者用住宅の建設に寄与してきたのである。スロットマシーン協会の補助金は，自治体（自治体直営の社会福祉サービスを提供する自治体）や，営利企業（社会福祉サービスを提供する営利企業）に支払われることはなく，あくまで非営利組織にのみ助成するものであった。その際，非営利組織はスロットマシーン協会の補助金を獲得するために自治体との間で購買協定を結ぶ必要があった。そして，自治体はサービスを非営利組織に委託することを通じ，非営利組織との間に良好なパートナーシップ関係を形成していったのである。

　しかし，2001年の法律の改正は，「競争の中立性」を理由に，スロットマシーン協会の非営利組織への助成金システムの改革をもたらすことになった。つまり，法律改正によって，非営利組織が提供する社会福祉サービスへの特別なとりあつかいに変化が生まれ，協働社会原則（非営利組織への配慮）から市場競争原則への方向転換が行われたのである。このために，これまで活動の条件に恵まれていた非営利組織は，営利企業との厳しい競争にさらされることになった。営利企業に吸収されたり，その傘下に入る非営利組織が出てきた[19]。また，非営利組織の中には収益のあがるサービス提供部門とほかの活動部門（ボランタリーな活動部門等）を切り離し，サービス提供部門については，営利企業との競争（価格競争等）に対応するために，サービス提供のための新しい会社を設立することによって営利企業に転換したものもあった。このことはフィンランドにおける伝統的な非営利サービスの提供と市場競争原則にもとづく「競争の中立性」の同時達成が大変難しいということを示したといえるのである。このような市場競争重視への方向転換が営利企業の成長・発展と非営利組織の落ち込みの招来に一役買ったということができるだろう。

　第3には，バウチャー制度やPurchase-Providerモデル等の導入がある[20]。バウチャー制度はサービスを受ける高齢者が事業者を選択できる仕組みで，利用者選択権を強化するものである。まだ試行的な導入で全国の自治体に広くいきわたっているものではないし，自治体によって運用の方法も異なってはいる。しかし，フィンランドにおいては，スウェーデンのような包括的な自由選択システムが完成していないため，バウチャー制度のもつ役割は大きかったといえるだろう。バウチャー制度によって利用者は民間のさまざまなサービス提供事

業者を選ぶチャンスを得ることができるのである。実際，訪問介護サービスにおけるバウチャー制度の利用者数は2011年に9,000人になり（2007年は3,000人），訪問介護サービスの全利用者数の9％に達しているのである。また，Purchase-Providerモデルは，自治体サービスのアウトソーシングの促進に役立ったのである。

第4に，ARA（住宅金融開発センター，環境省の一部機関）の補助金の問題がある[21]。ARAの補助金は，高齢者用住宅を建設する際に非営利組織に財政支援として支出されていた。そこで，大企業やグローバル企業などの営利企業は，ARAの補助金を獲得するために，補助金の受け皿となる非営利企業を立ち上げてきた。そして，少なくとも6,000万ユーロの補助金と，2億5,000万ユーロの無利子のローンがARAから支払われてきたのである。フィンランドにおいて社会福祉サービスを提供する営利企業とくに大企業やグローバル企業をめぐって最も多く議論されてきたのは，高齢者用住宅建設の際のARAによる公的財政支援の問題であった。環境省はARAの補助金交付が適切に行われているのかについて調査を行ったこともあるが，現在のところ，ARAが営利企業によって所有される非営利組織に補助金を支出することは，法律上適切なものとされている。このようなARAの補助金のもつ役割も営利企業とくに大企業やグローバル企業の台頭に寄与しているということができるのである。

第5に，自治体が自治体サービスを民間委託する財政上の理由である。自治体は社会福祉・保健医療サービスをアウトソーシングすることを法律上義務づけられているわけではない。自治体はサービスをアウトソーシングしてもよいし，自治体直営サービスをずっと維持し続けることもできる。また，アウトソーシングする場合においても，自治体連合にサービス提供を委託する方法も可能である。このような中で民間委託が進んでいるのは，自治体の歳出総額に占める社会福祉・保健医療費の割合が60％を超過している自治体が少なくない現実があり，今後いっそう高齢化が進み自治体の財政支出が増大するだろうという事情があった。このため自治体は効率性・生産性やコストを重視するようになり，民間のサービスを活用するとともに民間委託の手法をよりいっそう採用するようになったのである[22]。

6 小括

以上,述べてきたことをまとめれば次のようになる。

①フィンランドの全産業に占める社会福祉・保健医療サービスの比重は大変高く,雇用への貢献度も高い。今後,フィンランドはヨーロッパ諸国の中で最も高齢化が進む国の1つであり,社会福祉・保健医療サービスの役割はますます大きくなることが予想される。それとともに,医療費と介護費の上昇や負担をめぐる問題,サービス提供のあり方が,現在,そして今後のフィンランドの大きな課題になっている。

②高齢者福祉サービスにおいて大きな変化がみられる。1990年代半ば以降2005年までの期間において,ホームケアサービスの重度者へのサービス提供の重点化が行われてきた。さらに,国の削減方針のもとで老人ホームの役割の縮小,サービスつきの高齢者用住宅の増加がみられた。そして,2005年以降は,このような傾向がいっそう進んだ。1990年代後半からの老人ホームの利用者数の減少が継続するとともに,2005年以降,長期療養の病院・診療所の利用者数が著減し,グループホームなどの24時間サービスつきの高齢者用住宅の利用者数が大きく伸びた。ホームケアサービスでは重度者へのサービスの重点的提供がいっそう強化される一方で,軽度な高齢者へのホームケアサービスの提供が減少し,軽度な高齢者の自立支援を目的とした訪問介護サービス(サポートサービス)の利用者数と利用割合も低下した。さらに,ホームケアサービスから配食サービスや,清掃サービスなどが外されたり,サポートサービスの利用料金の自己負担強化の動きがみられた。

また,介護が必要な高齢者が自治体の高齢者福祉サービスを使わず,親族など近親者による介護を受けるケースが増えている。1995年以降,近親者介護手当の利用者が増えたが,このような傾向は2005年以降も続いているのである。そして,このような高齢者福祉サービスの利用状況は地域別にかなり異なっている。近親者介護手当の比重が高いMaakuntaがある一方で,ホームケアサービスの比重が高いMaakuntaがある。さらに,ホー

ムケアサービスで月別訪問回数の自治体間の比較を行うと，重度者への重点的提供を行っている自治体と，そうではない自治体との差異が大きかった。

③保健医療サービスと社会福祉サービス，とくに社会福祉サービスの民営化が進んでいる。社会福祉サービスの中で最も民営化が進んでいるのは高齢者福祉サービスであり，とくにサービスつきの高齢者用住宅において顕著である。従事者数，利用者数，年間利用日数のいずれでみた場合でも，高齢者福祉サービスの民営化が進んでいることが把握できるが，Maakunta別，自治体別にみれば，大きな差異がみられる。サービスつきの高齢者用住宅では都市部において民営化の進捗度が高いということができる。

　注目されるべきは，1995年から2005年までと2005年以降とでは，民営化の内容に違いがみられることである。フィンランドで本格的な民営化がスタートした1990年代半ばには，非営利組織の果たす役割が大きかった。しかし，2005年ころを境にフィンランドの民営化は様変わりし，営利企業が前面に躍り出，非営利組織が後景に退いたのである。このような傾向はサービスつきの高齢者用住宅とホームケアサービス，とくにサービスつきの高齢者用住宅において顕著にみられた。福祉の市場化と「（企業が）稼げる福祉」が進行しているのである。

④営利企業の中で，大企業・グローバル企業が台頭していることが注目されなければならない。例えば，2008年以降のサービスつきの高齢者用住宅についてみれば，利用者数が増加し，これにともなってスタッフ数や売上高も増加したが，サービスつきの高齢者用住宅を運営する企業数は減少した。このことは大きな営利企業にサービス提供が集中し始めていることを示唆している。営利企業にとって最大のビジネスチャンスはサービスつきの高齢者用住宅であり，そこに大企業・グローバル企業が参入しているのである。大企業の中ではフィンランドに基盤がある企業は少なく，多くはグローバル企業である。

⑤このような大企業・グローバル企業の台頭の背景には，次のような事柄が挙げられる。つまり，1993年の福祉・保健医療包括補助金制度の導入と包括補助金導入以前に厳しく規制されていた自治体のアウトソーシングの緩

和,「競争の中立性」を理由に非営利組織にのみ助成してきたスロットマシーン協会の補助金助成方法の改革, バウチャー制度の試行的採用, サービスつきの高齢者用住宅を建設・運営する営利企業のARA補助金の活用, 1995年以降今日までのアウトソーシングやバウチャー制度等にかかわる数度の法律改正などである。

⑥歳出の6割以上を社会福祉・保健医療サービスが占める自治体が増えた。そこで, 自治体では現在と将来の財政事情を斟酌し, 社会福祉・保健医療サービスを民間委託する動きが強まった。

むすびにかえて

本章では, フィンランドの社会福祉サービス, とくに民営化が最も進行している高齢者福祉サービスを検討する中で, フィンランドにおける福祉国家の変化を考察してきた。フィンランドの財政や経済はリーマンショック以降厳しい状況が続き, 若年世代を中心に失業率が大変高い[23]。このような中で, 給付の抑制や営利企業の台頭による民営化のいっそうの進行がみられるのである。明らかに1980年代末に確立したフィンランドの福祉国家は大きな変化にさらされているといえよう。今後も, 財政・経済と福祉サービスの両面から, フィンランドの福祉国家の動向について検討していくことを筆者の課題にしたい。

注

1) なお, フィンランドの民間の社会福祉サービスのうち, 自治体サービスの民間委託が8割, 純粋な民間サービス (相対サービス) が2割である。これについては, Olli Karsio and Anneli Anttonen "Marketisation of eldercare in Finland:legal frames, outsourcing practices and the rapid growth of for-profit services", (以下, Olli Karsio and Anneli Anttonenと略す) in "Marketisationin Nordic eldercare"edited by Gabrielle Meagher and Marta Szebehely,2013,S.112を参照。
2) この点については, Tilastokeskus"Suomen tillastollinen vuosikirja 2015",2015,S.399を参照。
3) 本書第2章を参照。
4) この点については, Tilastokeskus"Suomen tillastollinen vuosikirja 2015",2015,S.463

を参照。
5) Olli Karsio and Anneli Anttonen, S.90.
6) この点については，本書第1章を参照。
7) Olli Karsio and Anneli Anttonen, S.89.
8) Olli Karsio and Anneli Anttonen, S.88, S.90-91.
9) Olli Karsio and Anneli Anttonen, S90-91.
10) Olli Karsio and Anneli Anttonen, S.103-104.
11) Olli Karsio and Anneli Anttonen, S.90-91.
12) ホームケアサービスの定義は本章❷（1）で述べたとおりであるが，図表4－10，図表4－11ではホームケアサービスを先の本章❷（1）で説明したものよりも広くとっていて，障がい児，障がい者等をふくんでいる。この点については，Terveyden ja Hyvinvoinnin Laitos "Kotihoiden laskenta 30.11.2010", 2010を参照。
13) 筆者が訪問したVihti自治体（首都Helsinkiから車で1時間）の高齢者用住宅とデイサービスセンターは非営利組織の運営で，主に地元の篤志家や教育者等が資金の提供をしていた。
14) Olli Karsio and Anneli Anttonen, S.108.
15) Olli Karsio and Anneli Anttonen, S.113-114.
16) フィンランドの大企業，グローバル企業については，Olli Karsio and Anneli Anttonen, S.113-115を参照。
17) 福祉・保健医療包括補助金については，Simo Kokko "State subsidy reform in the finnish socialwelfare and health services" in "Dialogi" edited by the National Research and Development Centre for Welfare and Health, 1992, S.6-8，ならびにOlli Karsio and Anneli Anttonen, S.92-93, Jan Klavus and Satu Merilainen-Porras "Governance and financing of long-term care for older people", 2011, S.4を参照。とくに包括補助金導入時に書かれたSimo Kokko論文から学ぶ点は大きかった。
18) スロットマシーン協会の補助金の助成方法の変化については，Olli Karsio and Anneli Anttonen, S.92-96を参照。
19) 筆者がスウェーデンのソルナ自治体でヒアリングした訪問介護サービス会社のリーダーの1人は，以前には小さな訪問介護サービスの会社を営んでいた。大きな社会福祉サービス会社が営利・非営利の小規模な社会福祉サービス会社を吸収したり傘下に収めるということでは，スウェーデンはフィンランド以上に進んでいると思われる。
20) バウチャー制度とPurchase-Providerモデルについては，Olli Karsio and Anneli Anttonen,S.100-102, S.117-118を参照。
21) ARAの補助金についてはOlli Karsio and Anneli Anttonen, S.93, S.115を参照。また，ARAの活動やフィンランドのイノベーション政策については，徳丸宜穂「EU・

フィンランドにおけるイノベーション政策の新展開」，八木紀一郎，清水耕一，徳丸宜穂『欧州統合と社会経済イノベーション―地域を基礎にした政策の進化―』，日本経済評論社，2017年1月を参照。
22) Juha Hämäläinen "Privatization of social care services in Finland", 2010, S.2-9 を参照。なお，Olli Karsio and Anneli Anttonenによれば，フィンランドでは市場化，民営化の現状をどのように捉えるのかに関する調査・研究は多様に行われてはいるが，コスト，サービスの質，従事者の労働条件等について，まだ定まった結論が得られているわけではないとしている。Olli Karsio and Anneli Anttonen, S.115-117を参照。
23) 2008年に6.4％だった失業率（全国平均）が，リーマンショック以後高止まりし，2009年から2014年までほぼ毎年8％台で推移している。2014年の失業率が約17％のMaakuntaも存在する。年齢階層別に失業率をみれば，15〜24歳の失業率が最も高い。2009年以降2014年までほぼ毎年20％台前半で推移している（全国平均，2009年が21.5％，2010年が21.4％，2011年が20.1％，2012年が19.0％，2013年が19.9％，2014年が20.5％）。失業率については，Tilastokeskus "Suomen tillastollinen vuosikirja 2015", 2015, S.407-408を参照。また**図表1－3**を参照。

第5章 フィンランドにおける2010年の国庫支出金改革と自治体財政の状況
―2010年, 一般補助金の成立―

はじめに

フィンランドでは, 2010年に国庫支出金改革が行われた。つまり, これまでの社会保健省所管の国庫支出金（福祉・保健医療包括補助金）, 教育省所管の国庫支出金（教育・文化包括補助金）, 財務省所管の国庫支出金（一般交付金と税平衡化補助金）を1本に統合し, 財務省所管の一般補助金として地方自治体に交付する改革が行われ, 2010年1月から実施されたのである。

本章では, 近年のフィンランドの地方自治体（Kunta）の財政状況や自治体を取り巻く環境の変化について検証するとともに, 2010年の国庫支出金改革の内容と意義について考察することにしたい。

フィンランドにおける国と地方自治体の税源配分と自治体財政の状況

（1）国と地方自治体の税源配分

フィンランドの国と地方の関係は, 中央政府と地方自治体であるKuntaという関係になっている。本書第2章の**図表2-1**に示したように, 中央政府のもとに国の出先機関（県, Lääninhallinto）, 20の地域（Maakunta, 本書では日本語訳にせずMaakuntaのままとする）があったが, 県は行政改革により2009年12月31日に廃止された[1]。

すでに本書第1章で, 国税と地方税の内容について詳述したが, 注目されるべきは国税対地方税の関係である。リーマンショック以前は, 国税対地方税の関係についてはほとんど変化がなく, 2005年度が71対29, 2008年度が69対31と

125

なっており，国税収入の割合がほぼ7割，地方税収入がほぼ3割であった[2]。フィンランドでは，福祉・保健医療分野，教育・文化分野などで地方分権が進んでいるが，財源的には日本よりもフィンランドの方が国税の割合が高く地方税の割合が低いのである[3]。近年の日本における地方分権論議では，地方への税源付与が地方分権の最大要素のようにいわれているが，フィンランドの状況をみるならば，地方自主財源の強化が地方分権の不可欠の条件とは必ずしもいえないように思われる。少なくとも，日本で地方分権の議論を行うにあたっては，国と地方の税源配分に先行して，国と地方の役割分担の議論がしっかりと行われる必要があるのである。

ただし，リーマンショック以後のフィンランドにおいて，景気の低迷による収入減や法人所得税の減税もあって国税所得税が落ち込み，それが国税対地方税に変化をもたらしている。2010年度には65対35（**図表1−19**）となり，その後も70対30になることはなかった。例えば，2013年度（決算）と2014年度（決算）の両年度ともに国税対地方税は67対33だったのである[4]。

図表5−1は，税（国税と地方税）と社会保険料を，個人所得課税，法人所得課税，商品・サービスへの課税，社会保険料負担の4つに分け，2000年度と2007年度，2012年度について比較したものである。いくつかの特徴があげられるが，まず，法人所得課税が絶対額，構成比の両方において低下していることである。個人所得課税については，国税の比重が下がってきているものの，地

図表5−1 フィンランドにおける税・社会保険料負担の変化

（2000年度決算，2007年度決算，2012年度決算，百万ユーロ，%）

	2000 金額（構成比）	2007 金額（構成比）	2012 金額（構成比）
所得税（個人分）	19,118 （30.6）	23,396 （30.9）	24,989 （29.3）
所得税（法人分）	7,792 （12.5）	6,962 （8.1）	4,213 （4.9）
社会保険料負担	15,757 （25.2）	21,390 （28.0）	25,261 （29.6）
商品・サービスへの課税	18,220 （29.2）	23,441 （30.3）	28,370 （33.3）
その他	1,545 （2.5）	2,076 （2.7）	2,436 （2.9）
合計	62,432 （100.0）	77,265 （100.0）	85,269 （100.0）

〔出所〕 Tilastokeskus "Suornen tilastollinen vuosikirja 2009", 2009, S.343, Tilastokeskus "Suomen tilastollinen vuosikirja 2015", 2015, S.77.

方所得税が税率引き上げにより税収増になり，全体として若干の伸びがみられる。商品・サービスへの課税については，その多くの部分を占める付加価値税が安定的に伸長している。これらの租税に対し，社会保険料（社会保障拠出金）の比重が高まっている。社会保険料の負担は，基本的に労使折半となっている日本とは異なり，ほぼ企業が75％，本人が25％の負担となっている[5]。

（2）フィンランドの自治体財政の状況

　フィンランドの自治体の歳出規模（複数の自治体が共同で事務・事業を行うために設立される自治体連合の歳出を含む）は約380億ユーロであった（**図表5－2**）。それを目的別歳出でみると，福祉・保健医療費（歳出総額の51％）と教育・文化費（同24％）の比重が高い。福祉・保健医療費と教育・文化費には，人件費・物件費などの経常的経費のほかに投資的経費が含まれている。さらに，性質別歳出をみると給与・賃金が歳出総額の39％，商品・サービス購入費が28％，公債費が4％，投資的経費が10％，補助金が5％である。

図表5－2　フィンランドの地方自治体の歳出と歳入

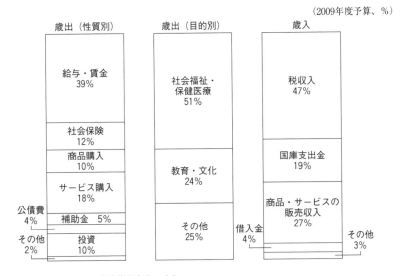

（注1）地方自治体のほかに自治体連合をふくむ。
（注2）財政規模は380億ユーロである。
〔出所〕フィンランド財務省資料 "Local Self-Government in Finland", 2010.

自治体の歳出のうち，福祉・保健医療費と教育・文化費が圧倒的に大きな割合を占めているが，これは，自治体（自治体連合）が高齢者，児童，障がい者（児）などの福祉，医療（1次医療，2次医療，歯科診療など），予防保健医療，教育（義務教育，中等教育，職業教育など），文化（図書館，生涯学習など）などの事業を展開しているからである。このほかにも，自治体は地域計画，上下水道，消防・救急，廃棄物処理，地域集中暖房，地方道や街路の整備・維持管理，交通（路面電車，バス，船の運航など），雇用・経済振興，環境保護など幅広い事業を行っている[6]。

　また，年金，大学，警察，国道の維持管理，徴税（地方税を含む），児童手当などは国の責任となっており，フィンランドでは，国と地方の役割分担は比較的はっきりしているといえるが，環境や地域開発，雇用など国と地方の仕事が重なる領域も存在している。

　次に，フィンランドの自治体の歳入をみると（自治体連合の歳入を含む）（**図表5-2**），地方税が歳入総額の47％，国庫支出金が19％，商品・サービスの販売収入が27％，借入金が4％である。なお，自治体連合には課税権がなく，国庫支出金についても一部の教育・文化関係の国庫支出金を除けば，自治体連合に直接交付されるものはほとんどない。**図表1-19**でみたように，2007年度決算での地方税収入は164億ユーロであった。うち地方所得税が140億ユーロ，不動産税が9億ユーロで，これに法人所得税の自治体収入分15億ユーロが加わる。また，国庫支出金収入は77億ユーロであったが，国庫支出金には社会保健省所管の福祉・保健医療包括補助金，教育省所管の教育・文化包括補助金，財務省所管の一般交付金と税平衡化補助金，投資的事業への国庫補助金がある。なお，自治体の行う投資的事業は，自治体平均でみれば，地方税と国庫支出金で事業費の3分の2，地方債で事業費の3分の1を賄っている[7]。

　商品・サービス購入費の比重が高いが，これは自治体が自治体連合立の病院から医療サービスを購入したり，福祉の民間委託が進むなかで民間などの訪問介護事業所や高齢者サービスつき住宅を運営する事業所などから高齢者福祉サービスを購入したり，民間の保育サービス事業所から児童福祉サービスを購入しているからである[8]。また，財政収入において商品・サービスの販売収入がかなりの規模を占めているが，これは自治体や自治体連合自らが，福祉・保健

医療はもちろん，交通，地域集中暖房，教育・文化などの分野において，商品・サービスの販売者として収入をあげているからである。

本書第1章でみてきたように，地方所得税は比例税率で自治体が自由に税率を決定できる。税率（平均）は徐々に上昇し，1970年度が14.38％，1980年度が15.86％，1990年度が16.47％，2000年度が17.65％，2010年度が18.59％であった。2010年度には実に181自治体が税率を引き上げている[9]。さらに，2015年度には19.84％になった。最高はKiteeの22.5％，最低はKauniainenの16.5％であった。地方所得税の税率は自治体が自由に決定できる仕組みになってはいるものの，自治体間での差はそれほど大きくはないということができるだろう。

不動産税については税率に制限が設けられており，自治体は一定の範囲内で税率を決めることができる。例えば，1戸建ての家の場合は評価額の0.22％から0.5％の範囲内で課すことができるのである。自治体の平均は0.29％で，最高は0.5％，最低は0.22％である[10]。また，建物が建っていない土地には高い税金が課せられる場合もあるし，公益に資する場合は税が免除される場合がある[11]。

法人所得税については，その税収入の約22.03％は自治体分であるが（2007年度，国の分は77.97％），個別自治体の受けとる金額は当該自治体に立地している企業の課税所得による。もしも，企業とその関連会社がいくつかの自治体で事業展開をしている場合は，従業員数にしたがって自治体間で配分されることになる[12]。

2　フィンランドの地方自治体の状況（1）
—人口の都市への集中と過疎化，高齢化—

近年，フィンランドの自治体を取り巻く環境は大きく変化した。変化の特徴として次の3つをあげることができる。それは，人口の都市集中と過疎化の進行，高齢化の進行，自治体間の経済力格差の拡大とその反映としての財政力格差の拡大である。自治体間の経済力格差と財政力格差については本書第2章であつかったため，前2者についてみていくことにしよう。

(1) 人口の都市への集中と過疎化

人口の都市集中が進んでいる。そして，北部や北東部のMaakunta（Lappi，

図表5－3　Maakunta別にみた人口の移動

(2011年度，人)

Maakunta	流入人口	流出人口	人口増減
全国	281,537	281,537	
Uusimaa	88,082	85,904	3,178
Varsinais-Suomi	24,376	23,795	581
Satakunta	9,369	9,798	マイナス429
Kanta-Häme	9,784	9,543	241
Pirkanmaa	29,503	28,042	1,461
Päijät-Häme	11,346	11,052	294
Kymenlaakso	5,732	6,331	マイナス599
Etelä-Karjala	5,428	5,869	マイナス441
Etelä-Savo	6,792	7,328	マイナス536
Pohjois-Savo	13,094	13,167	マイナス73
Pohjois-Karjala	8,620	8,921	マイナス301
Keski-Suomi	14,190	14,190	0
Etelä-Pohjanmaa	8,085	8,311	マイナス236
Pohjanmaa	7,919	8,096	マイナス177
Keski-Pohjanmaa	2,294	2,532	マイナス238
Pohjois-Pohjanmaa	23,402	23,801	マイナス399
Kainuu	3,328	3,999	マイナス671
Lappi	8,644	9,372	マイナス728
Ahvenanmaa	1,559	1,486	73

〔出所〕　Tilastokeskus "Suomen tilastollinen vuosikirja 2012", 2012, S.147.

Kainuuなど）の人口減少が大きくなっている。人口が増大したMaakuntaは南部に集中しているのであり（**図表5－3**），首都のヘルシンキ市のあるUusimaaやタンペレ市のあるPirkanmaa，トゥルク市のあるVarsinais-Suomiなどが着実に人口増加となっていることが把握できるのである。人口の都市への集中と過疎化の大きな理由は，産業構造の変化と都市への人口移動であるということができよう[13]。

（2）人口の高齢化[14]

人口の高齢化が過疎地域を中心に進んでいる。フィンランドの高齢者比率（全国平均）は，2005年（2005年12月31日現在）には16.0％，2014年（2014年12月31日現在）には19.9％となっている。65歳以上人口の割合が高いMaakuntaに

図表5－4　フィンランドの高齢者比率が高い自治体と低い自治体

(%)

	高齢者比率が高い自治体		高齢者比率が低い自治体	
	自治体名（所属Maakunta）	高齢者比率	自治体名（所属Maakunta）	高齢者比率
2005年	Luhanka（Keski-Suomi）	33.8	Oulunsalo（Pohjois-Pohjanmaa）	6.5
	Kuhmoinen（Keski-Suomi）	30.9	Kiiminki（Pohjois-Pohjanmaa）	6.9
	Suomenniemi（Etelä-Karjara）	30.0	Kempele（Pohjois-Pohjanmaa）	8.1
	Kumlinge（Ahvenanmaa）	28.7	Liminka（Pohjois-Pohjanmaa）	8.7
	Ristijärvi（Kainuu）	28.5	Kirkkonummi（Uusimaa）	8.8
2014年	Kuhmoinen（Keski-Suomi）	40.3	Liminka（Pohjois-Pohjanmaa）	8.7
	Luhanka（Keski-Suomi）	39.3	Tymävä（Pohjois-Pohjanmaa）	11.5
	Sysmä（Päijät-Häme）	36.0	Kempele（Pohjois-Pohjanmaa）	13.2
	Puumala（Etelä-Savo）	35.7	Pormainen（Uusimaa）	13.2
	Vesanto（Pohjois-Savo）	35.2	Espoo（Uusimaa）	13.6

(注1) 2005年は2005年12月31日現在，2014年は2014年12月31日現在の数値。
(注2) 高齢者比率が高い自治体，低い自治体ともに上位5自治体を掲げている。
(注3) Suomenniemi，Oulunsalo，Kiiminkiは自治体合併で現在は存在しない。
〔出所〕Tilastokeskus "Suomen tilastollinen vuosikirja 2006", 2006.S.78-99.
　　　Tilastokeskus "Suomen tilastollinen vuosikirja 2015", 2015.S.442-457.

ついてみてみると，2014年（2014年12月31日現在）において，最大がEtelä-Savoの26.8％，続いてKymenlaaksoとKainuuの24.4％であった。その反対に，65歳以上人口の割合が低いのはUusimaaの16.1％，続いてPohjois-Pohjanmaaの16.8％であった。

　高齢者比率を自治体ごとにみていくと（2014年），最も高い高齢者比率は，Kuhmoinenの40.3％，2位がLuhankaの39.3％，3位がSysmäの36.0％であった。最も高齢者比率が低いのは，Liminkaの8.7％，続いてTymäväの11.5％，Kempeleの13.2％，Pormainenの13.2％の順であった（**図表5－4**）。

　さらに，**図表5－5**をみると，Maakuntaの中には高齢者比率が30％以上の自治体数が当該Maakuntaの全自治体数の7割を超過しているMaakunta（Etelä-Savo）や，約半分近くの自治体が高齢者比率30％以上になっているMaakunta（Pohjois-Karjala，Etelä-Karjala，Kainuu）が存在していることがわかる。高齢化が急速に進んでいるのである。

図表5－5　各Maakuntaにおける全自治体数に占める高齢者比率が30％以上の自治体数の割合

(％)

	自治体数	高齢者の比率が30％以上の自治体数	高齢者比率30％以上の自治体の占める割合
全国	317	63	19.8
Uusimaa	26	0	0
Varsinais-Suomi	27	3	11.1
Satakunta	19	2	10.5
Kanta-Häme	11	0	0
Pirkanmaa	22	2	9.0
Päijät-Häme	11	3	27.2
Kymenlaakso	7	1	14.2
Etelä-Karjala	9	4	44.4
Etelä-Savo	14	10	71.4
Pohjois-Savo	19	7	36.8
Pohjois-Karjala	13	6	46.1
Keski-Suomi	23	8	34.7
Etelä-Pohjanmaa	18	3	16.6
Pohjanmaa	15	2	13.3
Keski-Pohjanmaa	8	0	0
Pohjois-Pohjanmaa	29	1	3.4
Kainuu	9	4	44.4
Lappi	21	5	23.8
Ahvenanmaa	16	2	12.5

(注)　2014年12月31日現在の数値である。
〔出所〕　Tilastokeskus "Suomen tilastollinen vuosikirja 2015", 2015, S.442-457.

3　フィンランドの地方自治体の状況（2）
―自治体合併と自治体間協力・連携，自治体連合―

　フィンランドでは近年自治体の合併が進んでいる。フィンランドの自治体数は2016年1月1日現在で313である。2006年1月1日現在の自治体数は431であったから，10年間で約27％にあたる118自治体が減少したのである。
　さらに，**図表1－12**から，Maakunta間での自治体合併の進捗状況には大きな差異がみられることが判断できる。つまり，Varsinais-SuomiやKymenlaaksoのように自治体数がほぼ半減したところや，Kanta-Häme，Pirkanmaa，Etelä-

Pohjanma, Keski-Suomiのように約4分の1の自治体が減少したMaakuntaがある一方で，Lappi, Ahvenanmaaのように自治体合併がまったく行われていないMaakuntaも存在するのである。また，合併後の新自治体の名称は合併の中心となった自治体名をそのまま用いることが多く，合併にともなって新しい自治体名を名乗ることになった自治体は，UusimaaのRaasepori, Varsinais-SuomiのKemiönsaari, PirkanmaaのAkaa, Pohjois-PohjanmaaのSiikalatvaなど，わずかにすぎないことが特徴としてあげられる[15]。

ただし，自治体合併が進んではいるものの，2011年12月31日現在において，人口2,000人未満の自治体が46，2,000人以上4,000人未満の自治体が77，4,000人以上6,000人未満の自治体が50存在している（**図表1-12**）。自治体合併が進んでも，人口6,000人未満の自治体が，実に自治体全体の半分以上を占めているのである。これらの小規模自治体では公共サービスを自治体単独事業として行うには限界があるため，自治体間協力・連携が盛んに行われている。さらに，「自治体およびサービスの構造改革」(Kunta-ja palvelurakenneuudistus) により，1次医療とこれに密接に関連する福祉サービスについては少なくとも人口数2万人，職業専門学校については人口数5万人を1つの区域として事業を展開するように国が自治体に求めたことも，自治体間協力・連携を加速させた[16]。なお，自治体合併協議に参加した自治体数は，2005年度以降についてみれば，205自治体にのぼった[17]。

自治体間協力・連携の方法は多様であるが，まず，本書第1章で詳しく述べたように，特定の事業分野について複数の自治体が集まって自治体連合を形成する方法があげられる。自治体合併が進む中で，合併を選択しない自治体はもちろんのこと，合併自治体においても自治体連合の形成が進んでいる。そして，自治体連合の財政規模も拡大してきたのである（**図表1-11**）。

さらに，自治体間協力・連携には，次のような方法もある。つまり，複数の自治体が会社（第3セクター）をつくって株式をもち第3セクターから各自治体がサービスを購入する，ほかの自治体からサービスを購入する（ほかの自治体にサービスを提供する），得がたい人材を自治体間で活用するなどの方法である[18]。また，「自治体およびサービスの構造改革」により，近年，1次医療とこれに関連する福祉事業については「2万人の人口規模」を満たすように自

治体間協力・連携地域が形成されてきている。このうち20が自治体連合を形成し，中心自治体が周辺自治体分のサービスを担う方法（host-municipality-model）を選択したのは35であった[19]。

4　2010年の国庫支出金改革

（1）1993年の国庫支出金改革と包括補助金制度の創設

　1993年に地方分権的な財政改革が行われ，それまでの使途が厳しく限定されていた福祉・保健医療と教育・文化の国庫支出金に代わり，自治体の支出の裁量権を大幅に拡大した包括補助金（福祉・保健医療包括補助金，教育・文化包括補助金）がつくられた。この改革後，フィンランドの国庫支出金は，福祉・保健医療包括補助金，教育・文化包括補助金，一般交付金，税平衡化補助金，投資的事業への補助金の5つにほぼ大別されたのである。国庫支出金の中では，2つの包括補助金の比重が圧倒的に高かった。

　フィンランドにおいて地方財政調整の役割を担うのは国庫支出金である。自治体間の財政力に違いがあるため，地方財政調整機能をもつ国庫支出金への依存度が高い自治体もあれば，自主財源の比重の高い自治体も存在する。2007年度決算では，地方税と国庫支出金の比率（全国平均）は3対1となっているが，Maakunta別にみてみると，Uusimaaが9.5対1，Itä-Uusimaaが4対1と自主財源比率が高かった。その反対に，所属自治体の半数以上で地方税収入額を国庫支出金収入額が上回るMaakunta（Kainuu, Pohjois-Karjala）が存在した（図表5-6）。

（2）2010年の国庫支出金改革と一般補助金の創設

　2010年に改革が実施されたことにより，特定の教育・文化サービス（職業専門学校など）に関する国庫支出金と投資的事業への補助金を除いて，国庫支出金が1つにまとめられ，財務省から使途が限定されない一般補助金として自治体に交付されることになった。この改革による自治体と自治体財政への影響は，少なくとも改革直後においてはほとんどない。というのは，1993年の改革後，

図表5-6　Maakunta別にみた地方自治体の地方税収入・国庫支出金収入の人口1人当たり額と国庫支出金収入が地方税収入を上回った自治体数

(2007年度決算，ユーロ)

Maakunta	地方税	国庫支出金	国庫支出金収入が地方税収入を上回った自治体数
Uusimaa	3,841	404	0
Itä-Uusimaa	3,428	892	0
Varsinais-Suomi	2,996	1,200	1
Satakunta	2,735	1,556	5
Kanta-Harne	2,842	1,115	0
Pirkanmaa	2,960	1,035	1
Päijät-Häme	2,797	1,088	0
Kymenlaakso	2,983	1,079	1
Etelä-Karjala	2,789	1,136	0
Etelä-Savo	2,644	1,533	2
Pohjois-Savo	2,625	1,471	9
Pohjois-Karjala	2,507	1,751	⑦
Keski-Suomi	2,682	1,253	9
Etelä-Pohjanmaa	2,497	1,632	3
Pohjanmaa	2,865	1,542	0
Keski-Pohjanmaa	2,660	1,530	3
Pohjois-Pohjanmaa	2,768	1,397	13
Kainuu	2,567	1,821	⑤
Lappi	2,795	1,631	7
Ahvenanmaa	2,764	1,037	2
全国	3,074	1,086	67

(注)　○印は国庫支出金収入が地方税収入を上回った自治体数が半数以上のMaakunta。
〔出所〕　Tilastokeskus "Suomen tilastollinen vuosikirja 2009", 2009, S.366-381より作成。

包括補助金は「大変幅広い特定財源」としての役割を果たしてきたことや，今回の改革で自治体に交付する際の算定方法や交付基準が変化したわけではなかったこと，もともと一般交付金はほぼ一般財源の交付であったといえることからである。

では，自治体に一般補助金が交付される仕組みをみてみよう。

まず，包括補助金の各自治体への算定方法である。推計コスト積み上げ方式が改革後も踏襲された。これまで福祉・保健医療包括補助金は，各自治体の年齢別構成人口数にそれぞれの年齢別人口ごとに算定された基礎価格（1人当たり額）を乗じたものを基本に，失業率，疾病率，地理的条件などが加味されて各自治体の福祉・保健医療費の推計コストが算出されていた。また，教育・文

化包括補助金のうち就学前教育と義務教育では基礎価格に人口数（6〜15歳）を乗じ，さらに，人口密度や島しょ部の場合の上乗せや，13〜15歳人口分の上乗せ，2つの公用語（フィンランド語とスウェーデン語）をもち住民の多くがスウェーデン語を話す自治体やスウェーデン語のみを公用語としている自治体（Ahvenanmaaに属する全自治体とPohjanmaaに属するLuotoなど3自治体）の場合の上乗せ，などが加味されて推計コスト算定がなされてきた。改革後も，このような仕組みに変化はない（**図表5－7**，**図表5－8**）。**図表5－9**では，改革初年度になる2010年度の一般補助金算定の際の福祉・保健医療分における最も重要な指標となる年齢構成別人口に関する基礎価格を掲げた。保育サービスが必要な年齢層（0〜6歳）の社会福祉の基礎価格や，介護サービスや医療サービスがとくに必要となる75歳〜84歳，85歳以上の社会福祉と保健医療の基礎価格が大きな金額となっていることが判断できる。

　なお，高校，職業専門学校，高等専門学校などの教育サービスと，美術館や劇場などの一部の文化サービスに関するものについての補助金は，一般補助金

図表5－7　一般補助金算定の際の福祉・保健医療分の推計コスト積み上げ方式の内容

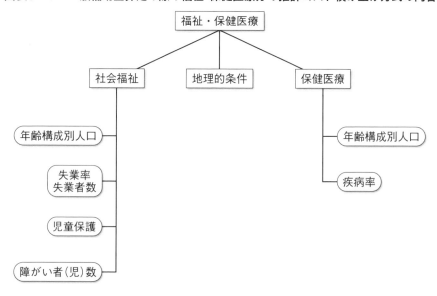

〔出所〕　フィンランド財務省資料 "The System of central government transfers", 2010.

図表5-8 一般補助金算定の際の教育・文化分の推計コスト積み上げ方式の内容

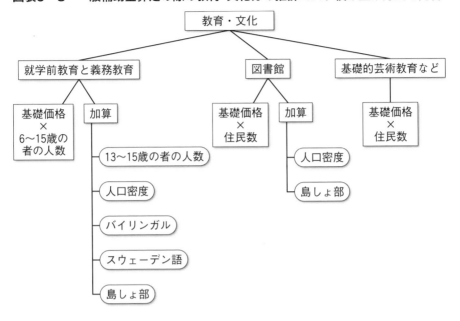

〔出所〕 フィンランド財務省資料 "The System of central government transfers", 2010.

図表5-9 一般補助金算定の際の福祉・保健医療分における年齢構成別人口ごとに算定された基礎価格の数値

(2010年度, 住民1人当り額, ユーロ)

社会福祉		保健・医療	
0～6歳の基礎価格	6,249.79	0～6歳の基礎価格	791.40
7～64歳の基礎価格	291.92	7～64歳の基礎価格	879.92
65～74歳の基礎価格	847.49	65～74歳の基礎価格	2,071.39
75～84歳の基礎価格	5,113.61	75～84歳の基礎価格	3,995.44
85歳以上の基礎価格	14,041.43	85歳以上の基礎価格	6,935.07

〔出所〕 2010年3月10日実施のKuntaliitto(フィンランド自治体協会)におけるヒアリングならびに同協会資料 "About the local tax revenues and finances and the state subsidies reform 2010", 2010により作成。

としてではなく，教育省所管のまったく別の形態の補助金として取り扱われる。つまり，この補助金は一般補助金の計算からははずされており，教育省所管の補助金として生徒数などに基づいて交付される。交付先についても，一般補助

金がすべて自治体に交付されるのに対し，この補助金の交付先は自治体とは限らない。例えば，自治体立だけではなく，自治体連合立や民間の運営も多い職業専門学校の場合には，自治体だけではなく，運営主体となっている自治体連合や民間に直接補助金が支出されるのである[20]。このため，実質的には特定補助金に近い性格を有しているということができるのである。

次に，包括補助金のときと同様に，一般補助金においても各自治体の福祉・保健医療，教育・文化のそれぞれの推計コスト積み上げ額から各自治体が自らの財源で負担すべき金額が差し引かれる。そして，このようにして得られた金額が，福祉・保健医療，教育・文化それぞれにおける国から各自治体への移転金額（財政需要分の補助金の額）になる。自治体の自己財源で負担すべき金額は，自治体の区別なくどこの自治体においても住民1人当たり定額となっているが，それは，各年度の福祉・保健医療費，教育・文化費それぞれについての国と自治体との間の支出の責任割合（推計コストに対する国と自治体の負担割合）にもとづいて計算される[21]。

包括補助金制度の最終年度となった2009年度の場合は，福祉・保健医療分野においては自治体負担分が65.36％，国庫支出金分が34.64％，教育・文化分野においては教育と図書館の自治体負担分が58.18％，国庫支出金分が41.82％，文化関係の自治体負担分が70.30％，国庫支出金分が29.70％であった[22]。さらに，福祉・保健医療分野の推計コスト（年齢構成別人口ごとに算定された基礎価格）は，**図表5－10**のように変化している。例えば85歳以上の社会福祉については，2006年度が1万546ユーロであったが2009年度には1万3,866ユーロに，0～6歳の社会福祉は2006年度が4,719ユーロであったが2009年度には6,081ユーロに，それぞれ上昇している。

福祉・保健医療分野の全推計コストにしめる国庫支出金分は2006年度が33.32％，2007年度が33.88％，2008年度が32.74％，2009年度が34.64％というように若干の変化がみられる。また，自治体が自己財源で負担すべき1人当たり金額も上昇している（2006年度が1,539ユーロ，2007年度が1,603ユーロ，2008年度が1,974ユーロ，2009年度が1,994ユーロ）。そして，2009年度の全自治体が負担する総額は約100億ユーロにのぼっている。

2008年度の福祉・保健医療分野における自治体の自己財源で負担すべき住民

図表5－10　福祉・保健医療分野（福祉・保健医療包括補助金）における年齢構成別人口ことに算定された基礎価格の数値の変化（人口1人当たり額）と福祉・保健医療の全推計コストにしめる福祉・保健医療包括補助金のしめる割合，自治体が自己財源で負担すべき1人当たり額

(ユーロ，％)

社会福祉	2006年度	2007年度	2008年度	2009年度	保健医療	2006年度	2007年度	2008年度	2009年度
0～6歳の基礎価格	4,719.40	4,916.24	5,931.23	6,080.74	0～6歳の基礎価格	581.26	602.10	721.07	749.19
7～64歳の基礎価格	223.44	240.79	291.63	280.05	7～64歳の基礎価格	661.89	686.35	822.39	854.86
65～74歳の基礎価格	621.25	652.71	781.55	824.64	65～74歳の基礎価格	1,556.63	1,622.79	1,943.12	2,018.90
75～84歳の基礎価格	3,776.58	3,935.40	4,712.66	4,983.99	75～84歳の基礎価格	3,021.55	3,129.86	3,748.02	3,894.19
85歳以上の基礎価格	10,545.74	10,965.83	13,129.18	13,865.52	85歳以上の基礎価格	5,245.63	5,433.66	6,505.61	6,759.33

福祉・保健医療の全推計コストにしめる包括補助金の割合と自治体が自己財源で負担すべき1人当たり額　　　　(％，ユーロ)

	2006年度	2007年度	2008年度	2009年度
包括補助金の割合	33.32％	33.88％	32.74％	34.64％
1人当たり自治体負担額	1,539.35ユーロ	1,603.04ユーロ	1,973.52ユーロ	1,993.73ユーロ

〔出所〕"Valtion talousarvioesitys 2009". 2008, S.628より作成。

1人当たり金額は1,974（1,973.52）ユーロであった。2008年度には，北部（Lappi）のSalla（4,308人，2008年12月31日）の推計コストにもとづく国庫支出金額（福祉・保健医療包括補助金額）は住民1人当たり2,125ユーロ，Kirkkonummi（同3万5,981人，Uusimaa）は513ユーロ，Helsinki（同57万6,632人，Uusimaa）は756ユーロだった（**図表5－11**）。

なお，就学前教育学校と義務教育学校の生徒が居住する自治体とは別の自治体の学校に通学している場合は，教育サービスを提供している自治体は，生徒の居住自治体から補助金の返還を受けることができる。その金額は，就学前教育と義務教育の基礎価格と当該児童生徒数，13～15歳人口がいる場合の上乗せ額により決定される[23]。

このようにして，一般補助金になってもこれまでの2つの包括補助金分が福祉・保健医療分と教育・文化分としてそれぞれで計算されたうえで，一般補助金額が示されることになる。これに加えて一般補助金額として算定されるもの

図表5−11　福祉・保健医療における国から自治体への移転額と自治体が自ら負担すべき額

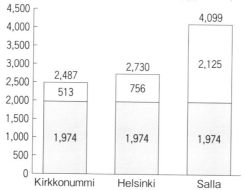

（注1）　斜線部が自治体が自ら負担すべき1人当たり福祉・保健医療費の額。
（注2）　白線部が1人当たりの国からの福祉・保健医療包括補助金額。
〔出所〕　フィンランド自治体協会資料 "About the local tax revenues and finances and the state subsidies reform 2010", 2010.

図表5−12　一般補助金算定の際の一般分の推計コスト積み上げ方式の内容

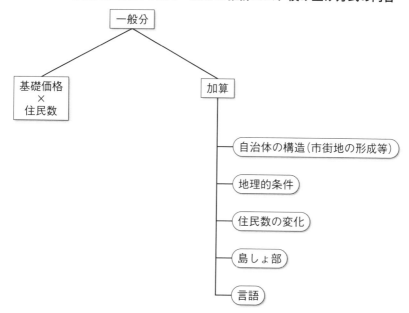

〔出所〕　フィンランド財務省資料 "The system of central government transfers", 2010.

には，2010年改革前に存在した一般交付金分がある。つまり，自治体は福祉・保健医療，教育・文化分野以外の事務事業も行っているために，これまで福祉・保健医療包括補助金と教育・文化包括補助金のほかに，福祉・保健医療や教育・文化以外の自治体の財政需要に対応することを目的とした一般交付金が国から交付されていた。2010年の改革では，このような一般交付金についても，その算定方法が踏襲されることになったのである。つまり，一般交付金では基礎価格に住民数を乗じて推計コストが算出されるのであるが，その際，島しょ部や遠隔地，自治体の構造，言語などへの配慮がなされていた。この方法が改革後も維持され（**図表5-12**），一般分として一般補助金に含まれることになるのである。

（3）自治体間の税収格差是正の方法

　以上のような作業を行ったうえで，さらに自治体間の税収格差が斟酌される。上記の計算方法でも島しょ部や過疎自治体への配慮がなされてはいるが，あくまでも，これは財政需要に着目した配慮にすぎない。自治体が自己財源で賄うべき金額は，自治体の区別なく住民1人当たり定額となっていて自治体間の税収格差への考慮はない。そこで，これまでの税平衡化補助金でとられていたときと同様な方法で，一般補助金においても自治体間の税収格差に着目した調整が行われるのである。つまり，住民1人当たり地方税収（計算上の住民1人当たり地方税収）が全国平均の住民1人当たり地方税収の91.86％（2010年度，2011年度）に達しない自治体（2010年度265，2011年度は258）には不足分が補助金加算されるのである。その反対に，住民1人当たり地方税収が全国平均の住民1人当たり地方税収の91.86％を超過した自治体（2010年度は61，2011年度は62）はその超過分の37％分（2010年度，2011年度）の補助金が減額されるのである。

　その際の計算上の住民1人当たり地方税収とは，各自治体の実際の地方税収ではない。地方所得税の税率や不動産税は自治体間で相違するので，全国の平均税率を用いた計算上の住民1人当たり地方所得税収と不動産税収が使用されるのである。例えば，2011年度における自治体間の税収格差是正では，2009年度の地方所得税の平均税率である18.59％が適用される。不動産税についても

2009年度の平均税率が適用され，例えば，定住用の1戸建て住居の場合は0.30％であった。

では，**図表5－13**を用いて，2011年度予算において，自治体間の税収格差に着目してどのような調整がなされているのかを具体的に検討してみよう。調整にあたっては地方税収，人口数とも2年前のデータが用いられることになっている。2008年12月31日現在のフィンランドの総人口数は529万8,858人で，2009年度の計算上の地方税収は173億7,715万1,490ユーロ（平均税率適用の地方所得税収入が150億3,187万4,259ユーロ，平均税率適用の不動産税が9億6,126万1,165ユーロ，法人所得税の自治体分が13億8,401万6,067ユーロ）であった。そこで計算上の1人当たりの地方税収は3,279ユーロとなり，この数値に91.86％を乗じた金額である3,012.47ユーロが基準値となる。この基準値を計算上の1人当たり地方税収が下回った自治体には，3,012.47ユーロに達する金額になるように補助金が増額され，反対に，計算上の1人当たり地方税収が基準値を上回った自治体には，その上回った金額（その自治体の計算上の1人当たり地方税収マイナス3012.47ユーロ）の37％分の補助金が減額されることになる。

図表5－13は，基準値を計算上の1人当たり地方税収入が大きく上回った6自治体と，その反対に，基準値を計算上の1人当たり地方税収入が大きく下回った5自治体の合計11自治体の税収格差是正のための調整について示している。具体例として，計算上の住民1人当たり税収が最大のKauniainen（Uusimaaに所属，6,380ユーロ）と最小のMerijärvi（Pohjois-Pohjanmaaに所属，1,766ユーロ），それに首都のHelsinki（4,436ユーロ）を取り上げてみることにしよう。基準値を計算上の地方税収が上回った自治体では超過分の37％が減額されるため，Kauniainenは3,367ユーロ，Helsinkiは1,424ユーロの超過のために，その37％である1,246ユーロ，527ユーロがそれぞれ減額されることになる。Kauniainenの人口は8,545人なので，これに1,246ユーロを乗じた1,064万ユーロの補助金が減額され，Helsinkiの人口は57万4,564人なので，これに527ユーロを乗じた3億268万ユーロの補助金が減額されることになるのである。その反対に，Merijärviは基準値に1,274ユーロ不足しているために，1,274ユーロに人口数（1,187人）を乗じた148万15ユーロの補助金が増額されることになるのである。

図表5-13 税収格差是正のための自治体間の調整のしくみ

(2011年度)

自治体	自治体の所属するMaakunta	人口(2008年12月31日現在)	計算上の地方所得税収(2009年度決算、ユーロ)	法人所得税の自治体分(2009年度決算、ユーロ)	計算上の不動産税収(2009年度決算、ユーロ)	計算上の地方税収(2009年度決算、ユーロ)		基準値との差(ユーロ)	2011年度予算	
						計算上の地方税収入額(ユーロ)	1人当り額(ユーロ)		1人当り調整額(ユーロ)	調整額(ユーロ)
全国		5,298,858	15,031,874,259	1,384,016,007	961,261,165	17,377,151,490	3,279		−3	−17,237,217
Helsinki	Uusimaa	574,564	2,119,130,554	255,258,255	174,525,342	2,548,914,151	4,436	−1,424	−527	−302,681,215
Espoo	Uusimaa	241,565	1,015,511,806	128,449,974	74,721,211	1,218,682,991	5,045	−2,032	−752	−181,661,000
Eurajoki	Satakunta	5,871	25,466,277	950,236	3,399,165	29,815,679	5,078	−2,066	−764	−4,487,903
Harjavalta	Satakunta	7,580	20,489,610	9,811,138	1,213,060	31,513,807	4,157	−1,145	−424	−3,211,355
Kaskinen	Pohjanmaa	1,478	4,798,907	2,844,453	518,828	8,162,189	5,522	−2,510	−929	−1,372,611
Kauniainen	Uusimaa	8,545	50,086,927	1,273,352	3,155,826	54,516,105	6,380	−3,367	−1,246	−10,646,583
Ranua	Lappi	4,428	7,578,263	505,346	478,491	8,562,100	1,934	1,079	1,079	4,777,117
Kärsämäki	Pohjois-Pohjanmaa	2,970	5,244,465	348,490	256,416	5,849,371	1,969	1,043	1,043	3,097,665
Merijärvi	Pohjois-Pohjanmaa	1,187	1,911,105	94,255	90,427	2,095,787	1,766	1,247	1,247	1,480,015
Polvijärvi	Pohjois-Karjala	4,843	8,116,685	834,783	565,833	9,517,301	1,965	1,047	1,047	5,072,092
Rääkkylä	Pohjois-Karjala	2,671	4,448,750	411,985	384,097	5,244,832	1,964	1,049	1,049	2,801,475

(注1) 計算上の地方所得税の税率は18.59%（2009年度）。計算上の不動産税の税率については例えば1戸建て定住住居は0.30%（2009年度）である。
(注2) 基準値は3,012.74ユーロで、基準値を計算する際に全国平均の1人当たりの計算上の地方税収入額（3,279ユーロ）に乗じる数値は91.86%である。
(注3) 1人当たり調整額を出す際に、基準値を上回る自治体が調整額される1人当たり額は基準値との差額に37%を乗じた額である。
[出所] フィンランド自治体協会資料、"Laskelma verotuloihin perustuvasta valtionosuuksien tasauksesta vuonna 2011" より作成。

2011年度予算では，以上により補助金が減額になる見込みの自治体数は62，補助金額が増額となる自治体数は258であった[24]。一般補助金が導入された最初の年度の予算である2010年度予算では減額になる見込みの自治体数は61，増額となる見込みの自治体数は265であったから[25]，増額となる自治体が7自治体減少した。また，補助金減額分と増額分を比べれば，減額分が増額分を1,723万7,217ユーロ（2010年度予算では2,291万1,760ユーロ）上回ったため，国が資金提供（財源交付）をする必要性は生じない。つまり，税収格差是正分の一般補助金（2010年改革以前は税平衡化補助金）はゼロとなるのである。このような税収格差是正のための自治体間調整における国の資金提供について考えれば，実質的には自治体間の水平的財政調整となっていることが把握できるのである。そして，以上のような作業を経ることによって，各自治体の最終的な一般補助金額が決定することになるのである。

　なお，教育省から支出される職業専門学校や美術館，劇場などの教育・文化サービスに関する補助金と投資的経費に関する補助金については，自治体間の税収格差是正の対象からはずされている。

（4）富裕自治体の動向

　補助金が減額となった自治体は，富裕な自治体ということができる。図表5－14は，2011年度に税収格差是正のための自治体間の調整により一般補助金が減額になった62自治体をすべて掲載している。図表5－14から判断できるように，人口1万人以上の自治体が49と約8割を占めている。また，南部のMaakuntaに所属する自治体が圧倒的な割合（約8割）を占めている。つまり，Uusimaaに所属する自治体が15，Varsinais-Suomiに所属する自治体が10，Pirkanmaaに所属する自治体が7，Itä-Uusimaaに所属する自治体が3，Kanta-Hämeに所属する自治体が2，Satakuntaに所属する自治体が4，Kymenlaaksoに所属する自治体が3，Etelä-Karjalaに所属する自治体が3，Päijät-Hämeに所属する自治体が1となっているのである。先に述べたように，フィンランドでは人口が増加しているのは主に南部のMaakuntaであり，南部以外のMaakuntaに属していて図表5－14に掲げられた自治体は，例えば，Jyväskylä（Keski-Suomi）やKokkola（Keski-Pohjanmaa），Kuopio（Pohjois-

図表5−14 富裕自治体（補助金が減額された自治体）の人口、所属するMaakunta、地方所得税率

(人、%)

自治体	所属Maakunta	人口	地方所得税率	自治体	所属Maakunta	人口	地方所得税率	自治体	所属Maakunta	人口	地方所得税率
Espoo	Uusimaa	241,565	17.50	Kokkola	Keski-Pohjanmaa	45,644	19.75	Pirkkala	Pirkanmaa	16,154	19.00
Eurajoki	Satakunta	5,871	18.00	Kotka	Kymenlaakso	54,694	19.50	Porvoo	Itä-Uusimaa	48,227	19.25
Hamina	Kymenlaakso	21,570	20.00	Kouvola	Kymenlaakso	88,436	19.00	Raahe	Pohjois-Pohjanmaa	22,571	19.75
Hanko	Uusimaa	9,657	19.25	Kuopio	Pohjois-Savo	95,484	18.75	Raisio	Varsinais-Suomi	24,147	17.50
Harjavalta	Satakunta	7,580	18.75	Kustavi	Varsinais-Suomi	910	19.25	Rauma	Satakunta	39,747	18.00
Helsinki	Uusimaa	574,564	17.50	Lahti	Päijät-Häme	100,080	19.00	Riihimäki	Kanta-Häme	28,536	19.00
Hyvinkää	Uusimaa	44,987	18.50	Lappeenranta	Etelä-Karjala	71,740	18.75	Ruokolahti	Etelä-Karjala	5,730	18.00
Hämeenlinna	Kanta-Häme	66,106	18.00	Lempäälä	Pirkanmaa	19,753	19.00	Salo	Varsinais-Suomi	54,777	18.00
Imatra	Etelä-Karjala	28,899	18.75	Lieto	Varsinais-Suomi	15,772	18.50	Seinäjoki	Etelä-Pohjanmaa	56,211	19.00
Inkoo	Uusimaa	5,575	20.00	Lohja	Uusimaa	39,133	19.00	Sipoo	Itä-Uusimaa	19,886	18.75
Jyväskylä	Keski-Suomi	128,028	18.50	Loviisa	Itä-Uusimaa	15,694	19.50	Siuntio	Uusimaa	5,871	20.50
Jämsä	Keski-Suomi	23,167	19.50	Länsi-Turunmaa	Varsinais-Suomi	15,405	19.25	Säkylä	Satakunta	4,761	19.50
Järvenpää	Uusimaa	38,288	19.00	Masku	Varsinais-Suomi	9,383	16.50	Tampere	Pirkanmaa	209,552	18.00
Kaarina	Varsinais-Suomi	30,347	18.00	Mustasaari	Pohjanmaa	18,112	19.25	Turku	Varsinais-Suomi	175,582	18.00
Kangasala	Pirkanmaa	29,282	19.50	Muurame	Keski-Suomi	9,178	19.00	Tuusula	Uusimaa	36,386	18.00
Kaskinen	Pohjanmaa	1,478	18.75	Naantali	Varsinais-Suomi	18,391	16.50	Vaasa	Pohjanmaa	58,597	19.00
Kauniainen	Uusimaa	8,545	16.50	Nokia	Pirkanmaa	30,951	19.00	Valkeakoski	Pirkanmaa	20,542	18.75
Kempele	Pohjois-Pohjanmaa	15,320	18.50	Nurmijärvi	Uusimaa	39,018	18.75	Vantaa	Uusimaa	195,419	18.50
Kerava	Uusimaa	33,546	18.00	Oulu	Pohjois-Pohjanmaa	137,061	18.00	Vihti	Uusimaa	27,628	19.25
Kirkkonummi	Uusimaa	35,981	18.25	Paimio	Varsinais-Suomi	10,145	18.75	Ylöjärvi	Pirkanmaa	29,762	19.00
Kiitilä	Lappi	6,039	19.00	Pietarsaari	Pohjanmaa	19,667	19.25				

(注1) 人口は2008年12月31日現在の数値。
(注2) 地方所得税率は2009年度の数値。
[出所] フィンランド自治体協会資料、"Laskelma verotuloihin perustuvasta valtionosuuksien tasauksesta vuonna 2011" ならびに Tilastokeskus "Suomen tilastollinen vuosikirja 2009", 2009, S.357-365により作成。

Savo), Oulu (Pohjois-Pohjanmaa), Seinäjoki (Etelä-Pohjanmaa), Vaasa (Pohjanmaa) などMaakuntaのなかの中心となっている規模の大きな都市が多い。その反対に，Kainuuなど失業率が高く，人口減少が進んでいるMaakuntaにおいては，補助金が減額される自治体は皆無となっている。

　さらに，富裕自治体の地方所得税の税率を調べてみると，全国平均の税率を下回っているのは22自治体であった。税率が16.50％と低い自治体がある反面，税率が20％以上の自治体も少なくない。そこで，富裕自治体だから地方所得税率が低いという判断はできない。そして，各自治体が課す地方所得税の税率における最高と最低の幅が小さいために，特徴的な動きを見いだすことが難しいといえる。今後は，各自治体の地方債の累積高や都市部特有のニーズなど，別の指標の検討も必要だろう。

（5）人口密度が極端に低い，島しょ部に位置しているなど特別な事情を抱えている自治体への配慮

　なお，2010年改革では，上記に加えて，新しく次の措置が取られた。つまり，人口密度が極端に低い過疎自治体と島しょ部自治体（島しょ部の自治体もしくはそのなかに島しょ部を抱えている自治体）[26]の財政需要に対応するために，3,000万ユーロが28自治体に割り当てられたのである。そして，このための財源を捻出するために，フィンランドのすべての自治体において住民1人当たり6ユーロが一般補助金から差し引かれることになった[27]。

　図表5-15から判断できるように，これらの自治体のほとんどは，Lappiなど北部のMaakuntaに所属していて遠隔地で面積がきわめて広く人口が少ない（きわめて人口密度が低い）自治体や，島しょ部であるなどの事情を抱えていて合併がきわめて難しい自治体，自治体間協力・連携を行っても1次医療における人口2万人規模に到底達しえないことなどの事情を抱えている自治体である。また，これらの自治体のなかには少数民族であるサーメ人が居住する自治体（Lappiに属する自治体）があり，サーメ人への政策的な配慮がなされている。

図表5-15　一般補助金の交付に際し特別な配慮を受ける28自治体の内容

(人, k㎡, 人/k㎡)

人口密度が極端に低い自治体					島しょ部の自治体				
自治体	所属 Maakunta	人口	面積	人口密度	自治体	所属 Maakunta	人口	面積	人口密度
Muonio	Lappi	2,360	1,903.9	1.2	Enonkoski	Etelä-Savo	1,651	306.1	5.4
Savukoski	Lappi	1,216	6,438.6	0.2	Hailuoto	Pohjois-Pohjanmaa	1,028	196.6	5.2
Enontekiö	Lappi	1,915	7,945.9	0.2	Kemiönsaari	Vasinais-Suomi	7,303	687.1	10.6
Utsioki	Lappi	1,322	5,144.3	0.3	Kustavi	Vasinais-Suomi	910	166.4	5.5
Inari	Lappi	6,866	15,052.4	0.5	Länsi-Turunmaa	Vasinais-Suomi	15,405	881.9	17.5
Pelkosenniemi	Lappi	1,046	1,836.8	0.6	Maalahti	Pohjanmaa	5,549	521.0	10.7
Kittilä	Lappi	6,039	8,095.0	0.7	Puumala	Etelä-Savo	2,645	794.6	3.3
Salla	Lappi	4,308	5,730.1	0.8	Sulkava	Etelä-Savo	3,033	584.9	5.2
Sodankylä	Lappi	8,872	11,696.4	0.8					
Ranua	Lappi	4,428	3,453.7	1.3					
Posio	Lappi	4,020	3,039.1	1.3					
Kolari	Lappi	3,860	2,558.5	1.5					
Pudasjärvi	Pohjois-Pohjanmaa	9,031	5,638.6	1.6					
Rautavaara	Pohjois-Savo	1,949	1,151.2	1.7					
Suomussalmi	Kainuu	9,435	5,270.8	1.8					
Utajärvi	Pohjois-Pohjanmaa	3,045	1,671.0	1.8					
Lestijärvi	Keski-Pohjanmaa	881	480.7	1.8					
Ristijärvi	Kainuu	1,548	836.3	1.9					
Taivalkoski	Pohjois-Pohjanmaa	4,546	2,438.2	1.9					
Puolanka	Kainuu	3,183	2,461.7	1.3					

(注1)　面積は2009年1月1日現在の数値。
(注2)　人口は2008年12月31日現在の数値。
(注3)　島しょ部の自治体のうちEtelä-Savoに属する3自治体は，住民が居住し生活している湖沼上の島をもつ自治体である。
〔出所〕　フィンランド財務省資料"The system of central government transfers", 2010 ならびにTilastokeskus "Suomen tilastollinen vuosikirja 2009". 2009, S.78-95により作成。

むすびにかえて

　フィンランドの2010年の国庫支出金改革は，社会保健省所管の福祉・保健医療包括補助金，教育省所管の教育・文化包括補助金，財務省所管の一般交付金と税平衡化補助金を，財務省所管の一般補助金に1本化したものである。この改革により，フィンランドの国庫支出金は，高校，職業専門学校，高等専門学校などの教育サービスと，美術館や劇場など自治体の一部の文化サービスに関

する国庫支出金，開発事業などの投資的補助金，ならびに財務省所管の一般補助金にほぼ大別されることになった。この中で一般補助金は国庫支出金全体の9割を占めることになった[28]。

2010年の改革前の包括補助金や一般交付金の自治体における自由裁量度が高かったために，2010年の改革により自治体の支出の自由裁量度が格段に増したわけではない。また，自治体に交付する際の算定方法や交付基準が変化したわけでもない。その意味では，自治体にとっては，2010年の改革は，使途限定の福祉・保健医療国庫支出金と教育・文化国庫支出金から福祉・保健医療包括補助金と教育・文化包括補助金への転換を行った1993年の改革のような大改革ということはできないし，自治体の側にもそのような認識はない。

しかし，2010年の改革は，現段階では改革前の仕組みとほとんど違いはないけれども，今後，改定や改正が施されることになるのか，改定や改正が行われるのであれば，どのようなものになるのかを筆者は注視したい[29]。また，今後，フィンランドの自治体における施策展開に新しい動きがでてくるのか，福祉・保健医療サービスや教育・文化サービスの内容や水準への影響が出てくるのかなどについても注目していきたい。

さらに，日本の国庫支出金改革を念頭におきながらフィンランドの改革を考えれば興味深い論点が浮かんでくる。日本では一括交付金の議論がこれまで行われてきたが，その括り方をどの程度にするのか，そもそも建設事業における箇所づけのもつ意義をどのように考えたらよいのか，一括交付金の括り方を広げれば広げるほど地方交付税との関係をどのようにするのか，義務教育費国庫負担金など使途限定の国庫支出金の役割や意義をどのように考えたらよいのか，縦割り行政を減ずるための省庁改革をどのようにするのかなどの課題があった。フィンランドでは，社会保健省と教育省が所管していた国庫支出金を財務省に1本化したことと，一般補助金になじまないものについては別の形態の補助金として存立させていることが大変興味深い。前者については，そもそも縦割り行政が強固な日本ではフィンランドのようなことが果たしてできるのだろうかという点に関心がある。また，後者については，フィンランドでは投資的事業への補助金はもっぱら支出ベースが交付の際に考慮されている。職業専門学校や美術館などの教育・文化サービスに関する補助金については，その交付先は

自治体だけではなく，自治体連合や民間をふくんでいる。そして，そのことゆえに特定補助金に近い形態の補助金として存立している。日本で地方分権が進んでも，単純な一般財源主義ではことは進まないだろう。フィンランドの国庫支出金は，日本において地方分権が進んでいくのならば，その際の補助金を考えるときにもヒントを与えているといえるのではないだろうか。

注

1) フィンランドの県の廃止については，山田眞知子「フィンランドの地方自治体とサービスの構造改革」財団法人自治体国際化協会編『比較地方自治研究会調査研究報告書（平成22年度）』自治体国際化協会，2011年3月を参照。
2) Tilastokeskus "Suomen tilastollinen vuosikirja 2007", 2007（以下Vuosikirjaと略す），S.340-341. "Vuosikirja 2009", 2009, S.342-343. "Vuosikirja 1998", 1998, S.302-303.
3) 日本の場合，国税収入額が45兆8,309億円，地方税が39兆5,585億円となっており，国税対地方税は53.7対46.3になっている（2008年度決算）。
4) "Vuosikirja 2015", 2015, S.76.
5) "Vuosikirja 2009", 2009, S.343, "Vuosikirja 2015", 2015, S.76.
6) フィンランド財務省資料 "Local Self-Government in Finland—Public services, administration and finance", 2010を参照。
7) 注6）のフィンランド財務省資料を参照。
8) 近年，フィンランドでは福祉・保健医療サービス，とくに福祉サービスの民間委託が進み，このため自治体が民間事業所からサービスを購入することが増大している。この点については，本書第3章，第4章を参照。
9) フィンランド自治体協会資料 "About the local tax revenues and finances and the state subsidies reform 2010", 2010を参照。
10) 注6）のフィンランド財務省資料を参照。
11) 注6）のフィンランド財務省資料を参照。
12) 注6）のフィンランド財務省資料を参照。
13) Matti Heikkila, Mikko Kautto "Welfare in Finland", 2007を参照。本書第2章を参照。
14) 高齢者比率については，STAKES "Ikääntyneiden sosiaali-ja terveyspalvelut2005", S.32ならびに "Vuosikirja 2006", 2006, S.78-99, "Vuosikirja 2015", 2015, S.442-457を参照。
15) "Vuosikirja 2009", 2009, S.357-365を参照。
16) フィンランド財務省資料 "Project to restructure municipalities and services", 2010, "Vuosikirja2012", 2012, Suomen Kuntaliitto "Laskelma verotuloihin perustuvasta valtionosuuksien tasauksesta vuonna 2015", 2014を参照。

17）注16）のフィンランド財務省資料を参照。
18）注16）のフィンランド財務省資料ならびに注1）の山田眞知子前掲論文による。なお，注1）の山田眞知子前掲論文は自治体間協力・連携について詳しい。
19）注16）のフィンランド財務省資料ならびに注1）の山田眞知子前掲論文による。
20）職業専門学校への補助金については，横山純一「93年，自治体裁量の大きい教育包括補助金制度を創設」日本教育新聞社『週刊教育資料』949号，2006年8月，14-15頁を参照。
21）フィンランド財務省資料"The system of central government transfers"を参照。
22）この点については，"Valtion talousarvioesiteys 2009", 2008, S.77を参照。
23）注21）のフィンランド財務省資料を参照。
24）税収格差是正のための自治体間調整（2011年度予算）に関するフィンランド自治体協会資料 "Laskelma verotuloihin perustuvasta valtionosuuksien tasauksestavuonna 2011"を参照。Ahvenanmaaに所属する自治体（自治体数16）は含まれていない。
25）税収格差是正のための自治体間調整（2010年度予算）に関するフィンランド自治体協会資料 "Verotuloihin perustuva valtionosuuksien tasaus vuonna 2010"を参照。Ahvenanmaaに所属する自治体（自治体数16）は含まれていない。
26）島しょ部の自治体には，オーランド諸島の自治体（Ahvenanmaaに所属する自治体）は含まれていない。
27）注21）のフィンランド財務省資料を参照。
28）注6）のフィンランド財務省資料を参照。
29）1993年の国庫支出金改革（包括補助金の創設）の際には，その直後から財政力よりも財政需要因子を重視する改革が志向された。また，交付基準の改正が繰り返されてきた。例えば，福祉・保健医療包括補助金における年齢構成別人口は，改革時には0～6歳，7～64歳，65歳～74歳，75歳以上の4つにわかれていたが，その後，75歳以上が分割されて75～84歳，85歳以上となった。その意味で，2010年の改革後，数年が経過したときにどのような変化が生じることになるだろうかが注目されたが，本章第6章，第7章において詳細を述べたように，2012年と2015年に一般補助金の改定が行われたのである。

フィンランドにおける2010年の国庫支出金改革とその後の国庫支出金の動向(2010〜2015)
—2012年,2015年の改定を中心に—

はじめに

　フィンランドでは2010年に国庫支出金改革（2010年1月1日施行，以下2010年改革と略す）が行われ，それまで国庫支出金の大部分を占めていた福祉・保健医療包括補助金と教育・文化包括補助金，ならびに一般交付金が廃止され，新たにこれらを統合した一般補助金が創設された。この改革により，地方自治体（以下自治体と略す）向けの国庫支出金は，一部の教育・文化国庫支出金，プロジェクト国庫支出金（投資補助金）等を除き，ONE PIPE CENTRAL-GOVERNMENT（財務省所管）に一元化されたのである。

　2010年改革後，フィンランドの地方財政調整は，一般補助金を通じて自治体の財政需要と財政力を斟酌して行われている。自治体の財施需要については，年齢別構成人口を中心に多様な指標が用いられている。自治体間の税収格差を是正するために行われる財政力の斟酌については，国の役割は限定的にとどまり，自治体間で一般補助金を増減するしくみがとられている。つまり，まず，各自治体の財政需要を斟酌した算定によって各自治体に配分される一般補助金が暫定的に決められる。次に，各自治体の財政力を考慮に入れた算定が行われ，上記のように暫定的に決められた各自治体の一般補助金額が，財政力の豊かな自治体で減額され，財政力の低い自治体で増額されるのである。そして，自治体全体で減額分の方が増額分よりも多ければ国の財政資金提供は必要なく，その反対に増額分の方が減額分よりも多い場合は，国の財政資金の交付が行われる。

　地方財政調整制度の中で，国の財源を自治体間に配分する際に財政力の弱い自治体に厚く配分するしくみを垂直的財政調整とよんでいる。その意味では，

フィンランドの一般補助金は垂直的財政調整であるといってよい。ただし，一般補助金の財政力を斟酌する算定において，富裕な自治体から財政力の低い自治体への財源移転の仕組み（富裕な自治体が拠出し，財政力の低い自治体が受け取る）が取り入れられているため，やや厳密さを欠いた言い回しになるかもしれないが，本章では，これを一種の水平的財政調整的な手法と表現したい。本章では，以下，垂直的財政調整のもとで行われる，このような水平的財政調整的な手法において国庫支出金（一般補助金）が減額になった自治体を拠出自治体，増額となった自治体を受取自治体と表現する。

　本章は，2010年改革とその後の一般補助金の動向（2010年〜2015年）について検討することを目的としているが，主に，2012年と2015年に行われた自治体への交付方式（算定方法）の改定と，その改定がもたらした自治体への影響，改定の目的について明らかにすることにしたい。

　本章の構成は次のようになる。

　まず，1980年代半ば以降現在までの国庫支出金の歴史を概観する。

　次に，2010年改革で創設された一般補助金の算定方法と水平的財政調整のしくみを述べ，一般補助金の自治体への交付方法を明らかにする。

　第3に，フィンランドの一般補助金総額と国負担割合（補助率）の変化，水平的財政調整の一般補助金全体における比重，自治体財政における水平的財政調整の役割を検討する。

　第4に，水平的財政調整における算定方法の改定が2012年と2015年になされたが，改定の内容と，これがもたらした自治体への影響，改定の目的について考察する。とくに，変更が大きかった2015年改定について詳述したい。

1　フィンランドの国庫支出金の歴史[1)]

　第1章と重なるところも少なくないが，1980年代初頭から現在までのフィンランドの国庫支出金についてみていこう。その際，まず最初に，Maakuntaについて掲げておく（図表6-1）。Maakuntaの数は20であったが，Itä-UusimaaがUusimaaに統合されたために，現在は19になっている。県もかつて12存在したが，国の行政改革によって6つに減少し，2009年12月31日に全廃となった。

図表6-1 フィンランドのMaakunta

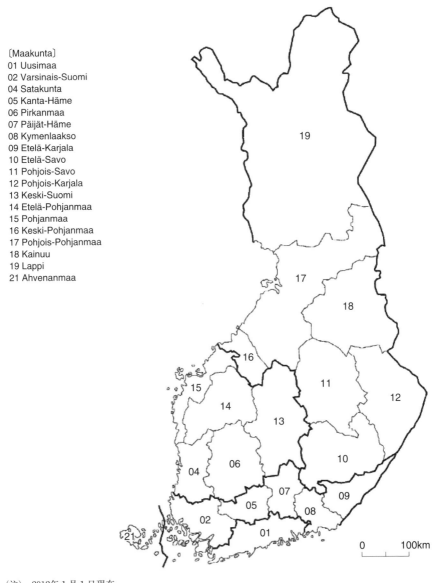

〔Maakunta〕
01 Uusimaa
02 Varsinais-Suomi
04 Satakunta
05 Kanta-Häme
06 Pirkanmaa
07 Päijät-Häme
08 Kymenlaakso
09 Etelä-Karjala
10 Etelä-Savo
11 Pohjois-Savo
12 Pohjois-Karjala
13 Keski-Suomi
14 Etelä-Pohjanmaa
15 Pohjanmaa
16 Keski-Pohjanmaa
17 Pohjois-Pohjanmaa
18 Kainuu
19 Lappi
21 Ahvenanmaa

(注) 2012年1月1日現在。
〔出所〕 Tilastokeskus "Suomen tilastollinen vuosikirja 2012", 2012, S.49.

(1) 1980年代の使途限定の国庫支出金と福祉国家の成立

　フィンランドでは1982年9月17日に,「社会福祉・保健医療計画と国庫支出金に関する法律」(Laki sosiaali-ja terveydenhuollon suunnittelusta ja valtionosuudeste) が成立し, 1984年1月1日から施行された。このときの社会保障関係の国庫支出金は使途が厳しく限定され, 支出ベースで自治体に交付された。同法16条に示されている同法成立時の国庫負担率をみると, 自治体を財政力の強弱で10等級に分け, 財政力の弱い自治体ほど国庫負担率が高くなっていた。しかも, 1980年代後半の順調な経済成長と良好な財政に支えられて, ほとんどの自治体が, この法律にもとづく国庫支出金によって, 高齢者福祉（とくに在宅福祉), 児童福祉, 障がい者（児）福祉に力を入れることができた。そして, 多数のホームヘルパーが自治体で採用されるとともに, デイサービスセンターや保育所が次々とつくられていった。1980年代後半の高成長を背景に, このような自治体向けの社会保障関係の国庫支出金が拡充され, 各自治体は社会福祉の充実を図り, この時期にフィンランドは普遍主義を標榜する北欧型福祉国家の一員になったのである。

(2) 1993年改革と包括補助金の創設

　1993年には大きな財政改革 (1993年1月1日施行) が行われ, これまでの使途限定の社会保障関係の国庫支出金と教育・文化国庫支出金は, いずれも包括補助金（福祉・保健医療包括補助金, 教育・文化包括補助金）に転換した。これにより, 自治体の支出の自由裁量権が拡大し, 例えば福祉・保健医療包括補助金の場合, 自治体は, 福祉・保健医療であれば, どんな支出にも包括補助金を充てることができるようになった。包括補助金は「裁量の余地が大きい特定財源」ということができ, その創設目的は自治体の支出の自由裁量権の拡大にあった。したがって, 1993年の財政改革を地方分権的な財政改革と位置づけることができるように思われる。

　しかし, この改革は, 1991年の大不況による経済の落ち込みと総債務残高の増大の中で行われたために, 包括補助金がスタートしたのと同時に補助金のカットが行われた。そして, 自治体と自治体連合向けの国庫支出金は, ほぼ1990

年代をとおして継続して削減された。とくに，国庫支出金の中で比重が大きかった社会保障関係の国庫支出金（福祉・保健医療包括補助金）の削減が大きかったのである。

このようななか，高齢者福祉サービスについては，1990年代半ば以後今日まで，高齢者福祉サービスの経費支出額の伸び率の鈍化や，ホームケアサービス，老人ホームなどの介護サービスを利用する高齢者の高齢者総数に占める割合の低下，ホームケアサービスの重度者への提供の重点化などがみられた。さらに，高齢者福祉，児童福祉ともに，自治体サービスの民間委託を中心に福祉の民営化が進行した。また，民間の社会福祉サービスの従事者数が，高齢者用サービスつき住宅を中心に大幅に増加した。

（3）1995年の福祉施設建設補助金の廃止と包括補助金の算定方法からの「財政力」の除外

1995年には福祉施設建設のための国庫支出金が廃止された。福祉施設建設のための国庫支出金は，使途限定の国庫支出金として老人ホームなどの福祉施設の拡充に貢献した。このような使途限定の福祉施設建設のための国庫支出金は，1993年に福祉・保健医療包括補助金が施行されて以降も，包括補助金とは別のものとして扱われていたが，包括補助金が創設された1993年の改革の2年後に廃止されたのである。フィンランドでは，1990年代後半以降，自治体立・自治体連合立の老人ホーム数が縮小傾向にあり，その従事者数も減少している。これは，このような福祉施設建設のための国庫支出金の廃止が関連しているということができるのである。

さらに，1996年1月1日からは，包括補助金の算定方法から財政力因子が取り払われてしまった。自治体の財政力を考慮に入れた算定方法は，使途限定の国庫支出金では最も大きな役割を果たしていたし，図表1－5に示されるように，スタートしてまもないときの包括補助金においても，その役割は大きかった。このような財政力因子の廃止により，自治体間の財政力の格差を斟酌する方法は，水平的財政調整とそれに関連する国庫支出金である税平衡化補助金にゆだねられることになった。

（4） 2010年改革

　2010年に福祉・保健医療包括補助金，教育・文化包括補助金，一般交付金が廃止され，これらを統合した財務省所管の一般補助金が創設された（2010年1月1日施行）。ただし，一般補助金の自治体への交付にあたっては，福祉・保健医療包括補助金，教育・文化包括補助金，一般交付金で行われていた算定方法が踏襲されることとなり，一般補助金は，福祉・保健医療分，教育・文化分，一般分として，それぞれ計算されることになった。そして，本章の**2**(2)のようにして各自治体の一般補助金額が暫定的に求められた後に，水平的財政調整により自治体間の税収格差是正が行われて，最終的な各自治体の一般補助金額が決定されるのである。

2　2010年改革後の国庫支出金のシステム

（1） 2010年改革後の国庫支出金

　2010年改革後の国庫支出金は，ほぼ次のように大別される。つまり，一般補助金，教育省所管の一部の国庫支出金，プロジェクト補助金（投資補助金），災害復旧にかかわる国庫支出金である。なお，税平衡化補助金も一般補助金の一部になった。

　プロジェクト補助金（投資補助金）は，主に公共事業関係の補助金のことである。自治体が行う投資事業は，自治体平均でみれば，地方税と国庫支出金で事業費の3分の2，地方債で事業費の3分の1を賄っている。

　また，教育省所管の教育・文化包括補助金の大部分は2010年改革によって一般補助金になったが，職業専門学校，美術館や劇場などの一部の文化サービスについては，一般補助金としてではなく教育省所管のまったく別の国庫支出金として取り扱われている。例えば，職業専門学校向けの国庫支出金の場合，生徒数などを基準にして配分されることになっている。自治体立だけではなく，自治体連合立や民間の職業専門学校が存在するため，この国庫支出金は自治体だけではなく，自治体連合や民間にも直接配分される。したがって，特定補助

金としての性格を色濃くもっているのである。

　なお，フィンランドでは近年，自治体合併が盛んに行われている。このため，自治体合併が強く推進された2008年度から2013年度まで，自治体合併を行った自治体には合併補助金が支出された[2]。2つだけの自治体合併よりは，3つ以上の自治体による合併の方が補助率は高かった。また，2012年度と2013年度については補助金が減額された。

（2）一般補助金の算定方法[3]―財政需要分（福祉・保健医療分，教育・文化分，一般分）の算定，国負担割合（補助率）の確定，自治体が自己財源で負担すべき金額の確定

　では，2010年改革で成立した一般補助金の算定方法をみていこう。

　一般補助金においても，包括補助金と一般交付金を各自治体に配分する際の算定方法であった推計コスト積み上げ方式が引き継がれた。

　例えば，一般補助金の福祉・保健医療分の算定においては，**図表5－7**に示したように，各自治体の年齢構成別人口数にそれぞれの年齢別構成人口ごとに算定された基礎価格（1人当たり額）を乗じたものを基本に，失業率，障がい者（児）数，疾病率，地理的条件などが加味されて各自治体の福祉・保健医療費の推計コストが算出される。**図表5－9**では，改革初年度にあたる2010年度の一般補助金算定の際の福祉・保健医療分における最も重要な指標となる年齢別構成人口に関する基礎価格を掲げた。保育サービスが必要な年齢層（0～6歳）の社会福祉の基礎価格や，介護サービスや医療サービスがとくに必要となる75～84歳，85歳以上の社会福祉と保健医療の基礎価格が大きな金額となっていることが把握できるのである。

　次に，包括補助金と同様に，一般補助金においても，各自治体の福祉・保健医療のそれぞれの推計コスト積み上げ額から各自治体が自らの財源で負担すべき金額が差し引かれる。自治体が自己財源で負担すべき金額は，自治体の区別なくどこの自治体においても住民1人当たり定額となっているが，それは，各年度の福祉・保健医療費についての国と自治体の支出の責任割合（推計コストに対する国と自治体の負担割合）に基づいて計算される。国の負担割合が補助率となり，自治体の自己財源で負担すべき部分が自治体の負担割合分となる。2008年度の福祉・保健医療包括補助金における自治体の自己財源で負担すべき

住民1人当たり金額は1,974ユーロであった（国の負担割合は32.74％）。そして，**図表5－11**のように，北部の小規模自治体であるSalla（2012年12月31日の人口が3,979人，Lappi Maakuntaに所属）が受け取った福祉・保健医療包括補助金額は住民1人当たり2,125ユーロ，Kirkkonummi（同3万7,567人，Uusimaa Maakuntaに所属）は513ユーロであった[4]。

　このようにして各自治体が受けとる一般補助金の福祉・保健医療分が計算される。さらに，教育・文化分，一般分においても，このような推計コスト積み上げ方式と自治体が自己財源で負担すべき額に基づいて各自治体が受けとる金額が計算される。そして，福祉・保健医療分，教育・文化分，一般分を合計した金額が，各自治体が受けとる水平的財政調整前（税収格差是正前）の一般補助金額（暫定的な一般補助金額）となるのである。

（3）自治体間の税収格差是正と水平的財政調整

　上記のような作業が行われたうえで，さらに自治体間の税収格差が斟酌される。上記の計算方法でも島しょ部や過疎自治体への配慮がなされているが，あくまでも，これは財政需要に着目した斟酌である。自治体が自己財源で賄うべき金額は，自治体の区別なく住民1人当たり定額になっていて自治体間の税収格差への考慮はない。

　そこで，次に，自治体間の税収格差に着目した調整（財政力因子の観点からとられる調整）である水平的財政調整が行われるのである。水平的財政調整は，自治体間で国庫支出金（一般補助金）を増減するしくみであり，国庫支出金（2010年改革以前は税平衡化補助金，2010年改革以後は一般補助金の税収格差是正分）の役割はきわめて限定的である。つまり，水平的財政調整は，財政力の高い自治体が拠出し，財政力の弱い自治体が交付を受けるシステムであり，基本的に自治体間で調整が行われるものである。自治体全体の拠出額よりも受取額の方が上回れば差額分が国から自治体への国庫支出金額となるが，2010年度から2014年度までの間では，いずれの年も拠出額が受取額を上回っていたために国からの支出額はゼロであった。自治体全体の拠出額が受取額を上回った金額は，2010年度が2,291万ユーロ，2011年度が1,723万ユーロ，2012年度が3,510万ユーロ，2013年度が4,775万ユーロ，2014年度が4,956万ユーロであった。

その金額は微小で，例えば2010年度の場合，一般補助金総額に占める割合はわずか0.3％にすぎなかったのである[5]。このような国庫支出金を2010年改革前は税平衡化補助金と呼んでいたが，2010年改革以後は一般補助金の一部（一般補助金のなかの税収格差是正分）として取り扱われることになった。

このような水平的財政調整を経て，各自治体の一般補助金額が最終的に決定されるのである。

3　一般補助金の変化（2010年度～2015年度）と自治体財政における水平的財政調整の役割

（1）2010年度～2015年度の一般補助金の変化

一般補助金は一般財源であるので，自治体にとって「裁量の余地が大きい特定財源」である包括補助金よりもいっそう使いやすい。しかし，図表6-2から判断できるように，一般補助金の国負担割合（補助率）はほぼ毎年減少し，自治体が自己財源で負担しなければならない額（1人当たり額）が増大している。とくに2012年度と2015年度に，その傾向が顕著である。2012年度の国の負担割合（補助率）は2011年度よりも2.69ポイント減少するとともに，自治体の自己財源で負担するべき1人当たり額が363.17ユーロ増加した。また，2015年度は2014年度よりも国の負担割合（補助率）が4.15ポイント減少し，自治体が自己

図表6-2　一般補助金の国負担割合（国庫補助率）と自治体が負担する住民1人当たり額（全自治体同額）の変化

年度	国負担割合（補助率）	自治体が自己財源で負担する額（1人当たり額）
2010年度	34.08％	2,581.36ユーロ
2011年度	34.11％	2,638.32ユーロ
2012年度	31.42％	3,001.49ユーロ
2013年度	30.96％	3,136.92ユーロ
2014年度	29.57％	3,282.60ユーロ
2015年度	25.42％	3,520.93ユーロ

〔出所〕　Suomen Kuntaliitto "Kunnan peruspalvelujen valtionosuus 2011" 2011
　　　　Suomen Kuntaliitto "Kunnan peruspalvelujen valtionosuus 2012" 2012
　　　　Suomen Kuntaliitto "Kunnan peruspalvelujen valtionosuus 2013" 2013
　　　　Suomen Kuntaliitto "Kunnan peruspalvelujen valtionosuus 2014" 2014
　　　　Suomen Kuntaliitto "Kunnan peruspalvelujen valtionosuus 2015" 2015.

財源で負担すべき1人当たり額が238.33ユーロ増加したのである。ただし，2012年度についてみてみると，一般補助金全体（福祉・保健医療分，教育・文化分，一般分）では2011年度よりも2.69ポイント減少したが，福祉・保健医療分だけでみれば，2012年度は2011年度に比べて0.01ポイント増加した[6]。しかし，北欧諸国の中で最も速いテンポで進むフィンランドの高齢化[7]を考慮に入れれば，福祉・保健医療分についても，実質的には減少といえるだろう。

なお，すでに指摘したとおり，一般補助金の税収格差是正分の金額はきわめて小さかった。しかし，その役割は財政力の弱い自治体や小規模自治体においては，大変重要なものであった。

（2）水平的財政調整と自治体における比重[8]

そこで，水平的財政調整の自治体財政における比重についてみよう。

2010年度には，326自治体のうち，一般補助金が増額された自治体（受取自治体）が265，減額された自治体（拠出自治体）が61であった。（フィンランドの2009年12月31日現在の自治体数は342だったが，特例的な扱いのあるAhvenanmaa Maakuntaに属する16自治体は含まれていない）。受取自治体のうち受取額の一般補助金収入額に占める割合が30％以上の自治体が8，25％以上30％未満の自治体が63，20％以上25％未満の自治体が73あり，受取額の一般補助金収入額に占める割合が20％以上の自治体数は，受取自治体全体の約55％

図表6－3 税収格差是正分についての受取自治体の一般補助金収入額に占める受取額の割合

（2010年度）

割合	自治体数
30％以上	8
25％以上30％未満	63
20％以上25％未満	73
15％以上20％未満	59
10％以上15％未満	25
5％以上10％未満	22
5％未満	15

〔出所〕 Suomen Kuntaliitto "Laskelma kuntien valtionosuuksista ja niiden yhteydessä maksettavista eristä vuonna 2010", 2009 より作成。

を占めている(図表6-3)。30％以上の8自治体はいずれも財政力の弱い小規模自治体であり(図表6-4)、これらの自治体では、とりわけ税収格差是正分の役割が大きいのである。

また、拠出自治体についてみれば、拠出額の一般補助金収入額に占める割合

図表6-4 税収格差是正分についての受取額の一般補助金収入額に占める割合が高い上位8自治体(30％以上の自治体)の状況

(2010年度)

自治体名	人口	一般補助金収入額	受取額	受取額の一般補助金収入額に占める割合
Alavieska	2,759人	8,515,381ユーロ	2,734,598ユーロ	32.1%
Lumijoki	1,941人	5,515,437ユーロ	1,690,818ユーロ	30.6%
Merijärvi	1,187人	4,311,983ユーロ	1,527,014ユーロ	35.4%
Polvijärvi	4,843人	15,029,702ユーロ	5,009,440ユーロ	33.3%
Reisjärvi	2,990人	9,092,612ユーロ	2,795,223ユーロ	30.7%
Rääkkylä	2,671人	9,324,540ユーロ	2,898,523ユーロ	31.0%
Soini	2,455人	8,018,518ユーロ	2,494,254ユーロ	31.1%
Tervo	1,750人	5,454,137ユーロ	1,679,187ユーロ	30.7%

(注) 人口は2008年9月現在。
〔出所〕 Suomen Kuntaliitto "Laskelma kuntien valtionosuuksista ja niiden yhteydessä maksettavista eristä vuonna 2010", 2009より作成。

図表6-5 税収格差是正分についての拠出自治体の一般補助金収入額に占める拠出額の割合

(2010年度)

割合	自治体数
5％未満	23
5％以上10％未満	8
10％以上20％未満	17
20％以上30％未満	3
30％以上40％未満	2
40％以上50％未満	4
50％以上100％未満	0
100％以上300％未満	2
300％以上	2

〔出所〕 Suomen Kuntaliitto "Laskelma kuntien valtionosuuksista ja niiden yhteydessä maksettavista eristä vuonna 2010", 2009 より作成。

が，5％未満の自治体が23，5％以上10％未満の自治体が8，10％以上20％未満の自治体が17あり，20％未満の自治体が拠出自治体の約80％を占めている（図表6－5）。しかし，その一方で300％以上が2自治体（Espoo, Kauniainen），100％以上300％未満が2自治体（Helsinki, Kaskinen）存在している。これらの4つの自治体はいずれもきわめて財政力が豊かな自治体である。

4　水平的財政調整と2012年の算定方法の改定

（1）水平的財政調整における算定方法のしくみ

　水平的財政調整の算定方法は，2012年と2015年に改定されている。そこで，第5章で述べたことのくり返しになるけれども，改定が行われる前の算定方法をみてみよう。

　図表5－13は2011年度予算において，自治体間の税収格差に着目して，どのような計算方法により税収格差の是正がなされているのかを示したものである。税収格差の是正にあたっては人口数，地方税収が重要な指標となるが，どちらについても2年前のデータが用いられることになっている。2008年12月31日現在のフィンランドの総人口数は529万8,858人で，2009年度（決算）の計算上の地方税収は173億7,715万1,490ユーロ（自治体の平均税率適用の地方所得税収入が150億3,187万4,259ユーロ，平均税率適用の不動産税が9億6,126万1,165ユーロ，法人所得税の自治体分が13億8,401万6,007ユーロ）であった。そこで，計算上の1人当たりの地方税収（全国平均）は3,279ユーロとなり，この数値に91.86％を乗じた金額である3,012.47ユーロが基準値になる。この基準値を計算上の1人当たり地方税収が下回った自治体には，基準値（3,012.47ユーロ）に達する金額になるように一般補助金が増額され，その反対に，計算上の1人当たり地方税収が基準値を上回った自治体には，その上回った金額（その自治体の計算上の1人当たり地方税収マイナス3,012.47ユーロ）に37％を乗じた金額の一般補助金が減額されることになる。

　図表5－13は，基準値を計算上の1人当たり地方税収入が大きく上回った自治体（6自治体）と，その反対に，基準値を計算上の1人当たり地方税収入が

大きく下回った自治体（5自治体）について，1位から5位（6位）までを掲げている。具体例として，計算上の住民1人当たり地方税収が最大のKauniainen（6,380ユーロ）と最小のMerijärvi（1,766ユーロ），それに首都のHelsinki（4,436ユーロ）を取り上げてみることにしよう。基準値を計算上の住民1人当たり地方税収が上回った自治体では超過分の37％の一般補助金が減額されるため，Kauniainenが3,367ユーロ，Helsinkiが1,424ユーロ超過しているために，その37％にあたる1,246ユーロ，527ユーロがそれぞれ減額されることになる。Kauniainenの人口は8,545人なので，これに1,246ユーロを乗じた1,064万ユーロの一般補助金が減額され，Helsinkiの人口は57万4,564人なので，これに527ユーロを乗じた3億268万ユーロが減額されることになるのである。その反対に，Merijärviは基準値に1,247ユーロ不足しているため，1,247ユーロに人口数（1,187人）を乗じた148万15ユーロが補助金として加算されることになるのである。

　2011年度予算では，補助金が減額見込みになる自治体数（拠出自治体数）は62（2010年度は61），増額となる自治体数（受取自治体数）は258（同265）であった（2010年12月31日現在の自治体数は336であったが，Ahvenanmaaに属する16自治体は含まれていない）。また，補助金減額分と増額分を比べれば，減額分が増額分を1,723万7,217ユーロ（同2,291万1,760ユーロ）上回ったため，国が財源を交付する（税収格差是正分の一般補助金額を支出する）ことはなかったのである。

（2）2012年の改定とその結果[9]

　2012年に算定方式の改定が行われた（2012年1月1日施行）。改定の内容は，2011年度までとられていた計算上の不動産税収入を計算上の地方税収入から除いたことであった。

　このような改定により，不動産税収入の多い自治体にとっては歳入面でプラスの効果が働いた。**図表6-6**には，2011年度の税収格差是正のために用いられる2009年度（決算）の1人当たりの計算上の不動産税収入が，2009年度の1人当たりの計算上の地方税収入の15％以上を占めている自治体が掲げられている。自治体数は7自治体で，これらの自治体では計算上の不動産税収入が除かれた

図表6-6 不動産税収入が自治体の地方税収入の15％以上の自治体と2012年改定

(ユーロ)

自治体名	計算上の地方税収入 (2009年度決算)	計算上の不動産税収入 (2009年度決算)	計算上の不動産税収入の計算上の地方税収入に占める割合	2011年度の拠出額もしくは受取額 (2011年度予算)	2012年度の拠出額もしくは受取額 (2012年度予算)
Kustavi	2,873,417	776,460	27.0%	マイナス 48,866	376,514
Pelkosenniemi	3,140,556	659,306	20.9%	10,488	345,112
Kolari	11,057,072	2,198,616	19.8%	571,062	1,885,006
Kittilä	18,670,246	3,422,629	18.3%	マイナス 176,838	1,626,149
Suomenniemi	2,139,406	336,539	15.7%	273,582	478,527
Yli-Ii	4,848,742	748,141	15.4%	1,754,592	2,035,096
Puumala	7,417,060	1,113,499	15.0%	550,923	1,019,178

(注1) マイナスは拠出額。
(注2) 計算上の地方税収入には法人所得税の自治体分を含む。
〔出所〕 Suomen Kuntaliitto "Laskelma verotuloihin perustuvasta valtionosuuksien tasauksesta vuonna 2011"2010.
Suomen Kuntaliitto "Laskelma verotuloihin perustuvasta valtionosuuksien tasauksesta vuonna 2012"2011より作成。

ため，いずれも2011年度に比べて2012年度の受取額が増えているのである。

計算上の地方税収入に占める計算上の不動産税収入の割合の最高はKustaviで，2011年度に拠出額が4万8,866ユーロであったが，2012年度の改定によって拠出から受取に転じ，受取額が37万6,514ユーロとなった。また，Kittiläも2011年度に拠出額が17万6,838ユーロであったが，2012年度の改定により，拠出自治体から受取自治体に転じ，受取額が162万6,149ユーロになった。このほかの5自治体は2011年度も受取自治体であったが，この改定によりいずれも受取額が増えた。とくにPelkosenniemi，Kolariの受取額が著しく増加した。

なお，この改定によって，2011年度に比べ2012年度に歳入面でプラスに働いた自治体（受取額の増加，拠出額の減少，拠出自治体から受取自治体への転換）は103で，マイナスに働いた自治体（受取額の減少，拠出額の増加，受取自治体から拠出自治体への転換）は217であった（2011年12月31日現在の自治体数は336であったが，Ahvenanmaa Maakuntaに所属する16自治体を除く）。

5 水平的財政調整と2015年の算定方法の改定

(1) 2015年改定の内容[10]

2015年には大きな改定が行われた（2015年1月1日施行）。改定内容は次のとおりである。

まず，原子力発電所など原子力関連施設のある2自治体（Eurajoki, Loviisa）についてのみ，2015年度から計算上の地方税収入に計算上の不動産税収入の半分が計上されることになった。計算上の不動産税収入の計上が復活したのである。

次に，基準値の算定方法が大きく変わったことである。これまでは全自治体の計算上の地方税収入の合計額をフィンランドの全人口数で除した額（計算上の1人当たり地方税収入額）に91.86％を乗じた額が基準値であったが，2015年度からは，計算上の地方税収入額（1人当たり）に100％を乗じる額が基準値となった。つまり，計算上の地方税収入額（1人当たり）が，そのまま基準値となったのである。

第3は，一般補助金が増額となる場合（受取自治体の場合）の算定である。2014年度までは，基準値から当該自治体の1人当たりの計算上の地方税収入を差し引いた金額がプラスの場合，その金額に当該自治体の人口数を乗じたものが当該自治体の受取額であったが，2015年度からは基準値から当該自治体の計算上の地方税収入（1人当たり）を差し引いた金額がプラスの場合，この金額に80％を乗じて得た金額に当該自治体の人口数を乗じた金額が当該自治体の受取額となった。

第4は，一般補助金が減額となる場合（拠出自治体の場合）の算定である。2014年度までは，基準値から当該自治体の計算上の地方税収入（1人当たり）を差し引いてマイナスになった場合，その金額に37％を乗じて得た金額に当該自治体の人口数を乗じた金額が拠出額となっていた。改定によって2015年度からは，基準値から当該自治体の計算上の地方税収入（1人当たり）を差し引いてマイナスとなった場合，その金額に「30％に自治体ごとに算定された加算割

合を加えたもの」を乗じて得た金額に当該自治体の人口数を乗じた金額が拠出額となった。最も高い加算割合はKauniainenの8.17％，次がEurajokiの7.44％，3位がEspooの7.42％，4位がHelsinkiの7.02％であった。財政力の高い自治体ほど加算割合が高かった。この中で数値が最も低い自治体はLietoの1.93％であった。拠出自治体の平均は5.69％である。

（2）2015年改定による税収格差是正分の大幅な伸びと一般補助金総額の抑制

注目すべきは，2015年改定によって拠出自治体数の大幅な減少と受取自治体数の増加が生じたことである。**図表6－7**をみると，2014年度に比べて2015年度には，拠出自治体数は62から31に半減し，受取自治体数は242から270に増加した（フィンランドの2013年12月31日現在の自治体数は320，2014年12月31日現在の自治体数は317であったが，Ahvenanmaa Maakuntaに属する16自治体は除く）。2010年度以来，拠出自治体は横ばい，受取自治体は減少基調で推移し

図表6－7　拠出自治体数と受取自治体数の推移，税収格差是正分の金額の推移

(ユーロ)

年度	拠出自治体数	受取自治体数	税収格差是正分
2010	61	265	マイナス 22,911,760
2011	62	258	マイナス 17,237,217
2012	63	257	マイナス 35,108,196
2013	62	242	マイナス 47,752,650
2014	62	242	マイナス 49,561,112
2015	31	270	プラス　672,623,415

(注1)　Ahvenanmaa Maakuntaに所属する自治体は除く。
(注2)　税収格差是正分の金額がマイナスの場合は，自治体が拠出する金額のほうが受取る金額よりも多いため，国の支出（一般補助金中の税収格差是正分）はゼロとなる。
〔出所〕Suomen Kuntaliitto "Laskelma verotuloihin perustuvasta valtionosuuden tasauksesta vuonna 2010" 2009
Suomen Kuntaliitto "Laskelma verotuloihin perustuvasta valtionosuuden tasauksesta vuonna 2011" 2010
Suomen Kuntaliitto "Laskelma verotuloihin perustuvasta valtionosuuden tasauksesta vuonna 2012" 2011
Suomen Kuntaliitto "Laskelma verotuloihin perustuvasta valtionosuuden tasauksesta vuonna 2013" 2012
Suomen Kuntaliitto "Laskelma verotuloihin perustuvasta valtionosuuden tasauksesta vuonna 2014" 2013
Suomen Kuntaliitto "Laskelma verotuloihin perustuvasta valtionosuuden tasauksesta vuonna 2015" 2014.

ていたが，2015年度はこの傾向を大きく変えたのである。これにともない，国が支出する税収格差是正分の一般補助金は，2010年度から2014年度までゼロが続いていたが，2015年度には6億7,262万3,415ユーロ（自治体の拠出額が5億7,636万5,587ユーロ，自治体の受取額が12億4,898万9,003ユーロ）と大幅な増加となった。

重要なことは次の点である。つまり，2014年度に比べて2015年度には拠出自治体の著しい減少と受取自治体の増加があり，税収格差是正分の一般補助金が2015年度に大幅に増加した。しかし，国が支出する一般補助金の総額は増加していないことである。一般補助金総額は，2010年度が77億4,461万ユーロ，2013年度が86億4,187万ユーロ，2014年度が85億9,202万ユーロ，2015年度が84億5,399万ユーロとなっており，2013年度以降は減少しているのである[11]。

そして，2014年度に比べて2015年度の一般補助金総額は1億3,800万ユーロほど減少しているのである。実際，Ahvenanmaa Maakuntaに属する自治体を除いたフィンランドの全自治体の中で，2014年度に比べて2015年度に一般補助金収入額が増えた自治体数は77，減少した自治体数は224であったのである[12]。

このことは，近年，財政需要因子である福祉・保健医療分，教育・文化分，一般分の伸びが抑制されてきたことと，国の負担割合（補助率）の減少（自治体が自己財源で負担すべき1人当たり額の増加）によって生じている。実際，2014年度に比べて2015年度の財政需要分（福祉・保健医療分，教育・文化分，一般分の合計）はわずか1.7％しか伸びていない。つまり，2014年度の財政需要分の合計額は251億5,977万ユーロ，2015年度は256億702万ユーロだったのである[13]。さらに，一般補助金算定の際の福祉・保健医療分における基礎価格を，2007年度から2013年度まで示した**図表6－8**，**図表6－9**を検討してみると，すべての指標について，2007年度〜2010年度の伸び率に比べて2010〜2013年度の伸び率の方が低くなっていることがわかるのである。また，すでにみた**図表6－2**から，国の負担割合（補助率）が2014年度（29.57％）に比べて2015年度（25.42％）は4.15ポイント減少していることが把握できる[14]。そして，このことは自治体が自己財源で負担する1人当たり額が上昇することを意味している。フィンランドでは，1990年代半ばから厳しい国庫支出金の抑制が行われてきたが，今日でも抑制基調が続いていることが理解できるのである。

図表6-8 各自治体への一般補助金交付算定の際の福祉・保健医療分のうちの福祉分の基礎価格の推移

(ユーロ)

基礎価格	年度	2007	2008	2009	2010	2011	2012	2013	2007年度を100としたときの2010年度の伸び率	2010年度を100としたときの2013年度の伸び率
年齢別構成人口	0～6歳の基礎価格	4,916.24	5,931.23	6,080.74	6,249.79	6,359.31	6,915.09	7,122.39	127.1	113.9
	7～64歳の基礎価格	240.79	291.63	280.05	291.92	294.55	319.55	330.13	121.2	113.0
	65～74歳の基礎価格	652.71	781.55	824.64	847.49	861.73	937.55	988.59	129.8	116.6
	75～84歳の基礎価格	3,935.40	4,712.66	4,983.99	5,113.61	5,195.43	5,652.50	5,924.10	129.9	115.8
	85歳以上の基礎価格	10,965.83	13,129.18	13,865.52	14,041.43	14,266.09	15,521.15	16,263.41	128.0	115.8
失業者数		438.50	525.26	545.75	559.94	568.90	618.95	637.51	127.6	113.8
失業率		40.04	47.91	49.78	51.07	51.89	56.46	58.14	127.5	113.8
障がい者数		11.93	14.28	14.84	15.23	15.47	16.83	17.33	127.6	113.7
保護されている児童数		33.70	40.36	41.93	43.02	43.71	47.56	48.99	127.6	113.8

(注) 障がい者数と保護されている児童数は、2007年度より新しく加えられた。
[出所] "Valtion talousarvioesitys 2009", 2008, S. 628, "Valtion talousarvioesitys 2013", 2012, S. 300-305より作成。

図表6-9 各自治体への一般補助金交付算定の際の福祉・保健医療分のうちの保健医療分の基礎価格の推移

(ユーロ)

基礎価格	年度	2007	2008	2009	2010	2011	2012	2013	2007年度を100としたときの2010年度の伸び率	2010年度を100としたときの2013年度の伸び率
年齢別構成人口	0～6歳の基礎価格	602.10	721.07	749.19	791.40	826.09	899.20	926.16	131.4	117.0
	7～64歳の基礎価格	686.35	822.39	854.86	879.92	895.60	976.82	1,006.10	128.2	114.3
	65～74歳の基礎価格	1,622.79	1,943.12	2,018.90	2,071.39	2,108.30	2,294.20	2,362.97	127.6	114.0
	75～84歳の基礎価格	3,129.86	3,748.02	3,894.19	3,995.44	4,063.66	4,421.64	4,554.19	127.6	113.9
	85歳以上の基礎価格	5,433.66	6,505.61	6,759.33	6,935.07	7,050.60	7,670.93	7,900.89	127.6	113.9
疾病率		296.75	355.29	369.15	378.75	384.81	418.67	431.22	127.6	113.8

[出所] "Valtion talousarvioesitys 2009", 2008, S. 628, "Valtion talousarvioesitys 2013", 2012, S. 300-305より作成。

6　2015年改定と2015年改定が自治体に与えた影響[15)]

（1）2015年改定が歳入面で大きくプラスに働いた自治体の分析

　では，2015年の改定が自治体に与えた影響はどのようなものだったろうか。

　まず，歳入面で一般補助金のうちの税収格差是正分が大きくプラスに働いた自治体は67自治体に及んだ。つまり，拠出自治体のままではあるが拠出額が2014年度に比べて2015年度に半分以下に減少した自治体，2015年度に拠出自治体から受取自治体に転じた自治体，受取自治体で2015年度に2014年度の受取額の2倍を超過した受取額になった自治体の合計数は67あったのである。これとは反対に，拠出自治体で拠出額が2倍以上増加した自治体はEurajoki，受取自治体で受取額が半分以下に減少した自治体はPyhäjärviのみであった。受取自治体から拠出自治体に転じた自治体は皆無であった。のちに詳しく述べるように，原子力発電所と核燃料の最終処分場のあるEurajokiの場合は2015年改定で再び不動産税が斟酌されるようになったこと（計算上の地方税収入に計算上の不動産税収入の半分が計上されるようになったこと），Pyhäjärviの場合は2013年度の法人所得税の自治体分の大幅増加によるものである。

　次に，上記の67自治体のうち，拠出自治体から受取自治体に転じた自治体数は31であった。2015年度から基準値と計算上の地方税収入（1人当たり）の差がなくなったので，2014年度までの算定方式では当該自治体の1人当たりの計算上の地方税収入が全国平均に満たなくても，基準値を若干上回っていたために拠出自治体になっていた自治体の場合は，今回の改定で受取自治体になることができたのである。2014年度の拠出額が大変少額であったHollola，Kokkola，Saloなどがこれに該当した。

　第3に，2014年度，2015年度ともに拠出自治体であっても，拠出額が半分以下に減少した自治体が10存在した。これらの自治体では，2015年度から基準値と1人当たりの計算上の地方税収入が等しくなったことにより，当該自治体の1人当たりの計算上の地方税収入と基準値の差が小さくなったため，拠出額が減少したケースが多いのである。

第4に，2014年度，2015年度ともに受取自治体のままの場合で，2015年度の受取額が2倍を超過して増加した自治体は26あった。2015年度から計算上の地方税収入が基準値と等しくなったため，当該自治体の1人当たりの計算上の地方税収入と基準値の差が拡大したことが有利に働いたケースである。ただし，その一方で，基準値の8割しか受けとることができなくなったために，これまで受取額が多額であった自治体の中には受取額が小さくなった自治体も出てきているのである。

　第5に，67自治体のうち人口が2万人以上の自治体が36あった。フィンランドでは人口が2万人以上の自治体数が全部で55存在する（2013年12月31日現在）。その約3分の2に相当する36の自治体が2015年度の改定によって，税収格差是正分については歳入面で大幅なプラスになっていることが把握できるのである。

　第6に，これら67自治体では，税収格差是正分の金額が大幅に増加したものの，自治体の一般補助金収入額は伸びていないことである。67自治体のうち，2014年度に比べて2015年度に一般補助金収入額が増加した自治体はわずか16自治体にすぎず，51自治体では減少したのである。この増加した16自治体の中では，人口2万人以上の自治体が12と圧倒的に多かった。また，このうちの7自治体がMaakuntaの中心都市であった。人口が1万人未満の自治体は，Karkkila（2013年12月31日現在の人口は9,074人）とPyhäranta（同2,177人）の2自治体にすぎなかった。

（2）Maakuntaの中心都市と2015年改定

　図表6-10はMaakuntaの中心自治体19（Ahvenanmaa Maakuntaを除く，Itä-UusimaaがUusimaaに統合される前に中心自治体であったPorvooを含む）の2014年度と2015年度の一般補助金収入額と，一般補助金の税収格差是正分の金額を示したものである。19自治体のうち9自治体において一般補助金の収入額が増加し，10自治体が減少した。すでにみてきたように，2014年度に比べて2015年度に一般補助金収入額が減少した自治体が多い。その中で，Maakuntaの中心都市においては，増加した自治体が比較的多かったということができるのである。

図表6－10　Maakuntaの中心自治体の一般補助金収入額と税収格差是正分の状況

（2014年度，2015年度，ユーロ）

自治体名	所属Maakunta	一般補助金収入額		一般補助金収入額中の税収格差是正分の金額	
		2014年度	2015年度	2014年度	2015年度
Helsinki	Uusimaa	278,338,256	277,473,412	マイナス 312,171,227	マイナス 249,249,424
Porvoo	Itä-Uusimaa	56,017,610	51,195,409	マイナス 12,983,995	マイナス 8,259,286
Turku	Varsinais-Suomi	241,827,346	228,033,799	マイナス 25,456,846	マイナス 5,041,907
Pori	Satakunta	147,921,824	147,441,144	マイナス 1,736,207	16,356,944
Harmeenlinna	Kanta-Häme	109,983,376	102,179,308	マイナス 4,393,030	3,994,902
Tampere	Pirkanmaa	237,668,831	228,442,164	マイナス 28,679,753	マイナス 4,732,283
Lahti	Päijät-Häme	157,868,112	162,627,497	マイナス 2,905,112	17,447,389
Kotka	Kymenlaakso	98,541,225	101,815,405	マイナス 1,894,444	7,634,987
Lappeenranta	Etelä-karjala	113,064,303	108,236,303	マイナス 2,284,125	8,646,493
Mikkeli	Etelä-Savo	104,857,644	105,775,238	8,410,815	17,819,949
Kuopio	Pohjois-Savo	159,300,855	171,769,290	マイナス 1,514,496	22,409,628
Joensuu	Pohjois-Karjala	132,906,855	134,340,703	21,263,000	33,511,619
Jyväskylä	Keski-Suomi	178,544,127	184,478,868	4,904,901	35,807,632
Seinäjoki	Etelä-Pohjanmaa	85,092,368	88,410,231	マイナス 2,022,542	9,363,830
Vaasa	Pohjanmaa	78,206,630	75,896,490	マイナス 17,978,867	マイナス 9,779,830
Kokkola	Keski-Pohjanmaa	83,496,410	83,031,835	マイナス 43,393	9,610,202
Oulu	Pohjois-Pohjanmaa	252,218,382	268,699,546	マイナス 12,742,350	25,761,732
Kajaani	Kainuu	71,853,337	72,075,716	6,897,111	13,519,835
Rovaniemi	Lappi	101,041,688	98,284,998	7,195,989	18,301,363

（注1）現在Itä-UusimaaはUusimaaに統合されている。
（注2）一般補助金収入額中の税収格差是正分の金額のうち，マイナスは自治体の拠出額を示す。
（注3）一般補助金収入額は，税収格差是正後の最終的な金額である。
〔出所〕Suomen Kuntaliitto "Laskelma kunnan peruspalvelujen valtionosuudesta vuonna 2014"2013, Suomen Kuntaliitto "Laskelma kunnan peruspalvelujen valtionosuudesta vuonna 2015"2014より作成。

　税収格差是正分の金額については，19の自治体のすべてにおいて歳入面でプラスに働いた。2014年度に拠出自治体が14，受取自治体が5であったものが，2015年度には拠出自治体が大幅に減少して5に，受取自治体が大幅に増加して14となったのである。両年度ともに拠出自治体（5自治体）の場合，2015年度の拠出額が2014年度の半分以下に減少した自治体が2自治体（Turku, Tampere）あった。さらに，両年度ともに受取自治体であったのは5自治体だったが，3自治体（Mikkeli, Jyväskylä, Rovaniemi）において2倍を超過して受取額が増加した。
　そして，一般補助金の収入額が伸びた9自治体をみてみると，いずれも一般

補助金収入額の伸びを上回って税収格差是正分が伸びている。また，一般補助金収入額が減少している10自治体についても，すべての自治体で税収格差是正分が増加している。福祉・保健医療分等の財政需要部分が抑制され，さらに国負担割合（補助率）が低下しているなかで，税収格差是正分が一般補助金収入額の減少をおしとどめる役割を果たしているということが理解できるのである。

（3）人口3,000人未満の小規模自治体と2015年改定[16]

　人口3,000人未満の小規模自治体（自治体数65）の2014年度と2015年度の一般補助金収入額と一般補助金の税収格差是正分の金額を検討してみよう。一般補助金収入額は，2014年度に比べて2015年度に約8割の自治体（51自治体）で減少している。Maakuntaの中心都市に比べれば一般補助金収入額が減少した自治体の割合が高かったということができる。福祉・保健医療分や教育・文化分等の財政需要部分の抑制と国の負担割合（補助率）の低下が影響しているのである。ただし，Maakuntaの中心的な自治体と比べれば，一般補助金収入額が増加した自治体，減少した自治体のいずれも，その変動幅は大きくなかった。また，税収格差是正分については48自治体で増加している。ただし，税収格差是正分についてもMaakuntaの中心都市と比較すれば伸び率が大きくなく，2014年度に比べて2015年度に2倍を超えて伸びている自治体は皆無であった。

　なお，**図表6-11**は税収格差是正分が大きく減少した2自治体を掲載している。原子力発電所と核燃料の最終処分場を有する自治体であるEurajokiは，2015年度の改定で計算上の地方税収入に不動産税収入がカウントされたことや，法人所得税の自治体分の収入額が大きく伸長したことにより，2014年度に比べて2015年度には拠出額が3倍に増加している（2014年度が125万ユーロ，2015年度が376万ユーロ）。また，Pyhäjärviも法人所得税の自治体分の収入額が大幅に伸びたことにより，受取額が大幅に減少した。さらに，これらの自治体では2015年度に一般補助金収入額が減少しているが（**図表6-12**），Eurajokiの場合は一般補助金収入額の減少（163万ユーロ）よりも税収格差是正分の減少額（250万ユーロ）の方が金額的に多かったのであり，2015年改定がもたらした影響がかなり大きかったということができるだろう。

図表6-11 税収格差是正分が2015年度に大きく減少した2自治体の税収格差是正のしくみ

自治体	自治体の所属するMaakunta	年度	人口(人)	計算上の地方所得税(ユーロ)	法人所得税の自治体分(ユーロ)	計算上の不動産税(ユーロ)	計算上の地方税収入額(ユーロ)	計算上の地方税収 1人当たり額(ユーロ)	基準値との差(ユーロ)	1人当たり税収格差是正分の金額(ユーロ)	税収格差是正分の金額(ユーロ)
Eurajoki	Satakunta	2014	5,844	19,663,710	1,984,718	0	21,648,428	3,704	マイナス581	マイナス215	マイナス1,256,793
		2015	5,922	20,008,723	4,482,991	6,385,325	30,877,039	5,214	マイナス1,698	マイナス636	マイナス3,764,643
Pyhäjärvi	Pohjois-Pohjanmaa	2014	5,887	13,695,396	4,066,972	0	17,762,368	3,017	106	106	623,616
		2015	5,849	14,174,670	6,341,410	0	20,516,079	3,508	8	7	38,736

(注1) マイナスは自治体の拠出を示す。
(注2) 人口は2014年度が2011年12月31日現在、2015年度が2012年12月31日現在。
(注3) 計算上の地方所得税、計算上の不動産税のいずれも、2014年度の地方税はい。
(注4) 2014年度の基準値は3,123ユーロで、基準値を計算する際に全国平均の1人当たりの計算上の地方税収入額(3,400ユーロ)に乗じる数値は91.86%である。2015年度の基準値は3,515ユーロで、全国平均の1人当たりの計算上の地方税収入額(3,515ユーロ)と同額である。
(注5) 1人当たり税収格差是正分の金額を出す際に、2014年度は基準値を上回る自治体が拠出する1人当たり額は基準値との差額に37%を乗じた額で、2015年度は基準値を上回る自治体の1人当たり拠出額は基準値との差額に「30%と自治体ごとに算定された加算割合を加えたもの」を乗じた額である。
(注6) 1人当たりの税収格差是正分の金額を出す際に、2014年度は基準値を下回る自治体が受け取る1人当たり額は基準値との差額と同額である。2015年度は基準値を下回る自治体の1人当たり受取額は基準値との差額に80%を乗じた額である。

[出所] Suomen Kuntaliitto "Laskelma verotuloihin perustuvasta valtionosuuden tasauksesta vuonna 2014" 2013, Suomen Kuntaliitto "Laskelma verotuloihin perustuvasta valtionosuuden tasauksesta vuonna 2015" 2014より作成。

図表6−12　税収格差是正分が2015年度に大きく減少した2自治体の一般補助金収入額と税収格差是正分の金額の状況

(ユーロ)

自治体名	所属 Maakunta	人口	一般補助金収入額		一般補助金収入額中の税収格差是正分の金額	
			2014年度	2015年度	2014年度	2015年度
Eurajoki	Satakunta	5,931人	10,435,873	8,802,493	マイナス 1,256,793	マイナス 3,764,643
Pyhäjärvi	Pohjois-Pohjanmaa	5,731人	18,631,037	16,031,503	623,616	38,736

(注1)　マイナスは自治体の拠出を示す。
(注2)　人口は2013年12月31日現在。
(注3)　一般補助金収入額は，税収格差是正後の最終的な金額である。
〔出所〕　Suomen Kuntaliitto "Laskelma kunnan peruspalvelujen valtionosuudesta vuonna 2014" 2013, Suomen Kuntaliitto "Laskelma kunnan peruspalvelujen valtionosuudesta vuonna 2015" 2014より作成。

（4）Pohjois-Savoの全自治体と2015年改定

　図表6−13により，Pohjois-Savo Maakuntaに属するすべての自治体における2015年改定の影響をみてみよう。

　2015年にPohjois-Savoの中心都市であるKuopioがMaaninkaと合併したために，2015年の自治体数は19である。2014年度に比べて2015年度に一般補助金収入額が増加した自治体は8で，減少した自治体が11であった。人口が2万人以上の自治体（自治体数4）のうち3自治体で一般補助金収入額が増加した反面，人口4,000人未満の自治体（自治体数8）のうちわずか1自治体（Rautalampi）しか一般補助金収入額が増加していない。

　これに対して税収格差是正分の金額は15自治体において増加した。このうち税収格差是正分が著しく伸びた自治体は，Iisalmi, Kuopio, Siilinjärvi, Varkausの4自治体であった。これら4自治体は人口10万人を超過しているKuopioをはじめ，いずれも人口が2万人以上の自治体であった。人口の少ない自治体では，税収格差是正分の金額が伸長しなかった。4,000人未満の自治体（自治体数8）の中で，2014年度に比べて2015年度に増加した自治体は半分の4自治体にすぎなかったのである。

　そして，Pohjois-Savoの全自治体のうち，一般補助金収入の増加額を税収格差是正分の増加額が上回った自治体が多かった。一般補助金収入額が2014年度よりも2015年度に増加した8自治体のうち6自治体において，その増加分を税

図表6-13　Pohjois-Savo Maakuntaに所属する全自治体の一般補助金収入額と税収格差是正分の金額の状況

（2014年度，2015年度，人，ユーロ）

自治体名	人口	一般補助金収入額		一般補助金収入額中の税収格差是正分の金額	
		2014年度	2015年度	2014年度	2015年度
Iisalmi	22,171	46,015,187	47,196,958	5,579,554	9,044,367
Juankoski	4,995	14,554,830	15,138,122	3,259,536	3,989,514
Kaavi	3,261	13,793,537	13,204,374	3,433,990	3,270,410
Keitele	2,427	8,278,740	7,864,635	1,705,363	1,732,305
Kiuruvesi	8,866	31,182,235	31,187,532	7,662,338	8,341,647
Kuopio	110,113	159,300,855	171,769,290	マイナス1,514,496	22,409,628
Lapinlahti	10,176	31,522,525	30,796,324	7,726,721	7,942,322
Leppävirta	10,170	26,556,229	26,495,056	4,011,235	5,525,679
Maaninka	3,826	10,722,621	合併	2,444,208	合併
Pielavesi	4,824	19,140,215	19,195,509	4,716,843	4,815,745
Rautalampi	3,426	12,820,416	12,935,331	3,091,249	3,136,176
Rautavaara	1,784	8,990,546	8,583,499	1,490,734	1,379,357
Siilinjärvi	21,567	30,542,269	29,282,536	3,514,243	3,663,976
Sonkajärvi	4,454	14,811,491	15,026,733	4,666,421	5,082,851
Suonenjoki	7,456	23,901,545	23,630,292	1,740,139	1,780,174
Tervo	1,669	6,878,529	6,634,159	2,561,345	2,575,026
Tuusniemi	2,802	10,194,467	9,712,750	3,987,992	8,163,856
Varkaus	22,107	48,569,154	49,933,849	2,583,464	2,444,783
Vesanto	2,288	10,508,843	10,356,825	2,530,940	2,486,099
Vieremä	3,874	11,092,826	10,740,084		

（注1）人口は2013年12月31日現在。Maaninkaのみ2012年12月31日現在。
（注2）マイナスは自治体の拠出を示す。
（注3）一般補助金収入額は，税収格差是正後の最終的な金額である。
〔出所〕Suomen Kuntaliitto "Laskelma kunnan peruspalvelujen valtionosuudesta vuonna 2014" 2013, Suomen Kuntaliitto "Laskelma kunnan peruspalvelujen valtionosuudesta vuonna 2015" 2014より作成。

収格差是正分が上回っているのである。このことにより，福祉・保健医療分や教育・文化分等の財政需要分の抑制，国の負担割合（補助率）の減少の一方で，税収格差是正分だけが大きく伸びていることがわかるのである。

（5）都市財政需要の高まりと2015年改定

すでにみてきたとおり，2015年度には一般補助金の財政需要部分（福祉・保健医療分，教育・文化分・一般分）の抑制が継続される一方で，国の負担割合（補助率）が大幅に引き下げられた。一般補助金において，この減額分を税収格差是正分の増加で対応しているのが2015年改定であるということができる。

税収格差是正分の金額が約6億7,000万ユーロ増加しているにもかかわらず国が支出する一般補助金の総額が減少していることからも，この点が理解できるのである。そして，都市自治体の税収格差是正分の大幅な増額がみられる一方で，過疎地域の小規模自治体の税収格差是正分は，伸びてはいるものの伸び率は高くなかったのである。

　税収格差是正分が大幅に伸びているのは2万人以上の自治体や，Maakuntaの中心的な自治体が多かった。もちろん，これらの自治体においても一般補助金の収入額が減少しているケースが少なくなかったけれども，人口の少ない自治体と比較すれば一般補助金収入額が増えている自治体の割合が高かった。そこで，2015年改定は，都市の財政需要に一定程度こたえるものになっていると位置づけることができるだろう。

　近年，フィンランドでは自治体合併が進んでいる。自治体合併の中心となるのは圏域の中心自治体（都市）である。また，自治体連合の拡大や自治体間連携の拡大が進んでいる。この場合も，圏域の中心自治体（都市）の役割が大きい。2015年の改定は，国の一般補助金総額の抑制と財政再建の中で，このような都市の財政需要に一定程度こたえようとするものであったということができるのである。

むすびにかえて

　2015年の改定は，2010年改革後，水平的財政調整に関する最も大きな改革であった。これまで金額がゼロで推移していた一般補助金のなかの税収格差是正分の金額が，一挙に6億7,000万ユーロになったのである。算定方法の改定により，一般補助金の減額自治体（拠出自治体）から増額自治体（受取自治体）に転じた自治体や，拠出額が大幅に減少した拠出自治体，受取額が大幅に増加した受取自治体が多数生まれた。その反対に，不動産税収入が多額な一部自治体について不動産税をカウントするしくみが再び導入されたために，これらの自治体では拠出額が増えた。

　近年，フィンランドでは一般補助金の財政需要分（福祉・保健医療分，教育・文化分，一般分）が抑制基調で推移するとともに，国の負担割合（補助率）が

縮小している。2015年の改定は，自治体合併や自治体連合，自治体間の連携の拡大等で，圏域の中心となる自治体の役割が大きくなってきたために，一般補助金の抑制基調が続くなかで，一定程度，都市の財政需要にこたえようとしたものと位置づけることができる。このために水平的財政調整の算定方法を見直して，一般補助金の税収格差是正分を大幅に増額したものということができる。これらの都市自治体のなかには，2015年の改定前までは拠出する自治体（拠出自治体）が多く，今回の改定は，この点を一定程度是正しようとしたとみることができるであろう。

フィンランドの国財政状況は決して良好とはいえない。また，フィンランドでは高齢化が北欧諸国の中で最も速いテンポですすんでいる。そのようななかで，将来の福祉・保健医療をどのように展望するのかをめぐる議論が，自治体合併や自治体連合，自治体間の連携の拡大などの自治体再編の論議との密接な関連のもとで，この10数年間盛んに行われてきた。今後，圏域の中心となる自治体の役割はいっそう大きくなると予測される。

さらに，フィンランドでは，現在，社会保障，教育・文化，地方財政調整という，福祉国家の根幹に大きな役割を果たしている一般補助金が削減の方向で推移しているという問題がある。フィンランドでは1990年代後半以降，福祉の民営化（主に民間委託化）が急速に進行し，国民への福祉サービスの提供も抑制基調で推移している。2015年の改定にとどまらず，今後のフィンランドの一般補助金の動向や，福祉・保健医療政策と教育・文化政策の動向について注視していく必要があるのである。

注

1) フィンランドの国庫支出金の歴史と社会保障の動向については，本書第1章も参照。
2) 合併補助金についてはSuomen Kuntaliitto "Kuntien yhdistymisavustukset 2008-2013", 2011.
3) 一般補助金の算定方法については，本書第5章，第7章も参照。
4) Suomen Kuntaliitto "About the local tax revenues and finances and the state subsidies reform2010", 2010を参照。Salla, Kirkkonummiの2012年12月31日現在の人口数については，Suomen Kuntaliitto "Laskelma verotuloihin perustuvasta valtionosuuksien tasauksesta vuonna 2015"（以下 Valtionosuudet① と略す），2014を参照。

5) "Valtionosuudet① 2010", 2009, "Valtionosuudet① 2011", 2010, "Valtionosuudet① 2012", 2011, "Valtionosuudet① 2013", 2012, "Valtionosuudet① 2014", 2013を参照。
6) Suomen Kuntaliitto "Kunnan peruspalvelujen valtionosuus 2012", 2011。
7) "Nordic statistical yearbook 2007", 2007, S.81.
8) Suomen Kuntaliitto "Laskelma kuntien valtionosuuksista ja niiden yhteydessäamaksettavistaeristä vuonna 2010", 2009 を参照。
9) 2012年の改定については"Valtionosuudet① 2012", 2011を参照。
10) 2015年の改定については"Valtionosuudet① 2015", 2014を参照。
11) Suomen Kuntaliitto "Laskelma kunnan peruspalvelujen valtionosuudesta vuonna 2010"（以下Valtionosuudet②と略す）2009, "Valtionosuudet② 2011", 2010, "Valtionosuudet② 2012", 2011, "Valtionosuudet② 2013", 2012, "Valtionosuudet② 2014", 2013, "Valtionosuudet② 2015", 2014を参照。
12) "Valtionosuudet② 2014", 2013, "Valtionosuudet② 2015", 2014を参照。
13) "Valtionosuudet② 2014", 2013, "Valtionosuudet② 2015", 2014を参照。
14) 各自治体の一般補助金収入額は，各自治体の財政需要分（福祉・保健医療分等）の金額，国の負担割合（補助率）と自治体が自己財源で負担すべき金額，税収格差是正分の金額によって決定される。ただし，実際には，これ以外に一般補助金に関する国の規定にもとづく加算と控除のしくみもあるのだが，金額的には多額でないため本章では省略している。例えば，人口が3,667人（2013年12月31日現在）のHeinävesi（Etelä-Savo Maakuntaに所属）の場合，財政需要分の金額が2,264万9,394ユーロで，自治体が自己財源で負担すべき金額（3,520.93ユーロに3,667人を乗じた金額）は1,291万1,250ユーロ，国の負担する金額は973万8,143ユーロであった。この973万8,143ユーロに，規定にもとづく加算と控除を行ったうえで税収格差是正分の金額である260万318ユーロを加えた金額（1,386万7,041ユーロ）が，Heinävesiが最終的に受けとる2015年度の一般補助金額であった。この点については，"Valtionosuudet② 2014", 2013, "Valtionosuudet② 2015", 2014を参照。
15) "Valtionosuudet① 2014", 2013, "Valtionosuudet① 2015", 2014, "Valtionosuudet② 2014", 2013, "Valtionosuudet② 2015", 2014を参照。
16) "Valtionosuudet② 2014", 2013, "Valtionosuudet② 2015", 2014.

第7章 フィンランドにおける2016年度国庫支出金の動向とSOTE改革

はじめに

　フィンランドでは2010年に国庫支出金改革が行われ（2010年1月1日施行，以下2010年改革と略す），それまでの福祉・保健医療包括補助金，教育・文化包括補助金，一般交付金，税平衡化補助金を統合する形で，一般補助金が創設された。2010年改革後，フィンランドの地方財政調整は，一般補助金をとおして行われるようになったのである。

　一般補助金（Kunnan peruspalvelujen valtionosuus）は，使途が自由な財源であり，自治体の財政需要と財政力を斟酌して国から自治体に交付される。実際には，自治体への一般補助金の交付に際しては，自治体の財政需要と財政力以外に，国の規定にもとづく加算・控除も自治体の交付額の決定に関係するが，大都市自治体など一部の自治体を除けば多額ではないので，本章では財政需要と財政力についてみていくことにする[1]。

　本書第6章では，2010年改革後の一般補助金について，主に，2015年1月1日に実施された財政力を斟酌した算定の大幅改定とその内容，改定がもたらした自治体への影響，改定の目的について明らかにした。本章では，改定2年目の2016年度における一般補助金の交付内容と特徴を，フィンランドの自治体の具体的分析をとおして明らかにしたい。さらに，第6章では財政力を斟酌した算定の大幅改定に的を絞り，一般補助金のうち税収格差是正分の分析に力点をおいたため，財政需要分の算定については詳しく考察できなかった。そこで，本章では，財政需要分の算定について詳しく検討したい。

1 一般補助金の動向

　一般補助金の総額は，2010年度が77億6,226万ユーロ，2011年度が80億5,170万ユーロ，2012年度が85億382万ユーロ，2013年度が86億5,198万ユーロ，2014年度が85億9,202万ユーロ，2015年度が84億5,399万ユーロであった。国庫支出金改革が行われた2010年度以降2013年度までは増加基調で推移したが，2014年度と2015年度は減少に転じたのである。ところが，2016年度は増加に転じ，89億3,939万ユーロとなり，2015年度を約4億8,000万ユーロ上回った（**図表7－1**）。さらに，自治体別に一般補助金の増減の状況をみてみると，2015年度に比べて2016年度に一般補助金額が増加した自治体が圧倒的に多かった[2]。つまり，フィンランドの自治体数は，2016年1月1日現在，国の独自の扱いを受けているAhvenanmaa Maakunta所属の16自治体を除けば297であるが，このうち一般補助金額が増加した自治体数は261と全体の約9割を占めているのである。

図表7－1　一般補助金額の推移

年度	金額
2010	77億6,226万ユーロ
2011	80億5,170万ユーロ
2012	85億　382万ユーロ
2013	86億5,198万ユーロ
2014	85億9,202万ユーロ
2015	84億5,399万ユーロ
2016	89億3,939万ユーロ

〔出所〕　Suomen Kuntaliitto"Laskelma kuntien peruspalvelujen valtionosuudesta vuonna 2011"2010.（Valtiovarainministeriön päätös 30.12.2010）
　　　　Suomen Kuntaliitto"Laskelma kunnan peruspalvelujen valtionosuudesta vuonna 2012"2011.（Valtiovarainministeriön pätos 1.12.2011）
　　　　Suomen Kuntaliitto"Laskelma kunnan peruspalvelujen valtionosuudesta vuonna 2013"2012.（Valtiovarainministeriön päätos 28.12.2012）
　　　　Suomen Kuntaliitto"Laskelma kunnan peruspalvelujen valtionosuudesta vuonna 2014"2013.（Valtionvarainministeriön päätos 30.12.2013）
　　　　Suomen Kuntaliitto"Laskelma kunnan peruspalvelujen valtionosuudesta vuonna 2015"2014.（Valtionvarainministeriön päätos 31.12.2014）
　　　　Suomen Kuntaliitto"Kunnan peruspalvelujen valtionosuus vuonna 2016" 2015.（Valtionvarainministeriön päätos 30.12.2015）
　　　以下，図表において，上記文献は"Valtionosuudet① 2013"2012,"Valtionosuudet ①2016"2015等と略して表現する。
　　　なお，上記文献はほぼ毎年度，年度末（12月）に公表されている。

これに対し，一般補助金額が減少した自治体数はわずか35にすぎなかった。残りの1自治体は，富裕な自治体のため一般補助金が交付されない不交付自治体である。

ただし，一般補助金額が増加した自治体のうち増加率が10％未満の自治体が241と圧倒的に多く，20％以上増加した自治体数はわずか5自治体にすぎない。また，一般補助金額が減少した自治体のうち，減少率が2％未満の自治体が多く，減少率が2％以上の自治体はわずか10自治体にとどまった[3]。2016年度は，財政需要分を考慮した算定と財政力を斟酌した算定のいずれも2015年度に比べて大きな変化はなかったため，増減率が大きく変化した自治体は少数にとどまったということができるのである。

2 一般補助金の算定（1）
―財政需要分の算定―

一般補助金における財政需要分の算定においては推計コスト積み上げ方式が採用されている。大きく分けて，福祉・保健医療分，教育・文化分，それ以外の分（福祉・保健医療分と教育・文化分以外）の3つに分けて計算が行われる。その中では福祉・保健医療分の比重が圧倒的に大きい。

例えば，福祉・保健医療分の算定においては，各自治体の年齢構成別人口数にそれぞれの年齢構成別人口ごとに算定された基礎価格（1人当たり額）を乗じたものを基本に，福祉分については失業者数，失業率，障がい者（児）数，地理的条件等が，保健医療分については疾病率，地理的条件が加味されて各自治体の福祉・保健医療費の推計コストが算出されている（**図表7－2，図表7－3**）。そして，2010年の改革以来，福祉・保健医療分の基礎価格は毎年度増加していることが把握できるのである。さらに，教育・文化分，それ以外の分についても，各自治体の推計コストが計算され，これらの推計コストを合計することによって各自治体の財政需要分の金額が算定されるのである。

次に，各自治体の推計コスト積み上げ額（各自治体の財政需要分の金額）から各自治体が自らの財源で負担すべき金額が差し引かれる。自治体が自己財源で負担すべき金額は，自治体の区別なくどこの自治体においても住民1人当たり同額となっているが，それは各年度の国と自治体の責任割合（推計コスト積

図表7-2　各自治体への一般補助金交付算定の際の福祉・保健医療分のうちの福祉分の基礎価格の推移

(ユーロ，％)

基礎価格	年度	2010	2011	2012	2013	2010年度を100としたときの2013年度の伸び率
年齢構成別人口	0～6歳の基礎価格	6,249.79	6,359.31	6,915.09	7,122.39	113.9
	7～64歳の基礎価格	291.92	294.55	319.55	330.13	113.0
	65～74歳の基礎価格	847.49	861.73	937.55	988.59	116.6
	75～84歳の基礎価格	5,113.61	5,195.43	5,652.50	5,924.10	115.8
	85歳以上の基礎価格	14,041.43	14,266.09	15,521.15	16,263.41	115.8
失業者数		559.94	568.90	618.95	637.51	113.8
失業率		51.07	51.89	56.46	58.14	113.8
障がい者数		15.23	15.47	16.83	17.33	113.7
保護されている児童数		43.02	43.71	47.56	48.99	113.8

(注)　障がい者数と保護されている児童数は，2007年度より新しく加えられた。
〔出所〕　"Valtion talousarvioesitys 2013" 2012, S.300-305により作成。

図表7-3　各自治体への一般補助金交付算定の際の福祉・保健医療分のうちの保健医療分の基礎価格の推移

(ユーロ，％)

基礎価格	年度	2010	2011	2012	2013	2010年度を100としたときの2013年度の伸び率
年齢構成別人口	0～6歳の基礎価格	791.40	826.09	899.20	926.16	117.0
	7～64歳の基礎価格	879.92	895.60	976.82	1,006.10	114.3
	65～74歳の基礎価格	2,071.39	2,108.30	2,294.20	2,362.97	114.0
	75～84歳の基礎価格	3,995.44	4,063.66	4,421.64	4,554.19	113.9
	85歳以上の基礎価格	6,935.07	7,050.60	7,670.93	7,900.89	113.9
疾病率		378.75	384.81	418.67	431.22	113.8

〔出所〕　"Valtion talousarvioesitys 2013" 2012, S.300-305により作成。

み上げ額に対する国と自治体の負担割合）にもとづいて計算される。そして，推計コスト積み上げ額（財政需要分の金額）から各自治体が自らの財源で負担すべき金額を差し引いた金額が国の負担すべき金額（一般補助金額のうちの財政需要分の金額）となるが，このような国の負担すべき金額は推計コスト積み上げ額に国の負担割合（補助率）を乗じた金額と等しくなるのである。

図表7-4では，2012年度以降のフィンランドの全自治体の合計財政需要額と

図表7-4 財政需要額，財政需要分についての国負担割合，一般補助金額のうちの財政需要分の金額

年度	財政需要額	財政需要分に関する国の負担割合	一般補助金額のうちの財政需要分の金額
2012	234億248万ユーロ	31.42%	73億5,271万ユーロ
2013	244億1,247万ユーロ	30.96%	75億5,807万ユーロ
2014	251億5,977万ユーロ	29.57%	74億3,972万ユーロ
2015	256億702万ユーロ	25.42%	65億1,441万ユーロ
2016	265億8,793万ユーロ	25.47%	67億7,192万ユーロ

〔出所〕 "Valtionosuudet① 2012"2011, "Valtionosuudet① 2013"2012, "Valtionosuudet① 2014"2013, "Valtionosuudet① 2015"2014, "Valtionosuudet① 2016"2015.

　その財政需要分の金額に関する国の負担割合（補助率），一般補助金額のうちの財政需要分の金額（財政需要分の金額に国の負担割合を乗じたもの）が示されている。財政需要額は基礎価格の伸びを反映して増加しているが，2015年度に大幅に国の負担割合が低下した影響で（2014年度が29.57％，2015年度が25.42％），一般補助金額のうちの財政需要分の金額が大幅に減少している。2016年度は財政需要額が伸び，財政需要に関する国の負担割合（補助率）が横ばいとなったため，一般補助金額のうちの財政需要分の金額がやや増加となったが，2014年度以前の水準には到底及んでいない。

　さらに，2010年度以降，国の負担割合（補助率）が減少基調で推移するなかで，自治体が自己財源で負担する金額（1人当たり額）が一貫して増加してきた（**図表7-5**）。とくに2012年度と2015年度においては，前年度に比べて国負担割合が大きく低下し，自治体が自己財源で負担すべき金額が大幅に増加したが，これは2012年度と2015年度に財政力を斟酌した算定において大きな改定が行われたことによるものである[4]。とくに2015年度改定では，財政力を斟酌した算定の役割が強化され，その分財政需要を斟酌した算定の役割が縮小したことが，自治体が自己財源で負担すべき金額の増大につながった。2016年度は，2015年度に大きな改定が行われたため変化は小さかった。

図表7-5 財政需要分についての国負担割合と自治体が自己財源で負担する住民1人当たり額（全自治体同額）の変化

年度	財政需要分に関する国負担割合	自治体が自己財源で負担する額 （1人当たり額）
2010	34.08%	2,581.36ユーロ
2011	34.11%	2,638.32ユーロ
2012	31.42%	3,001.49ユーロ
2013	30.96%	3,136.92ユーロ
2014	29.57%	3,282.60ユーロ
2015	25.42%	3,520.93ユーロ
2016	25.47%	3,640.75ユーロ

〔出所〕 "Valtionosuudet① 2010" 2009, "Valtionosuudet① 2011" 2010, "Valtionosuudet① 2012" 2011, "Valtionosuudet① 2013" 2012, "Valtionosuudet① 2014" 2013, "Valtionosuudet① 2015" 2014, "Valtionosuudet① 2016" 2015.

3 一般補助金の算定（2）
―財政力斟酌分の算定―

　自治体の財政需要分の金額の確定後，財政力を斟酌した算定が行われて自治体間の税収格差の是正が図られることになる。**図表7-6**は2016年度予算において，自治体の財政力格差に着目して，どのような計算方法により自治体間の税収格差の是正が行われているのかを示したものである。

　税収格差の是正にあたっては人口数，地方税収入が重要な指標となるが，そのどちらについても2年前のデータが用いられることになっている。2013年12月31日現在のフィンランドの総人口数は542万2,604人で，2014年度（決算）の計算上の地方税収入は198億1,845万9,683ユーロ（計算上の地方所得税収入，つまり自治体の平均税率適用の地方所得税収入が182億4,603万8,202ユーロ，法人所得税の自治体分の収入額が15億6,381万7,515ユーロ，原子力発電所など原子力関連の施設があるEurajokiとLoviisaのみに適用される不動産税収入が860万3,966ユーロ）であった。そこで，全国平均の計算上の1人当たり地方税収入は3,654.79ユーロとなり，これが自治体間の税収格差是正を行うのに用いられる基準値となる。この基準値を計算上の1人当たり地方税収入が下回った自治体には，その差額の80％に達する金額になるように一般補助金（1人当たり）が増額され，その反対に，計算上の1人当たり地方税収入が基準値を上回った

図表7－6 税収格差是正のための自治体間の調整のしくみ（2016年度）

自治体	自治体の所属するMaakunta	人口(2013年12月31日現在, 人)	計算上の地方所得税収入(2014年度決算, ユーロ)	法人所得税の自治体分(2014年度決算, ユーロ)	計算上の不動産税収入(2014年度決算, ユーロ)	計算上の地方税収入(2014年度決算) 計算上の地方税収入額(ユーロ)	計算上の地方税収入(2014年度決算) 1人当たり額(ユーロ)	基準値と計算上の地方税収入との差(ユーロ)	2016年度予算 1人当たり調整額(ユーロ)	2016年度予算 調整額(ユーロ)
全国		5,422,604	18,246,038,202	1,563,817,515	8,603,966	19,818,459,683	3,654.79	0	126	684,716,520
Kauniainen	Uusimaa	9,101	64,342,659	1,104,168	0	65,446,827	7,191	-3,536	-1,350	-12,285,132
Espoo	Uusimaa	260,753	1,258,744,458	129,319,107	0	1,388,063,565	5,323	-1,668	-624	-162,800,344
Eurajoki	Satakunta	5,931	19,201,852	4,632,933	7,032,597	30,867,382	5,204	-1,550	-579	-3,432,383
Helsinki	Uusimaa	612,664	2,621,472,299	333,835,341	0	2,955,307,640	4,824	-1,169	-433	-265,432,370
Kirkkonummi	Uusimaa	37,899	161,805,214	8,400,795	0	170,206,009	4,491	-836	-307	-11,640,545
Soini	Etelä-Pohjanmaa	2,284	4,645,891	497,728	0	5,143,619	2,252	1,403	1,122	2,563,137
Kärsämäki	Pohjois-Pohjanmaa	2,721	5,693,656	425,452	0	6,119,108	2,249	1,406	1,125	3,060,460
Perho	Keski-Pohjanmaa	2,923	5,975,273	509,367	0	6,484,639	2,218	1,436	1,149	3,358,649
Rääkkylä	Pohjois-Karjala	2,467	4,951,323	423,380	0	5,374,702	2,179	1,476	1,181	2,913,332
Merijärvi	Pohjois-Pohjanmaa	1,153	2,292,957	90,608	0	2,383,565	2,067	1,588	1,270	1,464,326

（注1）基準値を計算上の地方税収入が上回った場合、マイナス（－）として表わしている。
（注2）調整額がマイナス（－）となっている場合、調整額は自治体の拠出額を表わしている。
（注3）計算上の不動産税収入は原子力発電所やEurajokiとLoviisaにおいてのみ計上される。
（注4）計算上の地方所得税収入とは、各自治体が実際に課している地方所得税率ではなく、全自治体の平均地方所得税率（2014年度19.75％）で各自治体の地方所得税収入を計算した地方所得税収入のことである。

[出所] Suomen Kuntaliitto"Laskelma verotuloihin perustuvasta valtionosuuden tasauksesta vuonna 2016" 2015より作成。

図表7-7 拠出自治体における拠出額算定の際の「30%に自治体ごとに算定された加算割合を加えた分」の数値と加算割合の数値

(%)

自治体名	2015年度 30%+加算割合	2015年度 加算割合	2016年度 30%+加算割合	2016年度 加算割合	自治体名	2015年度 30%+加算割合	2015年度 加算割合	2016年度 30%+加算割合	2016年度 加算割合
Espoo	37.42	7.42	37.42	7.42	Naantali	36.25	6.25	36.15	6.15
Eurajoki	37.44	7.44	37.35	7.35	Nurmijärvi	36.10	6.10	36.12	6.12
Hanko	34.88	4.88	35.14	5.14	Pirkkala	36.11	6.11	36.09	6.09
Harjavalta	34.63	4.63	35.85	5.85	Porvoo	36.14	6.14	36.09	6.09
Helsinki	37.02	7.02	37.06	7.06	Raisio	33.79	3.79	33.95	3.95
Vantaa	36.48	6.48	36.44	6.44	Rauma	36.39	6.39	36.14	6.14
Hyvinkää	35.83	5.83	35.69	5.69	Riihimäki	33.50	3.50	33.98	3.98
Inkoo	35.94	5.94	35.80	5.80	Pyhäjärvi	30.00	0	34.85	4.85
Jarvenpää	36.11	6.11	36.04	6.04	Masku	30.00	0	28.01	-1.99
Kaarina	35.86	5.86	35.73	5.73	Vaasa	36.02	6.02	35.60	5.60
Kaskinen	36.31	6.31	35.78	5.78	Vihti	35.13	5.13	34.82	4.82
Kauniainen	38.17	8.17	38.17	8.17	Sipoo	36.47	6.47	36.41	6.41
Kerava	36.25	6.25	36.27	6.27	Siuntio	35.68	5.68	35.44	5.44
Kirkkonummi	36.71	6.71	36.73	6.73	Tampere	34.15	4.15	34.11	4.11
Lieto	31.93	1.93	30.00	0	Turku	34.40	4.40	34.47	4.47
Loviisa	35.46	5.46	34.99	4.99	Tuusula	36.50	6.50	36.49	6.49
Muurame	33.20	3.20	32.27	2.27	Säkylä	30.00	0	32.89	2.89

(注1) 2016年度のLieto、2015年度のPyhäjärviとMaskuは受取自治体である。
(注2) Säkyläについては2015年度が受取自治体で、2016年度が拠出自治体で、2016年度においても受取自治体になったため、最終的には2016年度Suomen Kuntaliitto-Laskelma verotuloihin 30.00%に変更された。
[出所] Suomen Kuntaliitto-Laskelma verotuloihin perustuvasta valtionosuuden tasauksesta vuonna 2015~2014,Suomen Kuntaliitto-Laskelma verotuloihin perustuvasta valtionosuuden tasauksesta vuonna 2016~2015.

自治体には，その上回った金額に「30％に自治体ごとに算定された加算割合を加えた分」を乗じた金額の一般補助金（1人当たり）が減額される。「30％に自治体ごとに算定された加算割合」については**図表7－7**のとおりであり，最高がKauniainenの8.17％，2位がEspooの7.42％，3位がEurajokiの7.35％であった（2016年度）。

図表7－6は，基準値を計算上の1人当たり地方税収入が大きく上回った自治体（5自治体）とその反対に，基準値を計算上の1人当たり地方税収入が大きく下回った自治体（5自治体）について，それぞれ1位から5位まで掲げている。具体例として，計算上の住民1人当たり地方税収入が最大のKauniainen（7,191ユーロ）と首都のHelsinki，最小のMerijärvi（2,067ユーロ）を取り上げてみよう。

基準値を計算上の住民1人当たり地方税収入が上回った自治体では超過分の「30％に自治体ごとに算定された加算割合を加えた分」（Kauniainenが38.17％，Helsinkiが37.06％）の一般補助金が減額されるため，Kauniainenが基準値を3,536ユーロ，Helsinkiが基準値を1,169ユーロ超過しているために，Kauniainenは38.17％にあたる1,350ユーロ，Helsinkiは37.06％にあたる433ユーロがそれぞれ減額されることになる。Kauniainenの人口は9,101人なので，これに1,350ユーロを乗じた1,228万5,132ユーロの一般補助金が減額され，Helsinkiの人口は61万2,664人なので，これに433ユーロを乗じた2億6,543万2,370ユーロの一般補助金が減額されることになるのである。その反対に，Merijärviは基準値に計算上の地方税収入が1,588ユーロ不足しているため，その80％にあたる1,270ユーロに人口数の1,153人を乗じた146万4,326ユーロが一般補助金として増額されることになるのである。

2016年度は当初一般補助金が減額見込みとなる自治体数（拠出自治体数）は33，増額となる自治体数（受取自治体数）は268となる見込みであった。しかし，2016年1月1日実施の自治体合併により，自治体数は4自治体減少して297となり，拠出自治体数は32となった。拠出額は5億8,734万ユーロ，受取額は12億7,206万ユーロであった[5]。補助金増額分（自治体の受取分）と減額分（自治体の拠出分）を比べれば，増額分が減額分を6億8,471万ユーロ上回った。したがって，一般補助金額のうちの税収格差是正分の金額は6億8,471万ユーロとなるのである（**図表7－8**）。

図表7-8　拠出自治体数と受取自治体数の推移，税収格差是正分の金額の推移

(ユーロ)

年度	拠出自治体数	受取自治体数	税収格差是正分
2010	61	265	マイナス22,911,760
2011	62	258	マイナス17,237,217
2012	63	257	マイナス35,108,196
2013	62	242	マイナス47,752,650
2014	62	242	マイナス49,561,112
2015	31	270	プラス　672,623,415
2016	33	268	プラス　684,716,520

(注1) Ahvenanmaa Maakuntaに所属する自治体は除く。
(注2) 税収格差是正分の金額がマイナスの場合は，自治体が拠出する金額のほうが受取る金額よりも多いため，国の支出（一般補助金中の税収格差是正分）はゼロとなる。
(注3) 2016年1月1日に行われた自治体合併により，2016年1月1日現在の自治体数は4つ減少して297となっている。このうち，拠出自治体数が32，受取自治体数が265である。
〔出所〕Suomen Kuntaliitto "Laskelma verotuloihin perustuvasta valtionosuuden tasauksesta vuonna 2010" 2009.
　　　Suomen Kuntaliitto "Laskelma verotuloihin perustuvasta valtionosuuden tasauksesta vuonna 2011" 2010.
　　　Suomen Kuntaliitto "Laskelma verotuloihin perustuvasta valtionosuuden tasauksesta vuonna 2012" 2011.
　　　Suomen Kuntaliitto "Laskelma verotuloihin perustuvasta valtionosuuden tasauksesta vuonna 2013" 2012.
　　　Suomen Kuntaliitto "Laskelma verotuloihin perustuvasta valtionosuuden tasauksesta vuonna 2014" 2013.
　　　Suomen Kuntaliitto "Laskelma verotuloihin perustuvasta valtionosuuden tasauksesta vuonna 2015" 2014.
　　　Suomen Kuntaliitto "Laskelma verotuloihin perustuvasta valtionosuuden tasauksesta vuonna 2016" 2015.
　　以下，図表において，上記文献は"Valtionosuudet ② 2013" 2012, "Valtionosuudet② 2016" 2015等と略して表現する。なお，上記文献はほぼ毎年度，前年の10月に公表されている。

　このような財政力に関する算定方式は2015年度に大幅に改定されて実施に移された。一般補助金額のうちの税収格差是正分の金額は，2010年度から2014年度までは拠出額が受取額を上回っていたため，国の支出額（一般補助金額のうちの税収格差是正分の金額）はゼロであったが，2015年度の大幅改定によって一挙に2015年度の国の支出額（一般補助金額のうちの税収格差是正分の金額）は6億7,000万ユーロを超過したのである。2015年度の大幅改定は，国の負担割合を減少させることによって財政需要分（一般補助金額のうちの財政需要分

図表7-9　税収格差是正分の算定方法の変化

年度	計算上の地方所得税率（全国平均の地方所得税率）	全国平均の1人当たり計算上の地方税収入額	基準値	基準値の計算方法	受取自治体の場合の算定方法	拠出自治体の場合の算定方法	計算上の不動産税のあつかい方
2010	18.55%	3,257ユーロ	2,991.53ユーロ				計算上の地方税収入額にふくめる
2011	18.59%	3,279ユーロ	3,012.74ユーロ				
2012	18.98%	3,207ユーロ	2,946.23ユーロ	全国平均の1人当たりの計算上の地方税収入額に91.86%を乗じた額が基準値	基準値から当該自治体の1人当たり計算上の地方税収入額を差し引いた額に当該自治体の人口数を乗じた額が受取額	当該自治体の1人当たり計算上の地方税収入額から基準値を差し引いた額に37%を乗じることによって得られた額に当該自治体の人口数を乗じた額が拠出額	
2013	19.17%	3,346ユーロ	3,073.91ユーロ				計算上の地方税収入額にふくめない
2014	19.25%	3,400ユーロ	3,123.15ユーロ				
2015	19.39%	3,515.90ユーロ	3,515.90ユーロ	全国平均の1人当たりの計算上の地方税収入額がそのまま基準値となる	基準値から当該自治体の1人当たり計算上の地方税収入額を差し引いた額に80％を乗じて得られた金額に当該自治体の人口数を乗じた金額が受取額	当該自治体の1人当たり計算上の地方税収入額を差し引いた額に基準額ごとに算定された加算割合を加えた額に乗じて得た額に当該自治体の人口数を乗じた額が拠出額	原子力発電所のある自治体（Eurajoki, Loviisa）のみ、その1/2を計算上の地方税収入額にふくめる
2016	19.75%	3,654.79ユーロ	3,654.79ユーロ				

〔出所〕　"Valtionosuudet② 2010" 2009, "Valtionosuudet② 2011" 2010, "Valtionosuudet② 2012" 2011, "Valtionosuudet② 2013" 2012, "Valtionosuudet② 2014" 2013, "Valtionosuudet② 2015" 2014, "Valtionosuudet② 2016" 2015.

の金額)を減少させ，その代りに税収格差是正分の比重を高めることによって一般補助金を支出する方法をとったのである。そして，2016年度は大きな改定の2年目ということもあって，一般補助金額のうちの税収格差是正分の金額に大きな変化はみられなかったのである。

なお，財政力を斟酌した算定方法（税収格差是正分）の2010年度以降の変化を簡潔に示すために，図表7-9を掲げた。また，2015年度の改定前の算定については，本書第6章で詳細に述べた。

4 2016年度の特徴と特徴的な自治体の分析

(1) 2016年度の特徴

では，2016年度の特徴はなんだろうか。すでに述べたように，2016年度は大きな改定（2015年度改定）の翌年度ということもあり，自治体への一般補助金の交付にあたり財政需要分，税収格差是正分ともに大きな変化はみられなかったが，次のような特徴を見いだすことができる。

①一般補助金額が減少した自治体の数は少ないが，減少した自治体のほとんどが小規模自治体である。
②Maakuntaの中心自治体はすべて一般補助金額が増加した。
③拠出自治体では一般補助金額のうちの財政需要分の金額が伸びるとともに，拠出額が縮小した自治体が多い。
④2015年度に引き続いて一般補助金が不交付になった自治体が1自治体存在する。
⑤一般補助金額が際立って伸長した自治体が5自治体存在する。

そこで，自治体の具体的な分析を行いながら，これらについてみていくことにしたい。

(2) 一般補助金額が減少した自治体は少数だが，そのほとんどが小規模自治体である

図表7-10は，2016年度に一般補助金額が減少した自治体数と，減少した自

図表7-10　2016年度に一般補助金額が減少した自治体数とその自治体規模

自治体規模	自治体数
2,000人未満	12
2,000人以上4,000人未満	12
4,000人以上6,000人未満	4
6,000人以上8,000人未満	1
8,000人以上1万人未満	3
1万人以上2万人未満	3
2万人以上	0

〔出所〕"Valtionosuudet① 2015"2014, "Valtionosuudet① 2016" 2015.

治体の人口規模を示したものである。一般補助金額が減少した自治体数は全部で35あるが、全自治体数の約1割にすぎなかった。このうち、人口が4,000人未満の自治体が24と約7割を占めている。ただし、減少率自体はあまり高くはなく、2016年度の一般補助金額が2015年度の一般補助金額の98％以上100％未満の自治体が25となっている。

図表7-11をみてみよう。一般補助金額が2016年度に2015年度の98％未満になったのは全部で10自治体であった。そして、このうちの8自治体は人口が1,000人台と2,000人台であった。これらの自治体の中で、拠出自治体はHarjavalta（人口7,366人）のみで、9自治体は受取自治体であった。また、一般補助金額のうちの財政需要分の金額が減少した自治体は9自治体、一般補助金額のうちの税収格差是正分の金額が減少した自治体は、拠出額が増大したHarjavaltaをふくめれば7自治体であった。2016年度には小規模自治体もふくめて一般補助金額が増加に転じた自治体が多かったけれども、一部の小規模自治体においては2016年度も一般補助金額が減少したことが把握できるのである。

（3）Maakuntaの中心自治体の動向

図表7-12は、Maakuntaの中心自治体の一般補助金額と、一般補助金額のうちの財政需要分の金額、一般補助金額のうちの税収格差是正分の金額を示したものである。図表7-12では、国による独自の扱いがなされるAhvenanmaa Maakuntaを除いている。また, 近年, Itä-Uusimaa MaakuntaがUusimaa Maakunta

に統合されたが，Itä-Uusimaa Maakuntaの中心自治体であったPorvoo（現在Uusimaa Maakuntaに所属）を含めている。

　Maakuntaの中心自治体では，一般補助金額がすべての自治体で増加していることが判断できる。最も伸び率が高かったのはLahti（117％），続いてHelsinki（113％）であった。また，Seinäjoki，Vaasaも10％の伸びを示している。さらに，一般補助金額のうちの財政需要分の金額もすべての自治体で増加しているが，最も伸びたのはLahti（110％）であった。一般補助金額のうちの税収格差是正分の金額についても，増加した自治体数は6割強の12自治体にのぼった。

（4）拠出自治体の動向

　2016年度の拠出自治体は全部で32（2015年度は31）だったが[6]，拠出自治体における2016年度の一般補助金額のうちの財政需要分の金額は，2自治体を除いて2015年度よりも増加した（**図表7－13**）。また，拠出額が2015年度よりも減少した自治体が19（2015年度に拠出自治体であったが，2016年度には受取自治体になったLietoをふくむ），増加した自治体が14（2015年度に受取自治体であったが，2016年度には拠出自治体になったPyhäjärviとMaskuをふくむ）であった（**図表7－14**）。Kaskinen（2015年度を100としたときの2016年度の数値が56），Muurame（同37）のように拠出額が大幅に減少した自治体がある一方でHarjavalta（同344）のように拠出額が大幅に増加した自治体や，PyhäjärviやMaskuのように受取自治体から拠出自治体に変わった自治体もある。この結果，Harjavaltaは一般補助金額が減少した自治体の中で，受取自治体であるKyyjärvi[7]に次いで2番目に高い減少率になった。

　なお，2015年度に受取自治体であったSäkyläは，2016年度分の当初の計算では拠出自治体になっていた。しかし，2016年1月1日に自治体合併を行ったため，引き続いて受取自治体になった。

図表7-11 一般補助金額が2016年度に2015年度の98%未満になった自治体の一般補助金額と財政需要分、税収格差是正分の状況

(ユーロ、%)

自治体名	人口	一般補助金額 2015年度	一般補助金額 2016年度	2015年度を100としたときの2016年度の数値	一般補助金額のうちの財政需要分の金額 2015年度	一般補助金額のうちの財政需要分の金額 2016年度	2015年度を100としたときの2016年度の数値	一般補助金額のうちの税収格差是正分の金額 2015年度	一般補助金額のうちの税収格差是正分の金額 2016年度	2015年度を100としたときの2016年度の数値
Harjavalta	7,366人	13,562,052	12,901,793	95	10,819,988	10,901,044	100	マイナス264,648	マイナス925,579	—
Hyrynsalmi	2,490人	13,913,028	10,622,600	97	6,439,418	6,378,465	99	2,294,523	2,114,693	92
Juupajoki	2,033人	5,282,524	5,030,476	95	3,124,138	3,030,970	97	1,161,684	1,012,207	87
Karvia	2,491人	9,273,254	8,859,415	95	4,886,577	4,521,205	92	2,578,923	2,504,250	97
Kyyjärvi	1,399人	4,927,547	4,575,819	92	3,064,099	2,948,205	96	1,148,224	911,481	79
Myrskylä	1,985人	4,946,901	4,792,785	96	2,709,883	2,526,357	93	1,430,982	1,461,938	102
Petäjävesi	4,081人	11,627,349	11,229,218	96	6,982,619	6,778,691	97	3,365,233	3,211,451	95
Pukkila	2,013人	4,157,088	3,986,250	96	2,678,093	2,403,957	89	993,573	996,463	100
Sauvo	2,999人	5,666,468	5,522,142	97	3,308,510	3,150,276	95	1,623,496	1,638,804	100
Siikainen	1,593人	6,339,294	6,073,264	96	3,647,699	3,442,813	94	1,772,256	1,725,553	97

(注1) 人口は2014年12月31日現在。
(注2) 税収格差是正分の金額のうち、マイナスは自治体の拠出金を示す。
(注3) 一般補助金額のうちの財政需要分の金額は財政需要額を算定したうえで、これに国の負担割合を乗じたものである。
(注4) 一般補助金額は税収格差是正後の最終的な金額である。
[出所] "Valtionosuudet① 2015" 2014、"Valtionosuudet① 2016" 2015.

図表7-12 Maakuntaの中心自治体の一般補助金額と財政需要分、税収格差是正分の状況

(ユーロ、％)

自治体名	所属Maakunta	一般補助金額 2015年度	一般補助金額 2016年度	2015年度を100としたときの2016年度の数値	一般補助金額のうちの財政需要分の金額 2015年度	一般補助金額のうちの財政需要分の金額 2016年度	2015年度を100としたときの2016年度の数値	一般補助金額のうちの税収格差是正分の金額 2015年度	一般補助金額のうちの税収格差是正分の金額 2016年度	2015年度より2016年度に増加した自治体
Helsinki	Uusimaa	277,473,412	315,318,530	113	439,493,923	461,959,809	105	マイナス249,249,424	マイナス265,433,143	
Porvoo	Itä-Uusimaa	51,195,409	55,462,769	108	50,141,900	52,878,970	105	マイナス8,259,286	マイナス7,868,860	○
Turku	Varsinais-Suomi	228,033,799	235,862,455	103	173,650,326	182,835,955	105	マイナス5,041,907	マイナス5,476,898	
Pori	Satakunta	147,441,144	150,496,597	102	98,017,402	99,861,678	101	16,356,944	18,386,829	○
Hämeenlinna	Kanta-Häme	102,179,308	104,969,872	102	82,699,336	85,772,294	103	3,994,902	3,612,870	
Pirkanmaa	Pirkanmaa	228,442,164	245,138,331	107	179,918,513	186,482,589	103	マイナス4,732,283	マイナス4,560,350	○
Lahti	Päijät-Häme	162,627,497	190,983,019	117	118,713,380	131,013,190	110	17,447,389	25,759,781	○
Kotka	Kymenlaakso	101,815,405	109,558,370	107	93,062,850	96,651,932	103	7,634,987	7,373,705	
Lappeenranta	Etelä-Karjala	108,236,303	115,354,368	106	82,532,492	87,061,539	105	8,646,493	8,222,492	
Mikkeli	Etelä-Savo	105,775,238	113,305,019	107	78,575,565	81,114,962	103	17,819,949	17,789,639	
Kuopio	Pohjois-Savo	171,769,290	188,373,607	109	133,289,856	138,505,320	103	22,409,628	23,693,924	○
Joensuu	Pohjois-Karjala	134,340,703	144,793,162	107	86,423,632	89,653,480	103	33,511,619	33,607,067	○
Jyväskylä	Keski-Suomi	184,478,868	201,264,441	109	117,628,464	123,929,599	105	35,807,632	40,600,350	○
Seinäjoki	Etelä-Pohjanmaa	88,410,231	97,531,442	110	67,804,920	72,005,160	106	9,363,830	9,980,624	○
Vaasa	Pohjanmaa	75,896,490	83,960,480	110	72,850,019	74,668,407	102	マイナス9,779,830	マイナス6,352,623	○
Kokkola	Keski-Pohjanmaa	83,031,835	90,282,352	108	63,341,271	65,005,384	102	9,610,202	11,732,120	○
Oulu	Pohjois-Pohjanmaa	268,699,546	284,289,903	105	202,437,423	207,166,142	102	25,761,732	28,733,194	○
Kajaani	Kainuu	72,075,716	78,672,907	109	52,193,854	54,877,272	105	13,519,835	14,073,446	○
Rovaniemi	Lappi	98,284,998	103,206,682	105	66,978,564	69,842,641	104	18,301,363	17,830,291	

(注1) 現在Itä-UusimaaはUusimaaに統合されている。
(注2) 一般補助金額のうちの税収格差是正分の金額のうち、マイナスは自治体の拠出を示す。
(注3) 一般補助金額のうちの財政需要分の金額は財政需要額を算定したうえで、これに国の負担割合を乗じたものである。
(注4) 一般補助金額は、税収格差是正後の最終的な金額である。
[出所] "Valtionosuudet① 2015" 2014、"Valtionosuudet① 2016" 2015.

図表7-13　拠出自治体の財政需要分の金額と2015年度を100としたときの2016年度の増減割合

(人、ユーロ、%)

自治体名	人口	一般補助金額のうち財政需要分の金額 2015	一般補助金額のうち財政需要分の金額 2016	2015年度を100としたときの2016年度の数値
Espoo	265,543	189,302,786	209,857,043	110
Eurajoki	5,954	7,043,503	7,084,676	100
Hanko	9,021	10,748,659	11,203,188	104
Harjavalta	7,366	10,819,988	10,901,044	100
Helsinki	620,715	439,493,923	461,959,809	105
Vantaa	210,803	166,358,981	180,957,371	108
Hyvinkää	46,366	48,622,379	51,313,211	105
Inkoo	5,560	6,329,459	6,746,601	106
Järvenpää	40,390	26,677,601	28,266,372	105
Kaarina	32,148	30,661,510	32,368,769	105
Kaskinen	1,324	1,711,034	1,793,482	104
Kauniainen	9,357	10,051,121	10,413,180	103
Kerava	35,317	27,704,939	29,675,715	107
Kirkkonummi	38,220	32,132,487	33,890,089	105
Lieto	19,209	19,391,555	19,172,282	98
Loviisa	15,480	23,113,971	23,899,850	103
Muurame	9,700	8,745,989	9,412,509	107
Naantali	18,871	16,902,283	17,698,097	104
Nurmijärvi	41,577	36,100,825	38,606,832	106
Pikkala	18,689	14,178,446	14,929,980	105
Porvoo	49,728	50,141,900	52,878,970	105
Raisio	24,371	28,245,943	29,261,564	103
Rauma	39,970	46,332,290	47,269,110	102
Riihimäki	29,350	30,476,915	31,064,696	101
Pyhäjärvi	5,562	13,639,188	13,563,695	99
Masku	9,767	8,583,961	8,793,095	102
Vaasa	66,965	72,850,019	74,668,407	102
Vihti	28,955	23,918,429	25,516,522	106
Sipoo	19,034	18,772,417	19,001,047	101
Siuntio	6,199	5,480,161	5,482,013	100
Tampere	223,004	179,918,513	186,482,589	103
Turku	183,824	173,650,326	182,835,955	105
Tuusula	38,198	30,257,779	32,292,927	106

(注1)　人口は2014年12月31日現在の数値。
(注2)　当初Säkyläが拠出自治体としてはいっていたが、2016年1月1日実施の自治体合併によりSäkyläは受取自治体になった（2015年度も受取自治体）。
(注3)　PyhäjärviとMaskuは2015年度拠出自治体、Lietoは2016年度において受取自治体。
[出所]　"Valtionosuudet① 2015" 2014, "Valtionosuudet① 2016" 2015.

第7章　フィンランドにおける2016年度国庫支出金の動向とSOTE改革

図表7-14 拠出自治体の拠出額と2015年度を100としたときの2016年度の拠出額の増減割合

(ユーロ、%)

自治体名	2015年度拠出額	2016年度拠出額	2015年度を100としたときの2016年度の拠出額の割合
Espoo	159,507,440	162,800,344	102
Eurajoki	3,770,390	3,432,383	91
Hanko	432,951	544,549	125
Harjavalta	268,738	925,579	344
Helsinki	249,238,555	265,432,370	106
Vantaa	48,663,355	47,369,748	97
Hyvinkää	5,606,119	4,880,204	87
Inkoo	780,614	656,422	84
Jarvenpää	6,451,941	6,063,368	93
Kaarina	3,964,662	3,481,813	87
Kaskinen	278,824	156,949	56
Kauniainen	12,149,229	12,285,132	101
Kerava	6,511,962	6,661,220	102
Kirkkonummi	11,303,081	11,640,545	102
Lieto	46,796	㊶42,126	㊶→㊷
Loviisa	1,297,192	796,483	61
Muurame	80,171	29,959	37
Naantali	3,513,917	3,195,306	90
Nurmijärvi	6,510,062	6,775,837	104
Pirkkala	2,948,990	2,924,691	99
Porvoo	8,276,669	7,868,753	95
Raisio	375,379	431,940	115
Rauma	8,658,455	6,679,779	77
Riihimäki	318,362	530,529	166
Pyhäjärvi	㊶740	256,416	㊶→㊷
Masku	㊶58,762	371	㊶→㊷
Vaasa	9,795,618	6,352,530	64
Vihti	1,684,981	1,284,464	76
Sipoo	4,408,779	4,186,740	94
Siuntio	645,059	505,727	78
Tampere	4,710,395	4,559,868	96
Turku	5,025,552	5,476,620	108
Tuusula	9,153,824	9,170,947	100

(注1) ㊷は受取額を示す。
(注2) ㊶→㊷は2015年度に受取自治体だったが2016年度に受取自治体に、㊷→㊶は2015年度に拠出自治体だったが2016年度に受取自治体に転換したことを示す。

〔出所〕 "Valtionosuudet② 2015" 2014、"Valtionosuudet② 2016" 2015.

(5) 不交付自治体

　一般補助金額が不交付となった自治体はKauniainenのみであった。2010年度に国庫支出金改革が行われてから2014年度までは，一般補助金が不交付となった自治体は皆無であったが，2015年度にKauniainenが不交付自治体に転じ，2016年度も引き続いて不交付自治体になったのである。

　図表7-15をみてみよう。2015年度のKauniainenの財政需要額は4,209万ユーロ，一般補助金額のうちの財政需要分の金額は1,005万ユーロ，2016年度の財政需要額は4,447万ユーロで，一般補助金額のうちの財政需要分の金額は1,041万ユーロであった。また，一般補助金額のうちの税収格差是正分の金額は，2015年度がマイナス1,204万ユーロ（拠出額が1,204万ユーロ），2016年度がマイナス1,228万ユーロ（拠出額が1,228万ユーロ）であり，両年度ともに，財政需要分の金額よりも拠出額が上回った。このため，財政需要分と税収格差是正分のほかに国の規定にもとづく加算・控除（2015年度が85万1,739ユーロ，2016年度が56万4,566ユーロ）が行われてはいるものの，一般補助金が不交付となっているのである。

　Kauniainenはフィンランドの中で富裕な市民層が多く居住する自治体である。地方所得税の1人当たりの課税所得を自治体別にみると（2013年度），Kauniainenが3万5,855ユーロとなっており，フィンランドの全自治体の中で最大である。最少のRääkkylä（9,642ユーロ）と比較すると，実に3.72倍の開きがあるのである[8]。さらに，Kauniainenでは国税である勤労所得税納税者の割合

図表7-15　一般補助金が不交付の自治体（Kauniainen）の分析

(ユーロ)

自治体名	年度	財政需要額	一般補助金額のうちの財政需要分の金額	一般補助金額のうちの税収格差是正分の金額	加算・控除分	一般補助金額
Kauniainen	2015	42,095,105	10,051,121	マイナス12,048,883	851,739	マイナス1,146,023
	2016	44,479,678	10,413,180	マイナス12,285,162	564,566	マイナス1,307,416

(注)　マイナスは拠出を示す。
〔出所〕　"Valtionosuudet① 2015" 2014, "Valtionosuudet① 2016" 2015.

が大変高く，しかも高額納税者の比重が高い。また，Kauniainenは地方所得税の税率（2015年度）が16.5%となっており，フィンランドの全自治体の中で最も低い[9]。地方所得税の税率を低く抑えても富裕層が多いために税収が上がるのであり，一般補助金が不交付でもKauniainenの財政運営は安定しているということができるのである。

（6）一般補助金額が著しく伸びた自治体の分析

　2016年度に一般補助金額が大幅に伸長した自治体（20%以上の伸び率を示した自治体）は，全部で5自治体であった。Säkylä，Kurikka，Espoo，Vantaa，Hollolaの5自治体である。とりわけSäkylä，Kurikkaは，財政需要額，一般補助金額のうちの財政需要分の金額ともに大幅に伸長している。また，一般補助金額のうちの税収格差是正分の金額も大幅に伸びている（**図表7-16**）。

図表7-16　2016年度に一般補助金額が大幅に増加した5自治体の分析

(ユーロ，％)

自治体名	年度	財政需要額	一般補助金額のうちの財政需要分の金額	一般補助金額のうちの税収格差是正分の金額	一般補助金額 金額	一般補助金額 2016年度伸び率
Säkylä	2015	21,724,987	5,644,900	25,883	7,054,821	100
	2016	34,769,164	8,606,734	1,158,711	12,170,395	172
Kurikka	2015	74,116,867	23,690,108	10,603,031	37,775,155	100
	2016	118,421,081	38,058,806	16,671,432	61,263,709	162
Espoo	2015	1,107,395,846	189,302,786	マイナス 159,601,232	56,669,905	100
	2016	1,176,632,720	209,857,043	マイナス 162,800,736	82,245,525	145
Vantaa	2015	899,057,472	166,358,981	マイナス 48,630,744	137,802,330	100
	2016	948,438,393	180,957,371	マイナス 47,370,178	172,083,088	124
Hollola	2015	102,466,347	25,051,659	3,906,120	31,903,366	100
	2016	115,320,275	27,956,838	5,627,185	39,309,805	123

(注1)　税収格差是正分の金額のうち，マイナスは自治体の拠出を示す。
(注2)　一般補助金額のうちの財政需要分の金額は財政需要額を算定したうえで，これに国の負担割合を乗じたものである。
(注3)　一般補助金額は税収格差是正後の最終的な金額である。
(注4)　一般補助金額のうちの財政需要分の金額と一般補助金額のうちの税収格差是正分の金額，国の規定に基づく加算・控除の額を加えたものが一般補助金額となる。
〔出所〕　"Valtionosuudet① 2015" 2014, "Valtionosuudet① 2016" 2015.

一般補助金額が大幅に伸びた自治体のうち，Säkylä，Kurikka，Hollolaの3自治体の伸び率の高さは自治体合併と関係している。つまり，2016年1月1日に4か所で自治体合併が行われ，Hämeenkoski（2013年12月31日現在の人口2,086人，Päijät-Häme Maakuntaに所属）がHollolaと，Jalasjärvi（同7,987人，Etelä-Pohjanmaa Maakuntaに所属）がKurikkaと，Köyliö（同2,688人，Satakunta Maakuntaに所属）がSäkyläと，Nastola（同1万4,985人，Päijät-Hämeに所属）がLahtiと合併したのである[10]。このため，Säkylä，Kurikka，Hollolaの一般補助金額のうちの財政需要分と税収格差是正分が大幅に増加し，結果一般補助金額が大幅に増大したのである。また，Päijät-Häme Maakuntaの中心自治体であるLahtiについても，図表7－12で示したように，一般補助金額のうちの財政需要分の金額，税収格差是正分の金額ともに，Maakuntaの中心自治体の中で最も大きな伸びを示し，これが一般補助金額の大幅な伸びにつながっているのである。

　さらに，EspooとVantaaはHelsinki郊外の富裕な都市である。EspooとVantaaについては，一般補助金額のうちの税収格差是正分が多額のマイナスとなっているために，多額の拠出額が生じている。しかし，国の規定にもとづく加算・控除措置が多額なため，一般補助金額が大きくなっているのである。

5　一般補助金とSOTE改革[11]

　2010年の国庫支出金の改革から7年目に入った一般補助金だが，今後，一般補助金についてはどのような展開がなされることになるのだろうか。今後の一般補助金の動向に影響を与える可能性のあるものとして，筆者はSOTE改革に着目したい。SOTE改革は保健医療と社会福祉に関する改革のことで，その概要を示すと次のようになる。

　2015年11月9日，フィンランド政府は，国内をMaakuntaをベースに18の自治エリア（Itsehallintoalue, Autonomous regions）に分け，これまで自治体や自治体連合が担ってきた保健医療サービスと福祉サービスについて，自治エリアが担っていく体制をとるものとすることを発表した。いわば事務事業（保健医療と福祉）の上部移管が行われることになるのである。自治エリアに保健

医療サービスと福祉サービスの提供をゆだねる実施年月日は2019年１月１日を予定している。18の自治エリアのうち，15の自治エリアは自ら保健医療サービスと福祉サービスの提供に責任をもち，人口が少ない残りの３つの自治エリア（Etelä-Karjara, Kainuu, Keski-Pohjanmaa）については，15の自治エリアの中のどれかの自治エリアの支援を受けてサービス提供を行うものとされた。

　さらに，各自治エリアが保健医療サービスと福祉サービスを提供する際には，自治エリアが自らサービスを提供することやほかの自治エリアの支援を受けてサービスを提供すること以外に，民間サービスや第３セクターのサービスを使用してサービスを提供することもできるとし，これまでフィンランドで進められてきた民営化（主に民間委託）をいっそう進める計画となっている。とくに，これまで進められてきた福祉サービス（児童福祉，高齢者介護など）だけではなく，医療サービスの民営化の進展と活用が意図されていることが注目される。このため，利用者が公的サービス，民間サービス，第３セクターのいずれかのサービスを選択することができる，「選択の自由」についての新しい法律が準備される予定である。このような選択の自由に関する新しい法律は，SOTE改革の重要な一部として位置づけられることになるのであろう。

　さらに，自治エリアは，保健医療サービスと福祉サービスを提供する以外にも，救急業務，環境衛生サービス，これまでMaakuntaが行ってきた地域開発業務など多様な業務を行うものとされている。そして，将来，フィンランドの自治行政は，自治エリア，自治体の２層構造にするものとされ，自治エリアには住民の直接選挙による議会が最高決定権をもつ機関として設置されることになるようである。

　SOTE改革は，現在ようやく第１歩を踏み出したばかりであり，今後の展開はまだ見通せない。現段階では，自治エリアの性格がどのようなものになるのかが不明確であるし，これまで保健医療サービスと福祉サービスを担ってきた自治体や自治体連合のSOTE改革に対する今後の対応や改革に向きあう姿勢も不透明である。そして，何よりも重要なことは，現段階では財政や財源がどのようになるのかが明らかになっていないことである。もしも，SOTE改革が実行に移されるのならば，自治体財政の規模が大きく縮小することになるだろうし，一般補助金のありかたも大きく変化することになるだろう。自治エリアの

財政がどのようになるのかという問題や，これまでフィンランドの地方自治において大きな役割を果たしてきた自治体連合の存廃問題も出てくるだろう。さらに，これまで形成されてきた2次医療圏の扱いがどのようになるのかも注目点の1つになると思われるのである[12]。また，内閣を構成する政党（連立政権）が次回の選挙の結果によっては変更となる可能性もあり，そうなればいっそう改革の先行きが不透明となるだろう。

SOTE改革は，保健医療サービスと福祉サービスの提供問題にとどまらず，これまで続いてきたフィンランドの地方自治の大幅な再編の可能性をふくんでいるといえるだろう。その意味では，フィンランドの毎年度の一般補助金の動向を注視しながらも，同時にSOTE改革の今後の動きに注目し続けなければならないということができるだろう。

むすびにかえて

2016年度の一般補助金は大きな改定の翌年度ということもあり，目立った変化は生じなかったといってよいだろう。ただし，2015年度に比べて一般補助金額が減少した自治体は少なくなったものの減少した自治体には小規模自治体が多いことや，Maakuntaの中心自治体においてはすべての自治体で一般補助金額が増加したことなどの変化がみられる。2015年度の改定を踏まえながら，2016年度も継続して都市の財政需要に一定程度こたえようとしてものと位置づけることができる。

さらに，2015年11月にSOTE改革が動き出している。現時点で今後の改革の具体的な展開を見通すことは至難の業であるけれども，もしも，この改革が実行に移されるならば，一般補助金のありかたが大きく変化することになると思われる。毎年度の一般補助金の動向を着実に把握することに努めながらも，同時にSOTE改革の今後の動きにも着目し続けなければならないといえるだろう。

注

1）フィンランドの全自治体でみた場合（2016年度予算），一般補助金の総額は89億3,939万ユーロであった。その内訳は，財政需要分の金額が67億7,192万ユーロ，税収

格差是正分（財政力斟酌分）の金額が6億8,465万ユーロ，国の規定にもとづく加算・控除の金額が14億8,281万ユーロであった。加算・控除分の金額は大都市自治体を中心に一部の自治体で金額が多いが，多くの自治体では少額にとどまる。加算・控除分の金額が多い自治体は，Helsinki（2014年12月31日現在の人口が62万715人）が1億1,879万ユーロ，Tampere（同22万3,004人）が6,321万ユーロ，Turku（同18万3,824人）が5,850万ユーロ，Oulu（同19万6,291人）が4,839万ユーロであった。これに対し，加算・控除分の金額が一般補助金額の10％未満と少額になっている自治体も少なくない。例えばNivala（同1万945人）は，一般補助金額が3,639万4,659ユーロで，財政需要分の金額が2,360万5,744ユーロ，加算・控除分の金額が255万3,795ユーロ（一般補助金額の7.0％），税収格差是正分の金額が1,023万5,118ユーロであった。Kaavi（同3,214人）は，一般補助金額が1,355万1,290ユーロで，財政需要分の金額が920万9,739ユーロ，加算・控除分の金額が106万1,057ユーロ（一般補助金額の7.8％），税収格差是正分の金額が328万494ユーロであった。また，Merijärvi（同1,150人）は，一般補助金額が424万4,003ユーロで，財政需要分の金額が241万5,690ユーロ，加算・控除分の金額が36万3,995ユーロ（一般補助金額の8.5％），税収格差是正分の金額が146万4,318ユーロであった。Suomen Kuntaliitto "Kunnan peruspalvelujen valtionosuus vuonna 2016" 2015を参照。

2）Suomen Kuntaliitto "Laskelma kunnan peruspalvelujen valtionosuudesta vuonna 2015" 2014. Suomen Kuntaliitto "Kunnan peruspalvelujen valtionosuus vuonna 2016" 2015. Suomen Kuntaliito "Laskelma verotuloihin perustuvasta valtionosuuden tasauksesta vuonna 2016" 2015を参照。

3）Suomen Kuntaliitto "Laskelma kunnan peruspalvelujen valtionosuudesta vuonna 2015" 2014. Suomen Kuntaliitto "Kunnan peruspalvelujen valtionosuus vuonna 2016" 2015を参照。

4）この点については本書第6章を参照。

5）Suomen Kuntaliitto "Laskelma verotuloihin perustuvasta valtionosuuden tasauksesta vuonna 2016" 2015.なお，上記の統計は2015年10月に示されたものであり，4つの自治体が減少することになった2016年1月1日実施の自治体合併が考慮に入れられていない。2016年1月1日現在の自治体数は297（Ahvenanmaa Maakuntaの16自治体を加えれば313）である。さらに，上記の統計では，Säkyläが拠出自治体としてカウントされていたが，実際には，Säkyläは2016年1月1日実施の自治体合併を経る中で，2015年度と同様に受取自治体にとどまっている。したがって，2016年度の拠出自治体数は32となっている。

6）注5ならびに**図表7-8**の（注3），**図表7-13**の（注2）と（注3）を参照。

7）Kyyjärvi（Keski-Suomi Maakuntaに所属，2014年12月31日現在の人口は1,399人）

の一般補助金額が全自治体の中で最も減少率が高かった。Kyyjärviの一般補助金額は2015年度が492万7,547万ユーロ，2016年度が457万5,819ユーロで，2015年度の一般補助金額を100としたときの2016年度の数値は92であった。Suomen Kuntaliitto "Laskelma kunnan peruspalvelujen valtionosuudesta vuonna 2015" 2014. Suomen Kuntaliitto "Kunnan peruspalvelujen valtionosuus vuonna 2016" 2015.

8) Tilastokeskus "Suomen tilastollinen vuosikirja 2015", 2015, S.104-111.
9) Tilastokeskus "Suomen tilastollinen vuosikirja 2015", 2015, S.104-111. また，本書第1章を参照。
10) Suomen Kuntaliitto "Laskelma kunnan peruspalvelujen valtionosuudesta vuonna 2015" 2014. Suomen Kuntaliitto "Kunnan peruspalvelujen valtionosuus vuonna 2016" 2015. 各自治体（Hämeenkoski, Jalasjärvi, Köyliö, Nastola）資料。
11) SOTE改革の概要については，Valtioneuvosto "Government decision on next steps in reform package on healthcare, social welfare and autonomous regions" 9.11.2015, Sosiaali-ja terveysministeriö "Onko lääkäriin helpompi päästä sote-uudistuksen myötä?" 13.11.2015. を参照。
12) 2次医療圏については，本書第3章を参照。

終章 おわりに

　筆者は社会保障（とくに高齢者福祉）や自治体行財政等の調査でたびたびフィンランドを訪れ，多くの福祉関係者や自治体関係者，市民活動団体のメンバーとお会いしてきた。彼らの中には，ホームヘルパーや訪問看護師，老人ホーム職員，福祉の非営利団体（福祉NPO）職員など，それぞれの現場で福祉の水準維持のため努力している者が多かったし，フィンランドの経済・財政や福祉をとりまく厳しい状況を認識したうえで福祉向上への熱意を筆者に吐露する者もいた。彼らの中には，近年のフィンランドの福祉の動向（給付の抑制，福祉の民営化など）について懸念の声をあげる者も少なくなかったし，「普遍主義的福祉」の再構築を訴える者もいた。

　筆者はフィンランドの隣国スウェーデンのソルナ市，ヤルフェラ市などでも高齢者福祉サービス，とくに訪問介護サービスの調査を行ったことがあったが，そのスウェーデンほどではないものの，フィンランドにおいても新自由主義や市場原理主義，それにもとづく理論が，国や地方自治体の福祉政策に色濃く入ってきていることを痛感している。また，社会保障給付が抑制基調で進む一方で，24時間サービスつきの高齢者用住宅に典型的に示されるように，「かせげる福祉」に営利企業とくに大企業とグローバル企業が続々と参入してきている。高齢者福祉サービスの市場化が進んでいるのである。

　本書で示してきたように，フィンランドの自治体直営サービスを基軸とした伝統的な福祉サービスは，老人ホームなど一部のサービスでは現在もそのほとんどが自治体直営サービスのものもあるけれども，民間サービス（主に自治体サービスの民間委託化）におきかわりつつあるサービスが増えている。フィンランドの研究者による調査研究では，自治体直営サービスと民間サービスとでは，どちらか一方がサービスの質でまさっているということにはなっていないけれども，1980年代後半に実現したフィンランドの福祉国家が明らかに様変わ

りをしてきているのである。給付の抑制が進んでいることや，高い水準で推移している失業率，産業の不振を合わせて考えれば，フィンランドの福祉国家が転機にたっているととらえることができるのではあるまいか。

　フィンランドは北欧諸国の中で最も高齢化のテンポが速い国である。今後，急速な高齢化にどのように対応するのだろうか。今後，フィンランドでは，福祉を実りのあるようにする形での福祉国家の再編が行われる可能性があるのだろうか。今日，フィンランドの経済と財政をとりまく環境は厳しく，1980年代後半に北欧型福祉国家の一員にフィンランドがなったころの状況とは大きく変わってしまった。高齢者福祉サービスを中心に社会福祉の民営化が進み，福祉においても市場重視が強まる中で，福祉・保健医療サービスの質と量の保障をどのように進めていくのだろうか，今後のフィンランドの施策展開に注目したい。

　さらに，今後，フィンランドは移民・難民問題への対応を迫られることになるだろう。この場合，参考になるのがスウェーデンの事例である。筆者は2000年12月にスウェーデンのストックホルム市のリンケビー地区の義務教育学校で調査を行った。ちょうどコソボやエリトリアなどから多数の移民・難民がストックホルム市に入ってきた時期で，移民・難民は公営住宅が多数存在するリンケビー地区に集中していた。この調査を通じ，ストックホルム市がリンケビー地区の義務教育学校に手厚く教員を配置していたことや，教員が学習・教育面で試行錯誤しながら授業の工夫をしていたことを理解した。ただ懸念すべきは，移民・難民の児童が増えるにつれてスウェーデン人が引っ越し，リンケビー地区の義務教育学校からスウェーデン人児童がほとんどいなくなってしまったことである。これまでスウェーデンは移民・難民の受け入れに好意的な国だっただけに筆者は驚きを禁じ得なかった。それから10数年たった現在，移民・難民がいっそう増加するとともにリンケビー地区の治安は悪化した。それにともなってスウェーデン人の移民・難民への見方も変わった。そして，それがスウェーデン民主党の躍進にもつながっているのである。

　フィンランドはスウェーデンとは異なり，これまで移民・難民の受け入れには消極的だった。それだけに今後，移民・難民問題への対応が注目されることになるだろう。受け入れを強めれば，フィンランド人の雇用や賃金問題，生活上の問題などに変化が予想され，治安の悪化も懸念される。この面でも，フィ

ンランド福祉国家は転機にたっているといえるだろう。今後のフィンランドの移民・難民問題への対応にも注目していきたいのである。

《著者紹介》
横山　純一（よこやま　じゅんいち）

東北大学経済学部卒業，東北大学大学院経済学研究科博士課程修了。

尚絅女学院短期大学講師などを経て，1986年4月札幌学院大学商学部助教授，1995年4月北星学園大学文学部社会福祉学科教授，2000年4月北海学園大学法学部政治学科教授（現在に至る）。

経済学博士（1988年2月，東北大学）。専攻は財政学，地方財政論。

単著書に『介護・医療の施策と財源―自治体からの再構築―』（同文舘出版），『地方自治体と高齢者福祉・教育福祉の政策課題―日本とフィンランド―』（同文舘出版），『高齢者福祉と地方自治体』（同文舘出版），『現代地方自治の焦点』（同文舘出版），共著書に『福祉政府への提言』（神野直彦・金子勝編，岩波書店）などがある。

1985年に論文「プロイセン地方財政調整の展開（1893-1913）―地方税負担の地域的不均衡とその解決策―」にて第11回東京市政調査会藤田賞を受賞。

《検印省略》

2019年1月30日　初版発行　　　　略称：横山フィンランド

転機にたつフィンランド福祉国家
―高齢者福祉の変化と地方財政調整制度の改革―

著　者　　横　山　純　一
発行者　　中　島　治　久

発行所　　同文舘出版株式会社

東京都千代田区神田神保町1-41　　　　　〒101-0051
電話　営業(03)3294-1801　　　　　編集(03)3294-1803
振替　00100-8-42935　　　　　http://www.dobunkan.co.jp

©J.YOKOYAMA　　　　　　　　　　　　製版：一企画
Printed in Japan 2019　　　　　　　　　印刷・製本：萩原印刷

ISBN978-4-495-86691-4

〈JCOPY〉〈出版者著作権管理機構 委託出版物〉
本書の無断複製は著作権法上での例外を除き禁じられています。複製される場合は，そのつど事前に，出版者著作権管理機構（電話 03-5244-5088, FAX 03-5244-5089, e-mail: info@jcopy.or.jp）の許諾を得てください。